业主委员会合规指南

连宏萍◎主　编
卢　斌　叶　飞　周德高◎副主编

COMPLIANCE GUIDELINES for OWNERS' COMMITTEE

法律出版社
LAW PRESS·CHINA
北京

图书在版编目(CIP)数据

业主委员会合规指南 / 连宏萍主编 ；卢斌，叶飞，周德高副主编. -- 北京 ：法律出版社，2024
ISBN 978 - 7 - 5197 - 8746 - 2

Ⅰ. ①业… Ⅱ. ①连… ②卢… ③叶… ④周… Ⅲ. ①物业管理 - 法规 - 中国 - 指南 Ⅳ. ①D922.181 - 62

中国国家版本馆 CIP 数据核字(2024)第 023092 号

业主委员会合规指南
YEZHU WEIYUANHUI HEGUI ZHINAN

连宏萍 主编
卢 斌 叶 飞 周德高 副主编

责任编辑 孙 慧 朱颖超
装帧设计 李 瞻

出版发行 法律出版社
编辑统筹 司法实务出版分社
责任校对 王 丰 郭艳萍
责任印制 胡晓雅
经　　销 新华书店

开本 710 毫米×1000 毫米 1/16
印张 19　**字数** 290 千
版本 2024 年 2 月第 1 版
印次 2024 年 2 月第 1 次印刷
印刷 三河市龙大印装有限公司

地址：北京市丰台区莲花池西里 7 号(100073)
网址：www.lawpress.com.cn
投稿邮箱：info@lawpress.com.cn
举报盗版邮箱：jbwq@lawpress.com.cn

销售电话：010 - 83938349
客服电话：010 - 83938350
咨询电话：010 - 63939796

书号：ISBN 978 - 7 - 5197 - 8746 - 2
定价：75.00 元

凡购买本社图书，如有印装错误，我社负责退换。电话：010 - 83938349

序　言　一

基层治理是厚植党的执政根基的“微场域”，是推进国家治理体系和治理能力现代化的“微细胞”，是加强社会治理的“微单元”。党的十八大以来，习近平总书记高度重视城乡基层治理，就基层治理体系和治理能力现代化作出了一系列重要论述，把“人民至上”作为基层治理的核心价值，以“党建引领”构建基层治理的主导红线，用“基础基石”阐明基层治理的功能定位，将“集成改革”确定为基层治理的推进路径。

作为加强和创新基层社会治理所不可或缺的要素，城市住宅小区日益成为基层社会治理的一个重要主体和场域。2021 年 4 月，中共中央、国务院发布《关于加强基层治理体系和治理能力现代化建设的意见》，就推进基层治理作出了专门部署和安排。在实践中，随着各地将治理权限不断下放至街道和社区，业主委员会（以下简称业委会）作为由小区业主大会选举产生的社区治理主体，在社区治理实践中的作用日益凸显。与此同时，小区治理过程中的纠纷也随之增加，暴露出现有的小区治理亟须理论指导和实践指引。在此背景下，为城市小区业委会的发展制定规范化的指南，使业委会的运行有章可循、有例可考，从而促进其实现良性健康发展，更好地服务小区居民，提升居民居住幸福感，便成为推进基层治理体系和治理能力现代化的重要举措。

本书以温州市城市小区业委会为主要研究对象，全书包括理论篇——业委会的相关研究、规范篇——业委会相关政策法规、释义篇——业委会参与小区治理 120 问、实战篇——业委会全流程管理相关实务以及案例篇——业委会典型案例等主要章节，涵盖业委会的成立、运行以及终止等全流程的各个环节，为小区业委会的实践工作提供规范化的、切实可行的指导。其中，理论篇在界定相关概念的基础上，通过主体、学科和场域三个视角对于业委会的角色进行了讨论；规范篇梳理了现有的相关法规，在法律层面界定了业委会的职能和作用；释义篇对于实践全过程中的细节性和实操性问题进行了解答；实战篇展示了各环节的文书文件，极大地提升了本书的实用性。

住宅小区物业管理关系到每个居民的切身利益，是实现人民安居乐业、社会和谐稳定的重要基石。目前，业委会发展与治理面临着诸多难题和挑战，亟待通过进一步的规范和改革创新解决其背后的症结，使业委会成为更为积极有效、具有正能量的治理主体力量。本书能够填补相应的学术和市场空白，为规范业委会的建立、运行和发展做出贡献，从而服务于治理现代化的伟大实践。

姜晓萍

四川大学城市治理研究院院长、城乡基层社会治理研究院院长、公共管理学院教授、教育部长江学者特聘教授

二〇二三年十二月四日

序　言　二

习近平总书记强调,“社会治理的重心必须落实到城乡、社区”。党的二十大报告明确提出,要建设社会治理共同体,健全城乡社区治理体系。住宅小区是9亿多城镇居民生活的主要空间,是城市社区的细分单元,小区治理作为网格化、精细化治理的一种实现形式,其状况直接影响城市基层社会治理的整体成效。《民法典》2020年公布,2021年施行,在原《物权法》和《物业管理条例》等法律法规的基础上进一步明确:业主可以设立业主大会,选举业主委员会。在小区治理中,业主委员会作为业主依法选举产生、代表业主管理物业区域内事务的自治性、常设性组织,既是小区治理的重要组织参与者,也是城市基层打造共建共治共享的社会治理格局和建设人人有责、人人尽责、人人享有的社会治理共同体不可或缺的重要力量,在推动业主自治、规范反映诉求、依法维权以及协助基层党政机关延伸公共服务管理、维护社区和谐稳定等方面能够发挥直接作用。加强业主委员会建设成为改善基层治理的重要方面和突破口,这一点已被诸多实践充分证实。有效激活业主委员会的自治优势,持续提升业主委员会的履职效能也成为社区有效治理的题中之义。

随着新建小区的持续增量和大批已建小区进入损耗加速、维修高峰期,物业管理纠纷、业主维权事件、物业“脱管弃管”、维修改造难、违规“住改商”、私搭乱建等各类新老矛盾和问题愈加凸显,优化小区治理结构迫在眉睫。小区治理主要是业主基于私人物权而产生的对建筑物的共同管理,这就决定了业主居于治理的主导地位。从近几年媒体报道看,业主委员会发展慢、数量少、比例低仍是全国较普遍的现象。本书作为业主委员会知识传播的重要载体,其编写过程遵照“理论篇—规范篇—释义篇—实战篇—案例篇”的逻辑主线，将“理论规范”、“法律实务”和“典型案例”相结合，构建业主委员会知识指南。在汲取国内外业主委员会最新理论成果与丰富实践经验的基础上，系统介绍业主委员会的相关研究、政策法规，剖析业主委员会参与小区治理的疑难问题和实务案例，体现了以下三个方面的特色。

第一，理论性与实践性并重。本书注重理论联系实际，设置业主委员会相关政策法规、业主委员会全流程管理相关实务和业主委员会运行典型案例章节，将业主委员会理论方法与中国特色实践紧密结合，引导读者关注实际问题、回归本土现实，解答业主委员会参与小区治理的实际疑难，在求解中构建知识体系。不仅体现了广阔的理论视野与深厚的理论深度，而且及时反映了业主委员会运行的最新实践和变革发展的最新动向。

第二，基础性与前沿性融合。本书在内容上涵盖了业主委员会的基本理论和多元视角，系统梳理了国内外学者对业主委员会概念界定、主体性视角、学科视角与场域视角的研究进展，体现了业主委员会在小区治理中的重要驱动作用。通过擘画业主委员会理论知识与法律体系的全面貌和新图景、构建具有中国特色的业主委员会话语体系，为广大读者观察和认识业主委员会提供了更丰富的视野。

第三，规范性与可读性兼顾。本书紧密围绕党和国家法律法规，以习近平新时代中国特色社会主义思想为根本遵循，努力打造精品指南。本书基于科学性、规范性、系统性的原则，反映出多学科交叉特点，展现了业主委员会主要问题的逻辑框架。同时，本书按照读者的认知规律和思维特点编写，书中的理论知识、法律实务和典型案例便于读者阅读和理解，行文用语准确、表达严谨、简洁流畅、深入浅出、通俗易懂，能够满足读者学习和实践的需要。

在业主委员会实践活动中发现问题、研究问题进而促进实践层面问题的解决和治理的优化，是本书问题导向研究的价值所在。本书既可作为各小区业主委员会合规运行的理论和实践读本，也可以为广大法律从业人员处理物业服务合同纠纷提供实战指导，更可以成为政府部门推进基层治理工作的建议书目。当前，全国各地涌现出多种业主委员会的有效治理模式，这为我们进一步认识业主自治和社区治理提供了丰富的实践经验和理论可能性，“社区善治”由此而可期。

刘艳红

中国政法大学刑事司法学院院长、

最高人民检察院企业合规检察研究基地主任、

教育部长江学者特聘教授

二〇二四年二月二十四日

序　言　三

近年来，随着我国经济社会的飞速发展，城市面貌日新月异，全国各地城镇小区建设如雨后春笋，遍地皆是。人们对美好的居住环境需求越来越高，物业服务逐渐被重视，行业规模持续扩大，经营业态不断丰富，同时其与人们的生产和生活息息相关。以温州为例，截至2023年6月，已经建成投用2276个居民小区。据不完全统计，前述小区仅成立业主委员会（以下简称业委会）1134个，占比不到50%。随着《物权法》[①]、《民法典》的先后出台，建筑物区分所有权人及市场主体法律意识普遍提高，围绕小区治理相关主体的诉讼纠纷不断增多，该相关主体有房地产开发公司、物业管理公司、小区业主、业主大会及业委会（部分有）、居（村）民委员会[以下简称居（村）委会]、街道办事处等。近三年来，温州市各级人民法院累计受理的物业服务合同纠纷6000余起。可以预见，随着依法治国方略的落地，未来这个数据还会逐年大幅度增加。细察之，现今的小区治理还存在如下亟待解决的问题：

第一，各小区成立业委会缺乏指导、茫无头绪；业主维权各行其是，导致物业公司疲于应对。

第二，业委会筹备工作量大、专业性强、理论水平要求高。各街道办事处、居（村）委会有依法指导成立业委会之责，但各街道办事处、居（村）委会对法律和政策的理解各有不同，造成业委会成立流程千差万别。而且，对后续如何指导业委会工作缺乏规范的流程，缺乏更大范围的经验交流与互动。

---

① 《物权法》自2021年1月1日废止。

第三，自2021年1月1日起《民法典》正式施行，《民法典》合同编将物业服务合同增列为典型合同，物权编中对建筑物区分所有权的规定更加明晰。没有业委会的纽带和缓冲作用，业主与物业公司的矛盾将日益普遍化、琐碎化，大量司法资源消耗于此，这与国家节约资源的法治理念不符。

因此，从一定程度上说，基层治理的热点与焦点，都在居民小区。要做好基层治理工作，需要系统思维。经济以发展为本，政治以实力为本，文化以传道为本，治理以平衡为本。小区的平衡就是业主、业主大会、业委会、居（村）委会、物业公司、开发商等各方利益的平衡，平衡的最佳状态就叫"和谐"。

如何成立业委会，如何加强业委会与物业企业的互动，如何打造和谐家园，本书有详细说明。

是为序。

编者团队

二〇二三年十二月八日

简　　目

理论篇——业主委员会的相关研究

规范篇——业委会相关政策法规

释义篇——业委会参与小区治理120问

实战篇——业委会全流程管理相关实务

案例篇——业委会运行典型案例

详　目

理论篇——业主委员会的相关研究

规范篇——业委会相关政策法规

释义篇——业委会参与小区治理120问

实战篇——业委会全流程管理相关实务

案例篇——业委会运行典型案例

图表目录

理　论　篇

——业主委员会的相关研究

第一章　相关概念界定

一、城市社区：社区、治理、自治

“社区”一词最先由德国社会学家滕尼斯于《社区和社会》（*Community and Society*）中将其界定为“具有相同价值观念的人们组成的具有关系密切、相互帮助且富有人性化的社会共同体”，后由我国学者费孝通将其译为“社区”引入中国并阐释为“本体论意义上的共同体和方法论意义上的地域共同体”。尽管学者对社区的定义多达上百种，但共同点是均认为社区至少包含了这三个方面的含义：地理要素（区域）、经济要素（经济生活）、社会要素（社会交往），这三者是必不可缺的共同要素。社区的概念已经从强调地理区域上的共同体扩展到具备人口、组织、文化等多种因素的共识，即社区（community）是指具有相对稳定人口，多数成员有共同经济、文化及民族特征，在一定区域内自愿结成的、相对独立的感情联系和文化共同体。基于社区划分的类型，城市社区是指具有相对完整和独立功能，在城市范围内有明确边界，具有某种形式的自治和基层治理功能的有机社会组织体系，是城市管理和服务的基本单元。

詹姆斯·N. 罗西瑙在《没有政府的治理》中提出治理（governance）是通行于规制空隙之间的那些制度安排，或许更重要的是当两个或更多规制出现重叠、冲突时，或者在相互竞争的利益之间需要调解时才发挥作用的原则、规范、规则和决策过程。[①] 社区治理指以社区地域为基础，政府、营利组织、非营利组织、居民等多元主体基于公共利益、市场原则和社区认同，协调合作管理公共

---

① ［美］詹姆斯·N. 罗西瑙主编：《没有政府的治理》，张胜军、刘小林等译，江西人民出版社2001年版，第5页。

事务，供给社区公共物品，优化社区秩序的过程和机制。[①] 城市社区治理主要是指在市政府的领导下，城市社区居民通过街道、社区居民委员会（以下简称居委会）及其他社区组织等主体，利用法律、经济及道德等方式，合理配置社区资源，以提升社区居民的生活质量，促进社区可持续发展。[②] 其注重治理过程中多元主体的参与，以及主体之间相互协作和依赖的关系，并且在上下互动的管理过程中政府、市场与社会三者优势互补探索“善治”体制。[③]

1835 年法国著名社会学家亚历克西·德·托克维尔在其所著的《论美国的民主》中提出“社区自治”能够使社区居民积极参与社区事务管理和决策。随着自治内涵与本土文化的结合，社区自治是指在社区这个公共领域中，通过协商的方式为共同的需求和利益实行自我管理、自我服务，[④]即“自己的事自己作主”。城市社区自治是指城市居民在所属社区内拥有自我决策、自我运营、自我发展、自我管理等能力，具有相对自主的管理、调控和服务职能。我国现行的社区自治是在党领导和政府主导下的社区居民的有限自治。

二、业主委员会：业主、业主大会、业主自治

我国的业主委员会（Property Owners' Committee 或 Property Owners' Association，以下简称业委会）是社区治理“三驾马车”中基于住房制度改革、物业管理兴起和市民权利意识提高的产物。尽管各国对其称呼有所差异，美国称其为“业主协会”“公寓所有人协会”（Home Owners' Association），日本称其为“管理组合”，新加坡称其为“业主总会”（Management Corporation Strata Title），但其都需要经过一定的流程成立，并设立大会、委员会对其自治进行管理和监督。《民法典》规定，业委会由业主大会依法选举产生，履行业主大会赋予的职责，执行业主大会规定的事项，接受业主的监督，其是在物业管理区域

---

① 苏媛：《住宅小区业主委员会参与社区治理的困境研究》，中南大学 2010 年硕士学位论文，第 6 页。

② 刘诗亮：《业主委员会参与社区治理研究——以广州祈乐苑业委会为例》，兰州大学 2018 年硕士学位论文，第 8 页。

③ 张璇：《社区自治中业主委员会的困境及对策研究——以潍坊市为例》，中国海洋大学 2013 年硕士学位论文，第 5 页。

④ 董小燕：《公共领域与城市社区自治》，社会科学文献出版社 2010 年版，第 27 页。

内代表全体业主实施自治管理的组织。《物业管理条例》第 10 条规定,“同一个物业管理区域内的业主,应当在物业所在地的区、县人民政府房地产行政主管部门或者街道办事处、乡镇人民政府的指导下成立业主大会,并选举产生业主委员会”。业主是指在该房屋的产权证书上登记的所有权人,业主大会是指业主依法设立的最高决策机构,是决定业主大事的权力机关。业主大会由业主选举产生,行使重大事项决策、监督、评议等权利。业主自治是基于小区内业主的共同利益诉求,在法律的授权下,组织开展公共事务的自我管理、自我监督和自我调解的行为,可充分发挥业主在物业管理中的作用和职能,是自治外延的扩展。

尽管对业委会的性质存在三种认识,即自治组织、利益组织和社区公共组织,①但在我国将业委会视为自治组织已经成为共识。我国的业委会是随着新物权的产生而与我国社区自治制度相融合的新型社区自治组织,其以一种市民组织的新形态加入我国基层社区治理。② 虽然在实际运作当中存在治理能力较弱、参与社区治理失灵、正外部性难以外溢到城市治理等困境,③甚至有学者提出业委会的出现为基层秩序带来了挑战,尤其表现在业主维权运动所带来的危机影响,④但大部分学者对业委会的作用持乐观态度,认为业委会是营造公共空间助力于城市自治规范化的新兴力量,⑤并为业委会在自治实践中的困境积极寻找破题机制,比如从空间生产的视角提出再造可治理的邻里空间,关注制度与城市社区的内在矛盾。⑥ 因此,在我国场域,作为一种新型社区自治组织,业委会在充分发挥“单位人”向“社区人”转变中的作用时仍需破解治理、认同等实践困境。

---

① 吴芸芸:《业主委员会自治困境研究——以东莞新天地华庭小区业委会为例》,厦门大学 2014 年硕士学位论文,第 10 页。

② 张潮、张国富:《准公民社区:基层政权与市民组织的博弈》,载《公共管理评论》2018 年第 1 期。

③ 吴晓林、谢伊云:《房权意识何以外溢到城市治理?——中国城市社区业主委员会治理功能的实证分析》,载《江汉论坛》2018 年第 1 期。

④ 邹树彬:《城市业主维权运动:特点及其影响》,载《深圳大学学报(人文社会科学版)》2005 年第 5 期。

⑤ 刘安:《社区业主委员会的发展与城市社区自治》,载《南京社会科学》2006 年第 1 期。

⑥ 孙小逸、黄荣贵:《再造可治理的邻里空间——基于空间生产视角的分析》,载《公共管理学报》2014 年第 3 期。

第二章　主体视角:内部规范与外部制约

通过关键词“业委会 + 业主委员会”在中国知网中检索出以万计数的文献(截至 2023 年 6 月),结合发表年度趋势(见图 1),可知从我国第一个业委会诞生起,关于业委会主体的研究就随着其发展而不断推进,成果丰硕。因此,本书拟从“业委会”主体视角出发,基于主体内部运行规范和主体外部对话关系两方面,将已有文献归纳为内部规范和外部博弈两类进行综合分析论述。

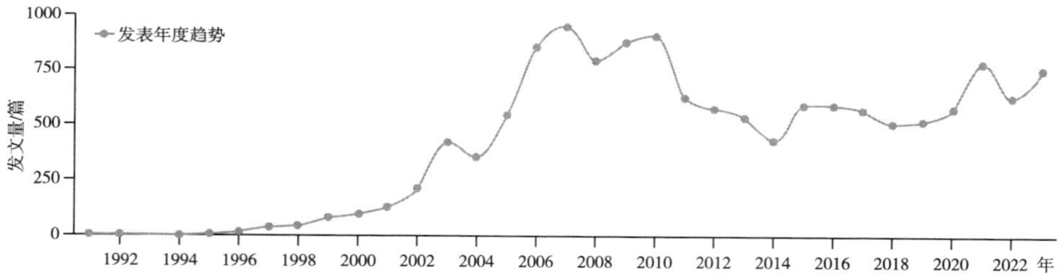

图 1　以“业委会”为关键词文献发表年度趋势

注:1993 年数据目前缺失。

一、内部规范:运行机制

业委会的内部规范聚焦于组织成立以及后续的运行层面,包括业委会的筹备与成立、选举与换届、运转与管理模式等。

在业委会的筹备与成立方面,围绕“必要性”和“斗争性”展开。部分学者聚焦业委会成立的必要性,夏建中认为业委会的成立是公民权利意识觉醒基础上中国城市社会的先声,卢海燕认为业委会制度以制度创新形式在社区自治中发挥着重要作用,[①]桂勇通过阐述业委会是培育和发展社会力量的民主发展有效途径强调业委会的民主价值。[②] 部分学者聚焦业委会成立的困境,就客观条件而言,指出在业委会成立中面临着首次参加业主大会的义务人规定不明确、召开条件不成熟、物质条件限制以及前期物业公司阻挠等现实问题,[③]并且在缺乏细化的量化指标以及各种利益驱动下政府有关部门对业委会成立持模糊态度;[④]就主观条件而言,陈伟东等认为居民自身素质有限进而导致居民参与率低以及"搭便车"现象使业委会的成立陷入两难困境,[⑤]由此产生在业委会成立之际的多元力量斗争博弈问题。基于必要性和斗争性的已有研究,业委会在带来市民社会新型民主价值的同时也面临着嵌入复杂社会试验场的种种制衡。

在业委会的选举与换届方面,唐娟等通过实证方法指出了选举中的两种逻辑,一是业主基于物权而享有法定权利的逻辑,二是支配具有地方性利益与政治统治秩序的逻辑;[⑥]张雪霖等基于多个社区的实证调查提炼小区利益密度和社会异质性的二维框架以解释业委会选举景象差异的一般机制;[⑦]同时,也有学者从选举仪式探究选举实践中的博弈。[⑧] 已有研究已经尝试对业委会内部选举换届的逻辑和一般机制作出回答,同时也发现了内部选举的博弈制衡现象。

在业委会的日常运行与管理方面,已有研究主要通过案例分析和比较研究等方法对其进行分析。通过案例分析法,石发勇基于长年对上海绿街

---

① 卢海燕:《业主委员会制度的缘起、现实困境与制度选择》,载《城市问题》2007 年第 2 期。

② 桂勇:《略论城市基层民主发展的可能及其实现途径——以上海市为例》,载《华中科技大学学报(社会科学版)》2001 年第 1 期。

③ 樊文斌:《业主委员会制度的困境分析及其对策研究》,载《法制与社会》2010 年第 14 期。

④ 包志会:《业主权利保护的立法解读及思考——以〈民法典物权编(草案)〉二审稿为视角》,载《山西省政法管理干部学院学报》2020 年第 3 期。

⑤ 陈伟东、吴猛:《社区自组织与直选成本——以武汉市柴东社区和宁波市澄浪社区为个案》,载《当代世界社会主义问题》2005 年第 2 期。

⑥ 唐娟、余品词:《社区业委会选举制度实证研究》(下)(续上期),载《现代物业》2009 年第 4 期。

⑦ 张雪霖、钟雯:《小区业委会选举景象差异一般机制的解释——基于利益密度与社会异质性二维框架的分析》,载《城市问题》2016 年第 12 期。

⑧ 白杨:《选举的仪式化功能——从业委会选举来看城市基层民主实践中的博弈》,载《社会科学》2003 年第 5 期。

的调查研究发现业委会对业主参与基层治理产生有利的外部影响，但由于面临关系网络的过度利用等可能导致内部寡头政治和准派系政治，损害基层自治；[①]李凯基于长沙市某小区示例从微观角度尝试回答城市社区自治中业委会的自治作用及其运转机制；[②]也有学者指出了在业主自治过程中社区骨干、社区精英在业委会运行与管理当中的能动作用。[③] 通过比较研究，李利文将我国业委会与美国业主组织成立流程进行比较，发现我国业委会主要由地方政府主导而美国业主组织主要由社会力量主导；[④]有学者比较业委会和居委会，发现在不对称的合法性下业委会的管理内容更贴合居民自治管理的需要。已有研究发现由地方政府主导成立的业委会，尽管缺乏明晰的法律地位，但其运行管理在贴合居民需要的同时仍会在自治实践中对该主体内外部产生不同的影响，并且社区精英、骨干等在其中发挥着不可忽视的能动作用。虽然有学者相继提出针对业委会运行管理问题的新举措、新框架、新途径，但这些“新”很少能够在实践中落地并经过实践的检验成为成功范式并进行推广。

综合上述陈述分析可知，关于业委会内部规范的研究内容丰富、成熟，这些研究多结合地方治理实践、利用案例分析等定性方法对业委会的生成、选举、运行等内部管理进行剖析，并且随业委会的发展而不断完善。

二、外部博弈：主体对话

业委会的外部约束聚焦于宏观层面和微观层面上社区治理中的除业委会以外的其他主体在共同参与治理的过程中与业委会发生的联系、作用效果与机制。

在宏观层面上，学者们主要是围绕着国家—社会—市场这三维视角来展

---

① 石发勇：《业主委员会、准派系政治与基层治理——以一个上海街区为例》，载《社会学研究》2010 年第 3 期。

② 李凯：《城市社区自治中业委会的生成逻辑与运转机制研究——以长沙市 J 小区为例》，湖南师范大学 2020 年硕士学位论文。

③ 朱健刚、景燕春、杨磊：《社区社会组织的动力机制与精英依赖——对 D 小区业委会筹建的民族志研究》，载《广西民族大学学报（哲学社会科学版）》2018 年第 4 期。

④ 李利文：《城市治理视域下中美业委会成立流程比较研究——兼论业委会成立难问题》，载《城市观察》2018 年第 5 期。

开论述，其中国家遵循等级权力逻辑，市场遵循盈亏逻辑，社会遵循自愿主义逻辑。陈鹏认为代表社会力量的业主和业主组织，代表市场力量的房地产商和物业公司与代表国家力量的住房和城乡建设委员会系统、街道办事处（以下简称街道办）、居委会这三种力量的互动、博弈和融合，实际上构成了宏观结构上社区治理的范式；[①]刘伟等则认为呈现社区内三大主体力量的互动会产生"半嵌入性互动治理"形态；[②]朱喜群从社区权力视角考察城市社区多元主体之间的互动博弈关系，指出国家权力不断向基层社区渗透，社区成为国家治理单元；[③]孙小逸等指出目前流行的这种新自由主义式的城市治理是俱乐部式的，其内在含有多重风险，所以我们要在"元治理"理论视角下克服治理失灵，要"找回国家"，发挥国家和政府在治理中的主导地位，国家也可以试图重新建构可治理邻里空间。[④] 基于宏观层面上的研究，可以发现对于业委会与其他外部治理主体的关系围绕着权力的博弈展开，业委会在城市社区生长的过程中会受到来自国家行政力量在内的制约。

在微观层面上，目前学界开展的研究主要是探寻业委会同其他不同的社区治理主体之间的互动关系与矛盾冲突点。关于社区治理的主体，学界多有争论，如孙荣等指出街道办、居委会、业委会、物业服务公司和业主构成了新型的城市社区治理结构中的五大主要治理主体。[⑤] 任晓春指出党组织、基层政府、营利企业、社区自治组织和中介组织构成我国社区治理五大主体。[⑥] 本书在吸纳学界观点的基础上，结合部分学者认为的在社区治理中居委会因具有

---

① 陈鹏：《国家—市场—社会三维视野下的业委会研究——以 B 市商品房社区为例》，载《公共管理学报》2013 年第 3 期。

② 刘伟、翁俊芳：《半嵌入性互动治理的形成逻辑与主要类型——以 H 街道四个社区的业委会与物业管理运作为例》，载《理论与改革》2021 年第 1 期。

③ 朱喜群：《社区冲突视阈下城市社区多元治理中的权力博弈——以苏州市 D 社区更换物业公司为考察个案》，载《公共管理学报》2016 年第 3 期。

④ 孙小逸、黄荣贵：《再造可治理的邻里空间——基于空间生产视角的分析》，载《公共管理学报》2014 年第 3 期。

⑤ 孙荣、范志雯：《社区共治：合作主义视野下业主委员会的治理》，载《中国行政管理》2007 年第 12 期。

⑥ 任晓春：《论当代中国社区治理的主体间关系》，载《中州学刊》2012 年第 2 期。

“行政末梢”和自治组织的双重属性,[①]而可以发挥部分行政功能,故将社区治理的主要主体界定为业委会、业主、居委会、物业服务公司与基层党组织。

在关于业委会与业主的关系上,有学者基于集体行动的逻辑等相关理论开展研究。陈晓运指出“去组织化”是业主集体行动的策略选择,[②]但是毛启蒙指出社区维权的集体行动倾向总体上逐渐向“理性团结”和“组织团结”方向转型。[③] 郭圣莉等也指出其实严格意义上的小区治理虽非典型的集体行动选择问题,但其核心困境仍指向个体理性与集体理性之间的张力。[④] 此外,也有学者研究业主与业委会之间的矛盾。石发勇等指出业委会因缺乏有效监督和合理激励难以长期有效地规范运转,其性质逐渐从维权走向谋利,而这种精英主导的寡头化运作实现了对全体业主的精英替代,形成寡头统治和准派系政治,结果造成业委会角色失衡及治理主体之间的关系对立。[⑤] 从已有研究可以看出业委会与业主之间存在着张力,而如何回应和抑制这种张力也许是未来业委会发展升级的一个重点。

业委会、居委会与物业管理公司被认为是我国现代社区治理的“三驾马车”。[⑥] 但是三者之间也存在着法律关系模糊、职责交叠、利益冲突与力量失衡。有学者从合作治理的视角出发,指出应以业委会为核心建立治理主体间的协商会议制度;[⑦]徐宏宇则指出在此过程中必须尊重社区的性质,并充分验证各个社区治理主体的治理意愿、治理能力等;[⑧]叶娟丽、韩瑞波认为真正理想的合作机制应当是基于居委会、物业公司和业委会等多元行动主体之间权力

① 王印红、朱玉洁:《基层社会治理创新:从社区“原两委”到小区“新两委”》,载《经济社会体制比较》2022 年第 2 期。

② 陈晓运:《去组织化:业主集体行动的策略——以 G 市反对垃圾焚烧厂建设事件为例》,载《公共管理学报》2012 年第 2 期。

③ 毛启蒙:《社区业主维权的发展趋势》,载《城市问题》2014 年第 12 期。

④ 郭圣莉、王宁、唐秀玲:《分层决策与利益联结:我国小区治理困境的破解及其常态化机制研究》,载《理论探讨》2022 年第 5 期。

⑤ 石发勇:《业主委员会、准派系政治与基层治理——以一个上海街区为例》,载《社会学研究》2010 年第 3 期。

⑥ 原珂:《推进社区治理能力现代化的系统思路》,载《理论探索》2021 年第 3 期。

⑦ 孙荣、范志雯:《社区共治:合作主义视野下业主委员会的治理》,载《中国行政管理》2007 年第 12 期。

⑧ 徐宏宇:《城市社区合作治理的现实困境》,载《城市问题》2017 年第 6 期。

平衡与各自分工的协作式治理。[①] 此外,还有部分学者重点关注居委会与业委会的关系,认为二者虽然性质不同,但在功能上有重合之处;肖林也认为二者的合法性存在着不对称的特点,所以要澄清二者性质使其更为有效地发挥作用。[②] 黄娟认为符合市民社会的自愿性特征的居委会最终能成为一个真正的群众性自治组织;[③]刘娅则认为居委会对社区具有行政和自治双重功能,对居民自治组织发挥监督和制约作用,但不能与居民自治组织相混淆,并且应该使业委会真正成为社区居民的自治委员会。[④] 韩志明、李春生指出居委会应学会动态地运用识势、顺势等策略调整与业委会之间的关系,从而缓解矛盾冲突、盘活多元治理主体的内生动力机制。[⑤] 从已有研究可以看出,目前学者们总体上倾向于居委会应该改革或者"放权",并帮助业委会成为更能展现自治性质与发挥自治功能的组织。综上,如何设置一种能吸纳包括业委会等"三驾马车"及其他社区治理主体在内的合作机制并使其最大化发挥效用是学界热议的话题,但是可以看出目前学者们的观点并不统一,这依赖后续的政策变革与实践探索修正。

综合上述陈述分析可知,关于业委会外部制约的研究与我国实际社会生活中的权力变动与博弈息息相关,学者们的研究多从当前现实出发,但是也在尽力地把握发展的趋势以期能为我国实际生活中的社区治理作出新的探索。

三、研究范式:维权与治理

业委会在我国自诞生以来就具有一定研究积累,大致可以分为社会运动和社会两种范式。在两大范式之下无论是业委会内部规范管理,还是外部与

---

① 叶娟丽、韩瑞波:《吸纳式合作机制在社区治理中为何失效?——基于 H 小区居委会与物业公司的个案分析》,载《南京大学学报(哲学·人文科学·社会科学)》2019 年第 2 期。

② 肖林:《不对称的合法性:居民委员会和业主委员会之比较》,载《社会学评论》2014 年第 6 期。

③ 黄娟:《保守抑或激进?——从居委会与业委会的关系看居委会的未来变革》,载《河北法学》2010 年第 2 期。

④ 刘娅:《居委会自治性质的重新探讨——居民委员会与业主委员会的自治性比较》,载《中国行政管理》2005 年第 5 期。

⑤ 韩志明、李春生:《依势而为的行动策略及其情境逻辑——基于 B 居委会实践案例的观察》,载《中国行政管理》2022 年第 7 期。

其他主体对话博弈都体现着业主自治的两大行为动机——维权与治理，这也是目前关于业委会研究的两大主流叙事。[①]

社会运动范式下的维权运动。该研究范式重点关注作为维权组织的业委会在运动中的组织、动员等行为过程及其行动策略、内在逻辑。纪芳基于经验分析试图阐释业主维权运动结果的内在逻辑，业委会通过精英主导的寡头化运作的组织形态，利用抽象权利话语和法律依据诉诸个人私利，进而导致维权运动下权利话语的关系失衡。[②] 业主维权行动也可以理解为依靠维权精英及其关系网络，借助社会资源发起的集体行动。[③] 刘子曦认为法律呈现的"维权的武器"和"维权的瓶颈"二重性推动维权斗争扩展为社会行动并推动社会发展。[④] 并且陈鹏基于城市业主维权抗争实践提出了包含"上访维权""诉讼维权""立法维权"三种类型的"法权抗争"分析框架，并指出阶级构成、精英维系、职业维系、制度组织条件这四类因素为业主立法维权提供可能。[⑤] 随着业委会组织的发展，利益网络复杂化，博弈主体多元化，维权主体组织化，维权过程理性化，维权手段专业化，即业主维权运动已经由无序化纵深向合理化、规范化、合法化发展。

社会范式下的治理探索。该研究范式重点关注在新公共空间下业委会在社区治理中的角色和治理模式。业委会作为社区治理"三驾马车"之一的草根组织，发挥着助力社区形成多元主体治理格局的核心作用。[⑥] 相关学者基于不同视角探索业委会的治理模式，杨文辉基于"业主悖论"和社会信任指出可通过建设和完善业委会公开透明的工作机制增强社会信息的功能基础，为改善

---

① 郭圣莉、吴海红、刘永亮：《业主集体行动视角下的社区强人治理——基于业主委员会的多案例研究》，载《上海行政学院学报》2017 年第 6 期。

② 纪芳：《从维权到治理：业主自治的实践困境及其突破——基于一个维权业委会的经验分析》，载《中共宁波市委党校学报》2021 年第 2 期。

③ 张磊：《业主维权运动：产生原因及动员机制——对北京市几个小区个案的考查》，载《社会学研究》2005 年第 6 期。

④ 刘子曦：《激励与扩展：B 市业主维权运动中的法律与社会关系》，载《社会学研究》2010 年第 5 期。

⑤ 陈鹏：《当代中国城市业主的法权抗争——关于业主维权活动的一个分析框架》，载《社会学研究》2010 年第 1 期。

⑥ 张虎祥：《社区治理与权力秩序的重构——对上海市康健社区的研究》，上海大学 2005 年硕士学位论文，第 39 页。

业主自治提供制度方向；[①]孙荣等基于合作主义视野提出基于制度式伙伴关系的社区共治治理模式；[②]胡宝文基于社会治理创新视角和"需求—动员—制度"模型提出业委会治理的基础在于重构内外部关系，核心在于治理能力建设，保障在于制度规范建立的治理模式。[③] 现有研究大部分基于多中心治理理论、集体行动理论、公共池塘资源等理论视角探索业委会在社区治理中的角色及其治理模式，大多是基于单个或有限个案例分析而提出的治理构想，缺乏外部效度、实证分析以及多元主体共治的具体措施，但仍为我国业主自治实践探索提供了有益的理论支持。

---

① 杨文辉、陈玲：《社区自治的信任关系和制度基础：以北京 YF 小区为例》，载《公共管理评论》2015 年第 1 期。

② 孙荣、范志雯：《社区共治：合作主义视野下业主委员会的治理》，载《中国行政管理》2007 年第 12 期。

③ 胡宝文：《社会治理创新视阈下城市社区业主委员会治理研究》，华中科技大学 2017 年硕士学位论文。

第三章　学科视角：法学、社会学、政治学、公共管理学

通过中国知网学科可视化图（见图 2），可以发现有关业委会的研究集中在宏观经济管理与可持续发展、行政法及地方法制、中国政治与国际政治等学科。因此，基于社会科学学科需要和学科视角，选取法学、社会学、政治学和公共管理学，重点对各学科内有关业委会的研究进行回顾分析，以便更好地把握业委会在不同学科内的研究重点，从而形成对业委会主体研究的尽可能全面的综合认识。

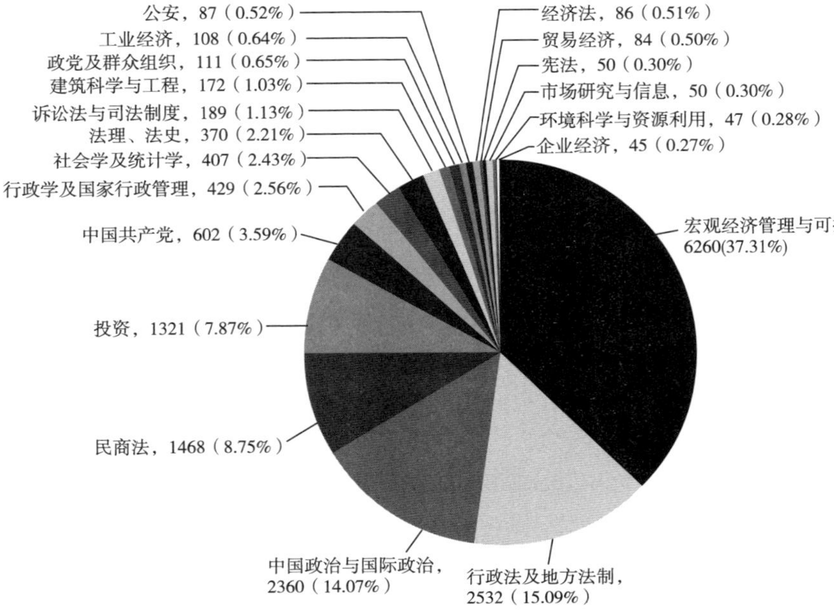

图 2　以“业委会”为关键词文献的学科分布

一、法学：聚焦业委会的法律地位与职权

来自法学的研究主要是围绕业委会的“合法性”展开的。业委会的产生与我国的住房制度、产权制度改革息息相关，但是从《物业管理条例》到《物权法》[①]再到《民法典》，对于业委会的法律地位都没有明确的规定，[②]造成了业委会在操作中的尴尬角色，这不仅会直接影响维权行动的开展，[③]在一定程度上也不利于社区自治的顺利展开。所以，有学者呼吁要尽快明确业主大会和业委会的性质及其法律地位，通过赋予业委会独立民事主体地位解决社区治理中的许多问题。[④]

综上，关于业委会的法学研究主要聚焦在业委会目前在中国法律中所处地位的探讨以及未来该如何优化、让业委会逐渐具有法律地位。

二、社会学：聚焦业委会在社会生活中的地位和作用

21 世纪初业委会刚在中国各处生长起来，如今业委会已是商品房社区自主治理的核心和标志，[⑤]并在一定程度上有力地促进和改善商品房社区的治理境况和业主福祉。[⑥] 但是业委会在生长升级的过程中也遇到包括维权、斗争等在内的问题，也有学者从维权现象出发指出这种行动也许蕴含着培育城市社会空间、社区社会资本等的机遇。[⑦]

综上，社会学关于业委会的研究主要聚焦在业委会在社会生活中产生的作用和其在城市社区自主治理中的地位和重要意义。

---

① 《物权法》自 2021 年 1 月 1 日废止。

② 张臻：《业主自治下业委会制度的困境及其法治化路径》，载《哈尔滨学院学报》2021 年第 6 期。

③ 庄文嘉：《跨越国家赋予的权利？对广州市业主抗争的个案研究》，载《社会》2011 年第 3 期。

④ 王汉生、吴莹：《基层社会中“看得见”与“看不见”的国家——发生在一个商品房小区中的几个“故事”》，载《社会学研究》2011 年第 1 期。

⑤ 张雪霖：《私民社会：对业主维权与民主自治实践的反思》，载《云南行政学院学报》2017 年第 2 期。

⑥ 郑杭生、黄家亮：《当前我国社会管理和社区治理的新趋势》，载《甘肃社会科学》2012 年第 6 期。

⑦ 陈鹏：《社区去行政化：主要模式及其运作逻辑——基于全国的经验观察与分析》，载《学习与实践》2018 年第 2 期。

三、政治学：聚焦业委会在政治体制中的地位和作用

来自政治学的研究主要是围绕业委会在基层治理“行政化”和“自治”如何保持平衡中发挥的作用展开的。郑杭生和黄家亮认为，我国过去社会管理和社区治理存在过度行政化的弊端，[①]而业委会能在包括像居委会这样的组织“去行政化”的过程中发挥一定的作用并促进社区自治。此外，也有学者从城市治理的政策执行角度出发，指出业委会能够较为高效地进行社区动员，而这对完成原初的政策预期可能会有较大的作用。[②]

综上，政治学关于业委会的研究主要聚焦在业委会于我国政治体制运行的补充作用上，并试图进一步探究其更深层次的政治作用。

四、公共管理学：聚焦业委会的内外部机制管理

业委会在中国兴起时也受到了来自公共管理学科领域相关学者的关注。杨海燕和林辉煌指出总体上社区治理主体正从传统的“一元治理”向“多元治理”转变，[③]而在博弈过程中，业委会在社区多元治理格局中已居重要地位，对社区相应事务试图获取决策权。此外，不同的学者也聚焦于不同的治理方式展开论述，如沈瑞英、周霓羽指出业委会这一由业主自发形成的城市基层微观组织结构带有强烈的“多中心治理”色彩，[④]在现实中也出现了国家、市场与社会并存的多中心治理权力结构；同时也有学者指出多中心治理易导致“无中心负责”的现实困境，[⑤]所以田先红等也提出我们要在治理模式中树立“元治理”

---

① 郑杭生、黄家亮：《当前我国社会管理和社区治理的新趋势》，载《甘肃社会科学》2012 年第 6 期。

② 卢玮静、赵小平、张丛丛：《中国城市社区治理政策的困境、原因与对策——基于政策分析的视角》，载《城市发展研究》2016 年第 8 期。

③ 杨海燕、林辉煌：《城市社区的“共建共治共享”：困境与出路》，载《云南行政学院学报》2019 年第 3 期。

④ 沈瑞英、周霓羽：《行政体制改革视阈下城市社区自治模式探析——以 B 市某花园社区为例》，载《中共福建省委党校学报》2016 年第 11 期。

⑤ 刘湖北、冯意皓：《“一体多翼”善治模式：破解现行社区治理困境的应然选择》，载《理论导刊》2017 年第 4 期。

角色，克服治理失灵。①

综上，公共管理学科关于业委会的研究主要聚焦在包含业委会在内的社区治理及治理方式的选择上。

---

① 田先红、张庆贺：《再造秩序："元治理"视角下城市住宅小区的多元治理之道》，载《社会科学》2020年第10期。

第四章　场域视角:场域聚焦与本土特色

国外场域下,业主组织一般分为业主共益协会和业主社区协会,业主社区协会又细分为公寓式协会、业主合作协会和业主协会三类。[①] 业主组织除了社区治理外,也积极参与政府活动中,有学者也指出业主组织对房地产市场具有积极影响,[②]同时探究了长者参与、服务提供者、监管者和接收方多元主体的物业管理模式。[③] 同样,通过案例分析、比较研究分析等从公民参与等视角对业主组织进行相关研究,部分学者形成了"业主组织在一定程度上可为政府提供公共服务起到辅助作用"的主张。

为了更好地了解有关国外业委会组织的研究现状,基于场域视角对"Web of Science 核心合集"进行可视化分析,并聚焦我国现阶段业委会研究的本土特色,以便在把握业委会国内外研究现状的同时更好地立足于我国场域。

由于业委会组织在各国称呼存在不同,故依次用"Property Owners' Committee""Property Owners' Association""Home Owners' Association"为主题检索时间跨度为2003—2023年的文献,共获取963篇,由"被引频次:最高优秀"排列选取并下载前500篇文献利用可视化软件CiteSpace进行分析。首先,对所选文献进行国家共线网络分析,可以发现业委会研究集中在美国、英格兰、

① See Bw HawKins et al. , *Residential Community Associations and the American Intergovernmental System*, Publius:The Journal of Federalism, Vol. 27:3, p. 61 – 74(1997).

② See Sacha Reid et al. , *Power, Ethopolitics and Community Relations: Complexities of Living in Multi – Owned Properties*, Housing, Theory and Society, Vol. 34:4, p. 439 – 457(2017).

③ See Rui Xi et al. , *Comparison and Reference of Typical Property Management Models in China and Foreign Countries*, Advances in Social Science, Education and Humanities Research, Vol. 376, p. 543 – 550 (2019).

中国、澳大利亚和加拿大(见图3),因此在场域视角下主要聚焦于欧美等发达国家对业委会组织的研究。

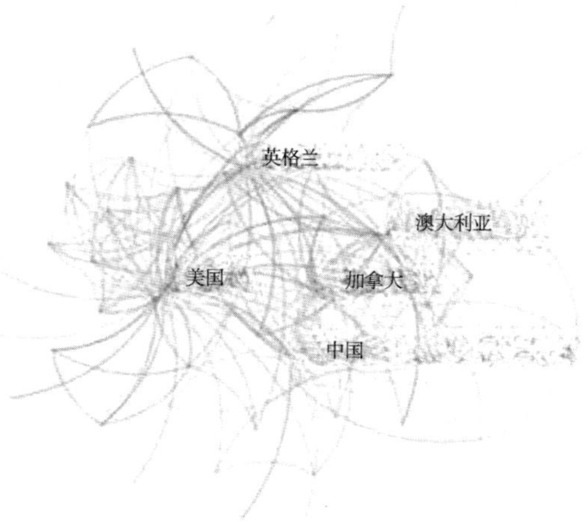

图3　国家共现网络

一、场域聚焦

在使用软件进行初步处理分析后,得到选取前五项的关键词共现网络聚类表(见表1)。其中risk出现频率最高,这表明目前学界聚焦业委会组织有关风险及其因素、住宅隔离、基础医疗服务以及民主化参与。其中,基础医疗服务和风险相伴发展而来,业委会组织风险聚焦于应对老幼健康、基础医疗等服务,并且更加关注具体的风险因素。

表1　关键词(英文)共现网络聚类

Cluster ID	Size	Silhouette	Mean(year)	Top Terms(LSI)
0	66	0.626	2013	risk; mortality; children; injury; accessibility; association; health; socioeconomic status; indicator; older men
1	41	0.711	2016	risk factors; training methods; relinquishment; welfare; companion animals; validation; domestic dog; association; behavioral traits
2	39	0.848	2016	residential segregation; impact; health; neighborhood; mitigation; structural racism; disparity; discrimination; inequity; socioeconomic status

续表

Cluster ID	Size	Silhouette	Mean(year)	Top Terms(LSI)
3	39	0.722	2013	primary care; public health; social medicine; health services administration; community development; academic medicine; centers; advancement; students; gender differences
4	38	0.704	2017	politics; vigilantism; twilight institutions; justice; authority; climate change; health equity; extreme heat; community – based participatory research; public perception

此外,通过关键词频次显示(见图4),可以发现 health(71 次)、association(53 次)、community(50 次)为前三项,表明关于业委会的研究更多聚焦于社区内提供基础健康医疗服务,此后逐渐关注其有关的风险、管理、居民行为等,重点仍是围绕着"health"。

Visible	Count	Central...	Year	Keywords
☑	71	0.12	2003	health
☑	53	0.19	2005	association
☑	50	0.19	2003	community
☑	40	0.10	2003	risk
☑	38	0.08	2015	impact
☑	37	0.18	2008	risk factors
☑	31	0.16	2003	children
☑	31	0.08	2008	prevalence
☑	29	0.12	2004	united states
☑	28	0.12	2008	management
☑	24	0.04	2006	care
☑	22	0.11	2013	residents
☑	21	0.07	2007	behavior
☑	19	0.05	2008	mortality
☑	16	0.04	2015	policy
☑	15	0.01	2013	public health
☑	14	0.03	2008	mental health
☑	14	0.02	2013	exposure
☑	14	0.05	2006	home
☑	14	0.08	2008	adults
☑	13	0.04	2014	city
☑	13	0.01	2008	advisory committee
☑	13	0.04	2011	disease
☑	12	0.01	2009	prevention
☑	11	0.02	2018	quality
☑	11	0.01	2018	disparity
☑	11	0.03	2006	education
☑	11	0.05	2007	participation
☑	11	0.02	2013	physical activity
☑	10	0.01	2010	home ownership
☑	10	0.01	2017	depression
☑	10	0.05	2005	asthma
☑	10	0.02	2014	epidemiology

图 4　关键词(英文)频次显示

通过关键词共现网络分析图谱(见图5),我们可以看见 association,community,risk,health,care 等关键节点,并且其在美国场域尤为突出,结合关键词共现网络聚类表和关键词频次显示图,不难发现场域差异——在我国聚焦于业委会的社区自治管理的同时,欧美等场域更关注业委会提供基础医疗服务的作用,这也启示我国关注业委会在国民健康、基础医疗及其风险中的作用。

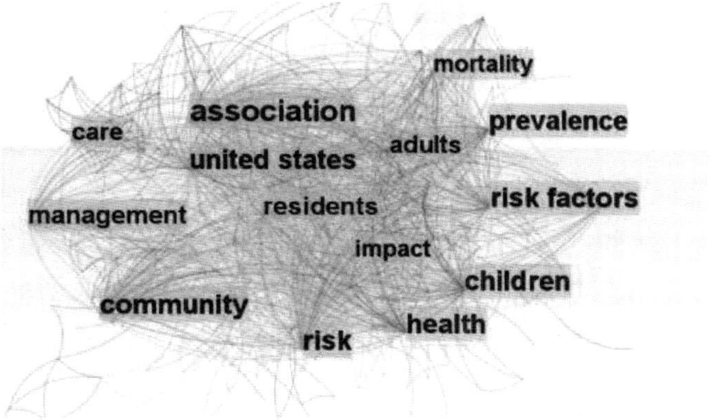

图5　关键词(英文)共现网络

利用软件的突发性探测技术,设置参数为"Burstterms",探测频次变化率高的词并得到关键词突现图(见图6),便于把握当前的学术研究热点。在关键词突现图中,除了上述所提及的居民健康、基础医疗以及风险及其因素外,近年来也逐渐关注由结构性种族主义产生的不平等,即社区内业委会等组织提供健康、医疗等服务的不平等。与之相比,目前我国业委会研究更多聚焦于其本身的治理、维权运动和与多主体之间的关系,较少涉及业委会提供公共物品和公共服务的效果。

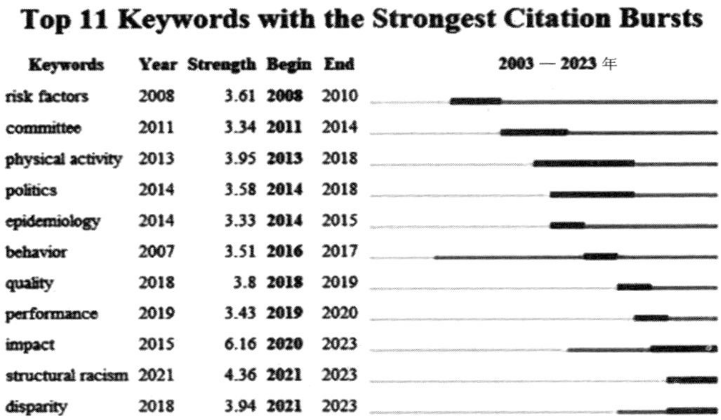

图 6　关键词（英文）突现

此外，利用软件进行时间序列分析（见图 7），发现在 21 世纪初 association，community，risk 就被提出并得到关注，至今仍有所发展。随着时间的演变，业委会的研究不仅限于社区内的组织治理，而且向居民身心健康、医疗服务等纵深发展，并且近年来聚焦于社区业委会内部住宅（居住区）隔离、结构性种族主义等社会现象和影响。这也启示我国场域在关注业委会微观治理组织的同时对其产生的社会现象和社会影响进行及时关注和研究。

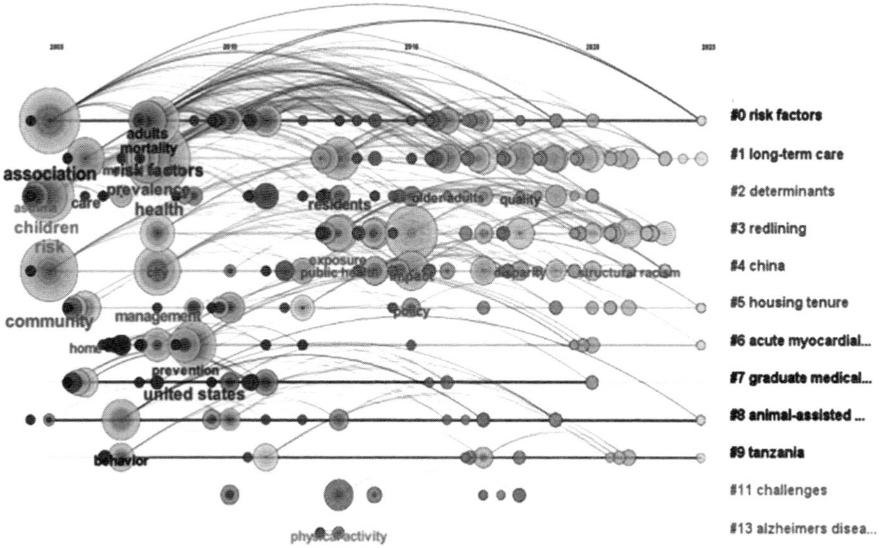

图 7　关键词（英文）聚类时序

二、本土特色

基于上述对他国场域的可视化分析,在发现国内外聚焦差异的同时可知,尽管我国业委会研究相较欧美而言起步较晚,但随着不少研究与我国社会文化和居民自治制度的结合,在我国场域已经形成了“内容丰富、角度多样”的研究领域,并且近年来也衍生出具有我国本土特色的研究视角——党建引领。

基层党组织发挥着战斗堡垒作用。汤彬认为,基层党组织应构建起以党的组织体系为枢纽的多方协同网络,实现“统合治理”。[①] 王印红和朱玉洁则建议试行以业主党支部委员会和业委会为核心的“新两委”治理模式,下沉党组织,[②]如通过红色物业等政党基层组织在社区治理网络中的拓展,融入社区的公共价值。[③] 张振也认为,党组织可将业委会和社区治理实践逐渐纳入党主导的体制框架,即通过政党完成对业主组织的合法性建构。[④] 从已有研究中可以看出,大多数学者都认为,在我国的国情下,将党的领导通过基层党组织融入基层社区治理的过程是富有成效的,其也能帮助业委会等生发出更有活力的自治能力。

---

① 汤彬:《基于整合的协同:城市社区统合治理的实践逻辑》,载《甘肃行政学院学报》2022 年第 2 期。

② 王印红、朱玉洁:《基层社会治理创新:从社区“原两委”到小区“新两委”》,载《经济社会体制比较》2022 年第 2 期。

③ 容志、孙蒙:《党建引领社区公共价值生产的机制与路径:基于上海“红色物业”的实证研究》,载《理论与改革》2020 年第 2 期。

④ 张振:《合法性建构党建引领城市社区业主组织发展的策略机制——以全国城市基层“红色业委会”党建创新为例》,载《内蒙古社会科学》2021 年第 2 期。

规　范　篇

——业委会相关政策法规

业委会相关的法律法规主要有《民法典》《物业管理条例》《业主大会和业主委员会指导规则》等。其中,2021 年 1 月实施的《民法典》,首次从国家基本法律层面明确了建筑物区分所有权、物业服务合同、建筑物和物件损害责任等物业服务制度,为业主的合法权益提供了法律保障;《物业管理条例》规定了物业服务企业和业主之间的权利和义务、物业服务的管理要求和服务质量标准等,促进物业服务企业规范管理和提高服务质量;《业主大会和业主委员会指导规则》规定了业委会的产生、职权、义务等方面,保障业主的合法权益,促进业委会的规范管理。这些法律法规为业委会的组成和工作提供了法律依据,为业主和物业服务企业提供了法律保障。接下来分别从以下几个方面具体阐述相关的法律法规,具体可见表 2。

表 2　与业委会相关的法律法规

业委会相关事宜	法律法规来源
业主及业主大会	《民法典》 《物业管理条例》 《业主大会和业主委员会指导规则》 《城市房地产管理法》
业委会	《民法典》 《物业管理条例》 《业主大会和业主委员会指导规则》
业主的建筑物区分所有权	《民法典》
物业服务合同	《物业管理条例》
前期物业管理	《建筑法》 《城市房地产管理法》 《物业管理条例》
物业管理服务	《物业管理条例》
物业的使用和维护	《民法典》 《物业管理条例》
法律责任	《物业管理条例》 《业主大会和业主委员会指导规则》

第五章　业主及业主大会

业主及业主大会相关的法律法规主要涉及物业管理、房屋拆迁与补偿、土地管理、城市房地产管理等方面。这些法规的出台，保障了业主们在物业服务、拆迁补偿、土地使用和房地产交易等方面的权益，规范了物业服务企业和业主委员会的行为，提高了房屋产权管理的水平。

1. 房屋的所有权人为业主。

业主在物业管理活动中，享有下列权利：

(1)按照物业服务合同的约定，接受物业服务企业提供的服务；

(2)提议召开业主大会会议，并就物业管理的有关事项提出建议；

(3)提出制定和修改管理规约、业主大会议事规则的建议；

(4)参加业主大会会议，行使投票权；

(5)选举业委会成员，并享有被选举权；

(6)监督业委会的工作；

(7)监督物业服务企业履行物业服务合同；

(8)对物业共用部位、共用设施设备和相关场地使用情况享有知情权和监督权；

(9)监督物业共用部位、共用设施设备专项维修资金(以下简称专项维修资金)的管理和使用；

(10)法律、法规规定的其他权利。

2. 业主在物业管理活动中，履行下列义务：

(1)遵守管理规约、业主大会议事规则；

(2)遵守物业管理区域内物业共用部位和共用设施设备的使用、公共秩序和环境卫生的维护等方面的规章制度；

（3）执行业主大会的决定和业主大会授权业委会作出的决定；

（4）按照国家有关规定交纳专项维修资金；

（5）按时交纳物业服务费用；

（6）法律、法规规定的其他义务。

3. 物业管理区域内全体业主组成业主大会。业主大会应当代表和维护物业管理区域内全体业主在物业管理活动中的合法权益。

4. 一个物业管理区域成立一个业主大会。物业管理区域的划分应当考虑物业的共用设施设备、建筑物规模、社区建设等因素。具体办法由省、自治区、直辖市制定。

5. 同一个物业管理区域内的业主，应当在物业所在地的区、县人民政府房地产行政主管部门或者街道办、乡镇人民政府的指导下成立业主大会，并选举产生业委会。但是，只有一个业主的，或者业主人数较少且经全体业主一致同意，决定不成立业主大会的，由业主共同履行业主大会、业委会职责。

6. 下列事项由业主共同决定：

（1）制定和修改业主大会议事规则；

（2）制定和修改管理规约；

（3）选举业委会或者更换业委会成员；

（4）选聘和解聘物业服务企业；

（5）筹集和使用专项维修资金；

（6）改建、重建建筑物及其附属设施；

（7）有关共有和共同管理权利的其他重大事项。

7. 业主大会会议可以采用集体讨论的形式，也可以采用书面征求意见的形式；但是，应当有物业管理区域内专有部分占建筑物总面积过半数的业主且占总人数过半数的业主参加。业主可以委托代理人参加业主大会会议。业主大会或者业委会的决定，对业主具有约束力。业主大会或者业委会作出的决定侵害业主合法权益的，受侵害的业主可以请求人民法院予以撤销。

8. 业主大会会议分为定期会议和临时会议。业主大会定期会议应当按照业主大会议事规则的规定召开。经 20% 以上的业主提议，业委会应当组织召开业主大会临时会议。

9. 召开业主大会会议，应当于会议召开15日以前通知全体业主。住宅小区的业主大会会议，应当同时告知相关的居委会。业委会应当做好业主大会会议记录。

10. 管理规约应当对有关物业的使用、维护、管理，业主的共同利益，业主应当履行的义务，违反管理规约应当承担的责任等事项依法作出约定。管理规约应当尊重社会公德，不得违反法律、法规或者损害社会公共利益。管理规约对全体业主具有约束力。

11. 业主大会议事规则应当就业主大会的议事方式、表决程序、业委会的组成和成员任期等事项作出约定。

12. 业主大会、业委会应当依法履行职责，不得作出与物业管理无关的决定，不得从事与物业管理无关的活动。业主大会、业委会作出的决定违反法律、法规的，物业所在地的区、县人民政府房地产行政主管部门或者街道办、乡镇人民政府，应当责令限期改正或者撤销其决定，并通告全体业主。

13. 业主大会、业委会应当配合公安机关，与居委会相互协作，共同做好维护物业管理区域内的社会治安等相关工作。

14. 在物业管理区域内，业主大会、业委会应当积极配合相关居委会依法履行自治管理职责，支持居委会开展工作，并接受其指导和监督。

15. 住宅小区的业主大会、业委会作出的决定，应当告知相关的居委会，并认真听取居委会的建议。

第六章　业　委　会

业委会是业主大会的执行机构，相关的法律法规主要涉及物业管理、业主大会管理、业主和物业服务企业合同管理等方面。这些法规的出台，明确了业委会的职责和权利，规范了业主大会和业委会的组织管理，以及业主和物业服务企业之间的合同管理。这些法规的实施，有助于提高业委会的执行效率，保障业主的合法权益，促进物业服务企业的规范化管理。

1. 业委会由业主大会会议选举产生，由 5 ~ 11 人单数组成。业委会委员应当是物业管理区域内的业主，并符合下列条件：

(1)具有完全民事行为能力；

(2)遵守国家有关法律、法规；

(3)遵守业主大会议事规则、管理规约，模范履行业主义务；

(4)热心公益事业，责任心强，公正廉洁；

(5)具有一定的组织能力；

(6)具备必要的工作时间。

2. 业委会委员实行任期制，每届任期不超过 5 年，可连选连任，业委会委员具有同等表决权。业委会应当自选举之日起 7 日内召开首次会议，推选业委会主任和副主任。

3. 业委会应当自选举产生之日起 30 日内，持下列文件向物业所在地的区、县房地产行政主管部门和街道办、乡镇人民政府办理备案手续：

(1)业主大会成立和业委会选举的情况；

(2)管理规约；

(3)业主大会议事规则；

(4)业主大会决定的其他重大事项。

4. 业委会办理备案手续后,可持备案证明向公安机关申请刻制业主大会印章和业委会印章。业委会任期内,备案内容发生变更的,业委会应当自变更之日起30日内将变更内容书面报告备案部门。

5. 业委会履行以下职责:

(1)执行业主大会的决定和决议;

(2)召集业主大会会议,报告物业管理实施情况;

(3)与业主大会选聘的物业服务企业签订物业服务合同;

(4)及时了解业主、物业使用人的意见和建议,监督和协助物业服务企业履行物业服务合同;

(5)监督管理规约的实施;

(6)督促业主交纳物业服务费及其他相关费用;

(7)组织和监督专项维修资金的筹集和使用;

(8)调解业主之间因物业使用、维护和管理产生的纠纷;

(9)业主大会赋予的其他职责。

6. 业委会应当向业主公布下列情况和资料:

(1)管理规约、业主大会议事规则;

(2)业主大会和业委会的决定;

(3)物业服务合同;

(4)专项维修资金的筹集、使用情况;

(5)物业共有部分的使用和收益情况;

(6)占用业主共有的道路或者其他场地用于停放汽车车位的处分情况;

(7)业主大会和业委会工作经费的收支情况;

(8)其他应当向业主公开的情况和资料。

7. 业委会应当按照业主大会议事规则的规定及业主大会的决定召开会议。经1/3以上业委会委员的提议,应当在7日内召开业委会会议。

8. 业委会会议由主任召集和主持,主任因故不能履行职责,可以委托副主任召集。业委会会议应有过半数的委员出席,作出的决定必须经全体委员半数以上同意。业委会委员不能委托代理人参加会议。

9. 业委会应当于会议召开 7 日前,在物业管理区域内公告业委会会议的内容和议程,听取业主的意见和建议。业委会会议应当制作书面记录并存档,业委会会议作出的决定,应当有参会委员的签字确认,并自作出决定之日起 3 日内在物业管理区域内公告。

10. 业委会应当建立工作档案,工作档案包括以下主要内容:

(1)业主大会、业委会的会议记录;

(2)业主大会、业委会的决定;

(3)业主大会议事规则、管理规约和物业服务合同;

(4)业委会选举及备案资料;

(5)专项维修资金筹集及使用账目;

(6)业主及业主代表的名册;

(7)业主的意见和建议。

11. 业委会应当建立印章管理规定,并指定专人保管印章。使用业主大会印章,应当根据业主大会议事规则的规定或者业主大会会议的决定;使用业委会印章,应当根据业委会会议的决定。

12. 业主大会、业委会工作经费由全体业主承担。工作经费可以由业主分摊,也可以从物业共有部分经营所得收益中列支。工作经费的收支情况,应当定期在物业管理区域内公告,接受业主监督。

工作经费筹集、管理和使用的具体办法由业主大会决定。

13. 有下列情况之一的,业委会委员资格自行终止:

(1)因物业转让、灭失等原因不再是业主的;

(2)丧失民事行为能力的;

(3)依法被限制人身自由的;

(4)法律、法规以及管理规约规定的其他情形。

14. 业委会委员有下列情况之一的,由业委会 1/3 以上委员或者持有 20% 以上投票权数的业主提议,业主大会或者业委会根据业主大会的授权,可以决定是否终止其委员资格:

(1)以书面方式提出辞职请求的;

(2)不履行委员职责的;

(3)利用委员资格谋取私利的;

(4)拒不履行业主义务的;

(5)侵害他人合法权益的;

(6)因其他原因不宜担任业委会委员的。

15. 业委会委员资格终止的,应当自终止之日起 3 日内将其保管的档案资料、印章及其他属于全体业主所有的财物移交业委会。

16. 业委会任期内,委员出现空缺时,应当及时补足。业委会委员候补办法由业主大会决定或者在业主大会议事规则中规定。业委会委员人数不足总数的 1/2 时,应当召开业主大会临时会议,重新选举业委会。

17. 业委会任期届满前 3 个月,应当组织召开业主大会会议,进行换届选举,并报告物业所在地的区、县房地产行政主管部门和街道办、乡镇人民政府。

18. 业委会应当自任期届满之日起 10 日内,将其保管的档案资料、印章及其他属于业主大会所有的财物移交新一届业委会。

19. 物业所在地的区、县房地产行政主管部门和街道办、乡镇人民政府应当积极开展物业管理政策法规的宣传和教育活动,及时处理业主、业委会在物业管理活动中的投诉。

20. 已交付使用的专有部分面积超过建筑物总面积 50%,建设单位未按要求报送筹备首次业主大会会议相关文件资料的,物业所在地的区、县房地产行政主管部门或者街道办、乡镇人民政府有权责令建设单位限期改正。

21. 业委会未按业主大会议事规则的规定组织召开业主大会定期会议,或者发生应当召开业主大会临时会议的情况,业委会不履行组织召开会议职责的,物业所在地的区、县房地产行政主管部门或者街道办、乡镇人民政府可以责令业委会限期召开;逾期仍不召开的,可以由物业所在地的居委会在街道办、乡镇人民政府的指导和监督下组织召开。

22. 按照业主大会议事规则的规定或者 1/3 以上委员提议,应当召开业委会会议的,业委会主任、副主任无正当理由不召集业委会会议的,物业所在地的区、县房地产行政主管部门或者街道办、乡镇人民政府可以指定业委会其他委员召集业委会会议。

23. 召开业主大会会议,物业所在地的区、县房地产行政主管部门和街道办、乡镇人民政府应当给予指导和协助。

24. 召开业委会会议，应当告知相关的居委会，并听取居委会的建议。在物业管理区域内，业主大会、业委会应当积极配合相关居委会依法履行自治管理职责，支持居委会开展工作，并接受其指导和监督。

25. 违反业主大会议事规则或者未经业主大会会议和业委会会议的决定，擅自使用业主大会印章、业委会印章的，物业所在地的街道办、乡镇人民政府应当责令限期改正，并通告全体业主；造成经济损失或者不良影响的，应当依法追究责任人的法律责任。

26. 业委会委员资格终止，拒不移交所保管的档案资料、印章及其他属于全体业主所有的财物的，其他业委会委员可以请求物业所在地的公安机关协助移交。业委会任期届满后，拒不移交所保管的档案资料、印章及其他属于全体业主所有的财物的，新一届业委会可以请求物业所在地的公安机关协助移交。

27. 业委会在规定时间内不组织换届选举的，物业所在地的区、县房地产行政主管部门或者街道办、乡镇人民政府应当责令其限期组织换届选举；逾期仍不组织的，可以由物业所在地的居委会在街道办、乡镇人民政府的指导和监督下，组织换届选举工作。

28. 因客观原因未能选举产生业委会或者业委会委员人数不足总数的1/2的，新一届业委会产生之前，可以由物业所在地的居委会在街道办、乡镇人民政府的指导和监督下，代行业委会的职责。

29. 业主大会、业委会作出的决定违反法律法规的，物业所在地的区、县房地产行政主管部门和街道办、乡镇人民政府应当责令限期改正或者撤销其决定，并通告全体业主。

30. 业主不得擅自以业主大会或者业委会的名义从事活动。业主以业主大会或者业委会的名义，从事违反法律、法规的活动，构成犯罪的，依法追究刑事责任；尚不构成犯罪的，依法给予治安管理处罚。

31. 物业管理区域内，可以召开物业管理联席会议。物业管理联席会议由街道办、乡镇人民政府负责召集，由区、县房地产行政主管部门、公安派出所、居委会、业委会和物业服务企业等方面的代表参加，共同协调解决物业管理中遇到的问题。

第七章　业主的建筑物区分所有权

业主的建筑物所有权是业主的合法权益，相关法律法规规定了建筑物所有权的归属和转让等，明确了业主对建筑物的所有权，保障业主的合法权益不受侵犯。同时，法律还规定了建筑物的拆除和修缮等事项需要经过业主协商和同意，保障业主的决策权和合法权益。

1. 业主对建筑物内的住宅、经营性用房等专有部分享有所有权，对专有部分以外的共有部分享有共有和共同管理的权利。

2. 业主对其建筑物专有部分享有占有、使用、收益和处分的权利。业主行使权利不得危及建筑物的安全，不得损害其他业主的合法权益。

3. 业主对建筑物专有部分以外的共有部分，享有权利，承担义务；不得以放弃权利为由不履行义务。业主转让建筑物内的住宅、经营性用房，其对共有部分享有的共有和共同管理的权利一并转让。

4. 建筑区划内的道路，属于业主共有，但是属于城镇公共道路的除外。建筑区划内的绿地，属于业主共有，但是属于城镇公共绿地或者明示属于个人的除外。建筑区划内的其他公共场所、公用设施和物业服务用房，属于业主共有。

5. 建筑区划内，规划用于停放汽车的车位、车库的归属，由当事人通过出售、附赠或者出租等方式约定。占用业主共有的道路或者其他场地用于停放汽车的车位，属于业主共有。

6. 建筑区划内，规划用于停放汽车的车位、车库应当首先满足业主的需要。

7. 业主可以设立业主大会，选举业委会。业主大会、业委会成立的具体条件和程序,依照法律、法规的规定。地方人民政府有关部门、居委会应当对设立业主大会和选举业委会给予指导和协助。

8. 下列事项由业主共同决定:

(1)制定和修改业主大会议事规则;

(2)制定和修改管理规约;

(3)选举业委会或者更换业委会成员;

(4)选聘和解聘物业服务企业或者其他管理人;

(5)使用建筑物及其附属设施的维修资金;

(6)筹集建筑物及其附属设施的维修资金;

(7)改建、重建建筑物及其附属设施;

(8)改变共有部分的用途或者利用共有部分从事经营活动;

(9)有关共有和共同管理权利的其他重大事项。

9. 业主不得违反法律、法规以及管理规约,将住宅改变为经营性用房。业主将住宅改变为经营性用房的,除遵守法律、法规以及管理规约外,应当经有利害关系的业主一致同意。

10. 建筑物及其附属设施的维修资金,属于业主共有。经业主共同决定,可以用于电梯、屋顶、外墙、无障碍设施等共有部分的维修、更新和改造。建筑物及其附属设施的维修资金的筹集、使用情况应当定期公布。紧急情况下需要维修建筑物及其附属设施的,业主大会或者业委会可以依法申请使用建筑物及其附属设施的维修资金。

11. 建设单位、物业服务企业或者其他管理人等利用业主的共有部分产生的收入,在扣除合理成本之后,属于业主共有。

12. 建筑物及其附属设施的费用分摊、收益分配等事项,有约定的,按照约定;没有约定或者约定不明确的,按照业主专有部分面积所占比例确定。

13. 业主可以自行管理建筑物及其附属设施,也可以委托物业服务企业或者其他管理人管理。对建设单位聘请的物业服务企业或者其他管理人,业主有权依法更换。

14. 物业服务企业或者其他管理人根据业主的委托,依照有关物业服务合同的规定管理建筑区划内的建筑物及其附属设施,接受业主的监督,并及时答复业主对物业服务情况提出的询问。物业服务企业或者其他管理人应当执行政府依法实施的应急处置措施和其他管理措施，积极配合开展相关工作。

15. 业主应当遵守法律、法规以及管理规约，相关行为应当符合节约资源、保护生态环境的要求。对于物业服务企业或者其他管理人执行政府依法实施的应急处置措施和其他管理措施，业主应当依法予以配合。

16. 业主大会或者业委会，对任意弃置垃圾、排放污染物或者噪声、违反规定饲养动物、违章搭建、侵占通道、拒付物业费等损害他人合法权益的行为，有权依照法律、法规以及管理规约，请求行为人停止侵害、排除妨碍、消除危险、恢复原状、赔偿损失。

17. 业主或者其他行为人拒不履行相关义务的，有关当事人可以向有关行政主管部门报告或者投诉，有关行政主管部门应当依法处理。

18. 业主对建设单位、物业服务企业或者其他管理人以及其他业主侵害自己合法权益的行为，有权请求其承担民事责任。

第八章　物业服务合同

物业服务合同是物业服务企业和业主之间的合同，相关法律法规主要来自《民法典》和《物业管理条例》。《民法典》将物业服务合同增列为典型合同，规定了物业服务合同的基本要素和签订、履行等方面，保障了物业服务企业和业主的合法权益。《物业管理条例》规定了物业服务企业的基本管理要求和服务质量标准等方面，促进了物业服务企业的规范化管理，提高了服务质量。业主和物业服务企业应该了解相关法律法规，积极履行合同义务，维护自己和对方的合法权益。

1. 物业服务合同是物业服务人在物业服务区域内，为业主提供建筑物及其附属设施的维修养护、环境卫生和相关秩序的管理维护等物业服务，业主支付物业费的合同。物业服务人包括物业服务企业和其他管理人。

2. 物业服务合同的内容一般包括服务事项、服务质量、服务费用的标准和收取办法、维修资金的使用、服务用房的管理和使用、服务期限、服务交接等条款。物业服务人公开作出的有利于业主的服务承诺，为物业服务合同的组成部分。物业服务合同应当采用书面形式。

3. 建设单位依法与物业服务人订立的前期物业服务合同，以及业委会与业主大会依法选聘的物业服务人订立的物业服务合同，对业主具有法律约束力。

4. 建设单位依法与物业服务人订立的前期物业服务合同约定的服务期限届满前，业委会或者业主与新物业服务人订立的物业服务合同生效的，前期物业服务合同终止。

5. 物业服务人将物业服务区域内的部分专项服务事项委托给专业性服务

组织或者其他第三人的，应当就该部分专项服务事项向业主负责。物业服务人不得将其应当提供的全部物业服务转委托给第三人，或者将全部物业服务支解后分别转委托给第三人。

6. 物业服务人应当按照约定和物业的使用性质，妥善维修、养护、清洁、绿化和经营管理物业服务区域内的业主共有部分，维护物业服务区域内的基本秩序，采取合理措施保护业主的人身、财产安全。对物业服务区域内违反有关治安、环保、消防等法律法规的行为，物业服务人应当及时采取合理措施制止、向有关行政主管部门报告并协助处理。

7. 物业服务人应当定期将服务的事项、负责人员、质量要求、收费项目、收费标准、履行情况，以及维修资金使用情况、业主共有部分的经营与收益情况等以合理方式向业主公开并向业主大会、业委会报告。

8. 业主应当按照约定向物业服务人支付物业费。物业服务人已经按照约定和有关规定提供服务的，业主不得以未接受或者无须接受相关物业服务为由拒绝支付物业费。业主违反约定逾期不支付物业费的，物业服务人可以催告其在合理期限内支付；合理期限届满仍不支付的，物业服务人可以提起诉讼或者申请仲裁。物业服务人不得采取停止供电、供水、供热、供燃气等方式催交物业费。

9. 业主装饰装修房屋的，应当事先告知物业服务人，遵守物业服务人提示的合理注意事项，并配合其进行必要的现场检查。业主转让、出租物业专有部分、设立居住权或者依法改变共有部分用途的，应当及时将相关情况告知物业服务人。

10. 业主依照法定程序共同决定解聘物业服务人的，可以解除物业服务合同。决定解聘的，应当提前 60 日书面通知物业服务人，但是合同对通知期限另有约定的除外。依据前款规定解除合同造成物业服务人损失的，除不可归责于业主的事由外，业主应当赔偿损失。

11. 物业服务期限届满前，业主依法共同决定续聘的，应当与原物业服务人在合同期限届满前续订物业服务合同。物业服务期限届满前，物业服务人不同意续聘的，应当在合同期限届满前 90 日书面通知业主或者业委会，但是合同对通知期限另有约定的除外。

12. 物业服务期限届满后,业主没有依法作出续聘或者另聘物业服务人的决定,物业服务人继续提供物业服务的,原物业服务合同继续有效,但是服务期限为不定期。当事人可以随时解除不定期物业服务合同,但是应当提前60日书面通知对方。

13. 物业服务合同终止的,原物业服务人应当在约定期限或者合理期限内退出物业服务区域,将物业服务用房、相关设施、物业服务所必需的相关资料等交还给业委会、决定自行管理的业主或者其指定的人,配合新物业服务人做好交接工作,并如实告知物业的使用和管理状况。原物业服务人违反前款规定的,不得请求业主支付物业服务合同终止后的物业费;造成业主损失的,应当赔偿损失。

14. 物业服务合同终止后,在业主或者业主大会选聘的新物业服务人或者决定自行管理的业主接管之前,原物业服务人应当继续处理物业服务事项,并可以请求业主支付该期间的物业费。

第九章　前期物业管理

前期物业管理涉及的法律法规主要是为了保障建筑物的安全和合法性，以及业主的合法权益。这些法律法规规定了建筑物的规划、设计、施工等方面，保证建筑物的安全和合法性；规定了房地产市场的管理和监督等方面，保护购房者和业主的合法权益；规定了物业服务企业和业主之间的权利和义务等方面，促进物业服务企业规范管理和提高服务质量。

1. 在业主、业主大会选聘物业服务企业之前，建设单位选聘物业服务企业的，应当签订书面的前期物业服务合同。

2. 建设单位应当在销售物业之前，制定临时管理规约，对有关物业的使用、维护、管理，业主的共同利益，业主应当履行的义务，违反临时管理规约应当承担的责任等事项依法作出约定。建设单位制定的临时管理规约，不得侵害物业买受人的合法权益。

3. 前期物业服务合同可以约定期限；但是，期限未满、业委会与物业服务企业签订的物业服务合同生效的，前期物业服务合同终止。

4. 业主依法享有的物业共用部位、共用设施设备的所有权或者使用权，建设单位不得擅自处分。在办理物业承接验收手续时，建设单位应当向物业服务企业移交下列资料：

（1）竣工总平面图，单体建筑、结构、设备竣工图，配套设施、地下管网工程竣工图等竣工验收资料；

（2）设施设备的安装、使用和维护保养等技术资料；

（3）物业质量保修文件和物业使用说明文件；

（4）物业管理所必需的其他资料。

物业服务企业应当在前期物业服务合同终止时将上述资料移交给业委会。

前期物业服务往往存在垄断效应。前期物业服务合同是开发商与物业服务企业签订，业主买房时概括承受前期物业，立法对此约束有所欠缺。实践中几乎所有房地产开发商均是选择自己旗下物业服务企业，或者指定一家物业服务企业，并没有完全通过市场竞争方式选聘前期物业服务。为了促进物业服务市场的公平竞争，2003 年(原)建设部印发《前期物业管理招标投标管理暂行办法》，明确住宅项目应当通过招投标的方式选聘具有相应资质的物业管理企业。2021 年 1 月实施的《民法典》第 939 条规定，建设单位依法与物业服务人订立的前期物业服务合同，对业主具有法律约束力。各种政策制定的初衷是为了让房管分离，促进物业服务行业市场化进程，营造公平竞争环境，但实际上并没有达到应有效果。例如，2020—2023 年，珠海市香洲区共开发 12 个新建小区，12 个新建小区全部选择了自身品牌的物业服务企业，具体可见表 3。

表 3　2020—2023 年珠海市香洲区前期物业服务项目招投标统计

序号	项目名称	招标时间	中标人
1	LJXYW	2023 - 01 - 21	LJ 物业管理有限公司
2	DQDS	2023 - 01 - 21	LJ 物业管理有限公司
3	HFSJYS	2022 - 08 - 31	HF 物业服务有限公司
4	HWHPHY	2022 - 04 - 14	ZF 物业管理有限公司
5	JYHYXW	2021 - 11 - 23	JY 物业服务公司
6	YHYFL	2022 - 11 - 19	YH 物业有限公司
7	ZHHYSDGG	2021 - 10 - 08	ZH 物业管理公司
8	HFBJBD	2021 - 09 - 15	HF 物业服务有限公司
9	HFGJHYA	2021 - 04 - 06	HF 物业服务有限公司
10	HFGJHYA	2021 - 03 - 09	HF 物业服务有限公司
11	HFGJHYA	2020 - 12 - 04	HF 物业服务有限公司
12	HFGJHYA	2020 - 11 - 27	HF 物业服务有限公司

“物业服务行业有个潜在规则,谁开发的楼盘由谁去管理,其他家的物业服务企业一般不会去碰,即使其他物业服务企业在招投标中能够中标,但是开发商不扶持前期物业服务的话,前期物业服务企业根本无法经营下去,因为开发商在前期是最大的业主,未出售的房屋均由开发商支付物业服务费,而且前期房屋的质量纠纷最多,维修和质保需要协调开发商来负责,物业服务企业要与开发商紧密配合才能服务好广大业主。”(某物业服务招投标代理公司罗经理,2022 年 12 月)

因此,在前期物业服务的选聘上,由房地产开发商发起前期物业服务招标工作,房地产开发商具有绝对权力决定选聘哪一家物业服务企业,房地产开发商要么自行成立物业服务企业进行管理,要么选聘有关联的物业服务企业进驻管理。

第十章　物业管理服务

物业管理服务相关法律法规主要是为了规范物业服务企业的管理行为，保护业主的合法权益。这些法律法规规定了物业服务企业和业主之间的权利和义务等方面，促进物业服务企业规范管理和提高服务质量。业主应了解相关法律法规，积极参与业主大会的活动，监督物业服务企业的履约情况，维护自己的合法权益。物业服务企业应遵守相关法律法规，提高服务质量，为业主提供更好的服务。

1. 业委会应当与业主大会选聘的物业服务企业订立书面的物业服务合同。

物业服务合同应当对物业管理事项、服务质量、服务费用、双方的权利义务、专项维修资金的管理与使用、物业管理用房、合同期限、违约责任等内容进行约定。

2. 物业服务企业应当按照物业服务合同的约定，提供相应的服务。物业服务企业未能履行物业服务合同的约定，导致业主人身、财产安全受到损害的，应当依法承担相应的法律责任。

3. 物业服务企业承接物业时，应当与业委会办理物业验收手续。

4. 物业管理用房的所有权依法属于业主。未经业主大会同意，物业服务企业不得改变物业管理用房的用途。

5. 物业服务合同终止时，物业服务企业应当将物业管理用房和相关资料交还给业委会。物业服务合同终止时，业主大会选聘了新的物业服务企业的，物业服务企业之间应当做好交接工作。

6. 物业服务收费应当遵循合理、公开以及费用与服务水平相适应的原则，区别不同物业的性质和特点，由业主和物业服务企业按照国务院价格主管部门会同国务院住房和城乡建设主管部门制定的物业服务收费办法，在物业服务合同中约定。

7. 业主应当根据物业服务合同的约定交纳物业服务费用。业主与物业使用人约定由物业使用人交纳物业服务费用的，从其约定，业主负连带交纳责任。已竣工但尚未出售或者尚未交给物业买受人的物业，物业服务费用由建设单位交纳。

8. 物业服务企业可以根据业主的委托提供物业服务合同约定以外的服务项目，服务报酬由双方约定。

9. 物业管理区域内，供水、供电、供气、供热、通信、有线电视等单位应当向最终用户收取有关费用。物业服务企业接受委托代收前款费用的，不得向业主收取手续费等额外费用。

10. 物业使用人在物业管理活动中的权利义务由业主和物业使用人约定，但不得违反法律、法规和管理规约的有关规定。物业使用人违反管理规约的规定，有关业主应当承担连带责任。

11. 县级以上地方人民政府房地产行政主管部门应当及时处理业主、业委会、物业使用人和物业服务企业在物业管理活动中的投诉。

后期物业服务仍具有一定垄断效应。在后期物业服务选聘时，房地产开发商虽然不像前期物业服务招投标中那样拥有决定权，但是房地产开发商仍具有一定的表决权，部分小区房地产开发商会保留一部分商业物业和住宅物业由房地产开发商自持，根据《民法典》第 278 条的规定，召开业主大会需要专有部分面积占比 2/3 以上的业主且人数占比 2/3 以上的业主参与表决。如房地产开发商自持的物业建筑面积超过总建筑物面积的 1/3，那么开发商具有一票否决权，房地产开发商不参与投票，业主大会就达不到有效召开的条件，导致无法通过业主大会选聘新的物业服务，难以有效实现市场化竞争。例如，珠海市××小区同一红线分为两期开发，总建筑面积为 251,979.46 平方米，一期为住宅项目，建筑面积为 148,764.21 平方米；二期为商业办公项目，建筑面积为 103,215.25 平方米。住宅项目均已售卖，商业办公项目全部由开发商自持，房地产开发商自持面积达到41%，业主对前期物业服务不满拟更换物业服务企业，但因为房地产开发商不参与投票，导致该小区的业主大会无法有效召开。

第十一章　物业的使用和维护

物业的使用和维护相关法律法规主要是为了保障业主的合法权益，促进物业的规范管理和维护。这些法律法规规定了房屋产权、物业服务企业和业主之间的权利和义务、房屋拆迁的程序和权益保护等方面。

1. 物业管理区域内按照规划建设的公共建筑和共用设施，不得改变用途。

2. 业主依法确需改变公共建筑和共用设施用途的，应当在依法办理有关手续后告知物业服务企业；物业服务企业确需改变公共建筑和共用设施用途的，应当提请业主大会讨论决定同意后，由业主依法办理有关手续。

3. 业主、物业服务企业不得擅自占用、挖掘物业管理区域内的道路、场地，损害业主的共同利益。因维修物业或者公共利益，业主确需临时占用、挖掘道路、场地的，应当征得业委会和物业服务企业的同意；物业服务企业确需临时占用、挖掘道路、场地的，应当征得业委会的同意。业主、物业服务企业应当将临时占用、挖掘的道路、场地，在约定期限内恢复原状。

4. 业主需要装饰装修房屋的，应当事先告知物业服务企业。物业服务企业应当将房屋装饰装修中的禁止行为和注意事项告知业主。

5. 住宅物业、住宅小区内的非住宅物业或者与单幢住宅楼结构相连的非住宅物业的业主，应当按照国家有关规定交纳专项维修资金。专项维修资金属于业主所有，专项用于物业保修期满后物业共用部位、共用设施设备的维修和更新、改造，不得挪作他用。专项维修资金收取、使用、管理的办法由国务院住房和城乡建设主管部门会同国务院财政部门制定。

6. 利用物业共用部位、共用设施设备进行经营的，应当在征得相关业主、业主大会、物业服务企业的同意后，按照规定办理有关手续。业主所得收益应当主要用于补充专项维修资金,也可以按照业主大会的决定使用。

7. 物业存在安全隐患,危及公共利益及他人合法权益时,责任人应当及时维修养护,有关业主应当给予配合。责任人不履行维修养护义务的,经业主大会同意,可以由物业服务企业维修养护,费用由责任人承担。

第十二章　法律责任

法律责任主要是为了规范业委会、物业以及业主的行为，其规定了业委会、物业服务企业、业主应尽的义务和责任，以及违反相关规定应当承担的法律责任。业委会应当遵守相关法律法规，依法行使职权，维护业主的合法权益；如有违法行为，将会承担相应的法律责任。业主应当了解相关法律法规，积极参与业主大会的活动，监督业委会的工作，维护自己的合法权益。物业服务企业也应当遵守相关法律法规，为业委会提供必要的支持和配合，提高服务质量。

1. 业主大会、业委会应当依法履行职责，不得作出与物业管理无关的决定，不得从事与物业管理无关的活动。业主大会、业委会作出的决定违反法律、法规的，物业所在地的区、县人民政府房地产行政主管部门或者街道办、乡镇人民政府，应当责令限期改正或者撤销其决定，并通告全体业主。

2. 建设单位擅自处分属于业主的物业共用部位、共用设施设备的所有权或者使用权的，由县级以上地方人民政府房地产行政主管部门处 5 万元以上 20 万元以下的罚款；给业主造成损失的，依法承担赔偿责任。

3. 物业服务企业将一个物业管理区域内的全部物业管理一并委托给他人的，由县级以上地方人民政府房地产行政主管部门责令限期改正，处委托合同价款 30% 以上 50% 以下的罚款。委托所得收益，用于物业管理区域内物业共用部位、共用设施设备的维修、养护，剩余部分按照业主大会的决定使用；给业主造成损失的，依法承担赔偿责任。

4. 未经业主大会同意，物业服务企业擅自改变物业管理用房的用途的，由县级以上地方人民政府房地产行政主管部门责令限期改正，给予警告，并处 1

万元以上10万元以下的罚款；有收益的，所得收益用于物业管理区域内物业共用部位、共用设施设备的维修、养护，剩余部分按照业主大会的决定使用。

5. 有下列行为之一的，由县级以上地方人民政府房地产行政主管部门责令限期改正，给予警告，并处以罚款；所得收益，用于物业管理区域内物业共用部位、共用设施设备的维修、养护，剩余部分按照业主大会的决定使用：

（1）擅自改变物业管理区域内按照规划建设的公共建筑和共用设施用途的；

（2）擅自占用、挖掘物业管理区域内道路、场地，损害业主共同利益的；

（3）擅自利用物业共用部位、共用设施设备进行经营的。

个人有前款规定行为之一的，处1000元以上1万元以下的罚款；单位有前款规定行为之一的，处5万元以上20万元以下的罚款。

6. 违反物业服务合同约定，业主逾期不交纳物业服务费用的，业委会应当督促其限期交纳；逾期仍不交纳的，物业服务企业可以向人民法院起诉。

7. 业主以业主大会或者业委会的名义，从事违反法律、法规的活动，构成犯罪的，依法追究刑事责任；尚不构成犯罪的，依法给予治安管理处罚。

8. 国务院住房和城乡建设主管部门、县级以上地方人民政府房地产行政主管部门或者其他有关行政管理部门的工作人员利用职务上的便利，收受他人财物或者其他好处，不依法履行监督管理职责，或者发现违法行为不予查处，构成犯罪的，依法追究刑事责任；尚不构成犯罪的，依法给予行政处分。

第十三章　境外物业服务的发展及实践

发达国家及地区物业服务行业发展了150多年，具有完善的社会基础和法律基础，物业服务法律体系相对健全，市场化物业服务程度高，各类物业服务协会行业组织和专业标准已形成，物业服务模式已运行成熟。

1. 英国、美国、日本、韩国、新加坡物业服务的发展及实践

英国基本采取业主委托专业物业服务公司进行管理的模式，市场化程度相当成熟，注册物业公司手续简单快捷，有着完善的市场化住房管理体系，有英国特许房屋学会（CIH）、英国皇家特许测量师学会（RICS）等全球知名的物业学会（协会），政府不会对物业服务运营的过程进行干涉和管控，具体工作由相关物业学会负责。英国关于住房的法规始于1885年，先后制定了《工人阶级住房法》《住房和城镇规划法》《住房法》《住房（金融）法》等法规，已经形成了完整的物业服务法律体系，通过法律制度保障住房管理市场化运转。

美国的物业服务模式专业化程度高，服务业非常发达，不论是物业公司还是保安公司、保洁公司、绿化公司等专项服务公司，都执行标准专业化管理模式，专业服务水平和设施设备都十分先进，提供菜单式服务类别，能较好满足市场差异化需求。美国物业服务从业实行职业经理人制度，注册资格认定由全美物业管理协会（IREM）负责，物业职业经理人属于房地产管理领域的杰出专业人才，不仅进行服务物业管理还兼顾资产经营管理，美国物业管理方面制定有《统一区分所有物业产权法》《统一居住业主与租户法》《楼宇养狗条例》等法律法规，充分保障各方权利义务。

日本、韩国住宅管理主要分为独栋住宅与集合住宅，分别采用业主自管和团体管理组织共管模式，每个区域配置一个住宅管理中心用来处理住宅事务，

政府对物业公司从业执行严格管理，不仅要求物业公司先获得特别经营许可证，还要求其应当具备一定的资金、人力、技术实力才能从事物业服务行业，对从业人员实行物业服务师（士）注册制度，需要通过培训获得物业服务从业资质，明确每500户公共住房必须配备1名物业服务师（士）。日本制定有《建筑区分所有法》《物业管理士标准管理规约》，韩国制定有《住宅法》等，对住宅的管理、业主的权利义务进行详细规定。

新加坡实行政府主导的统筹型住房管理模式。因为新加坡国土面积仅为733.1平方千米，政府建设了大量保障性质的公共组屋。此外，还有一些私人公寓和洋房，政府为充分利用土地资源保障居民住房，将住房规划、分配和后续管理统一由建屋发展局负责，下设各市镇理事会负责具体事务，多数市镇理事会也会聘请专业物业公司辅助具体日常管理，政府对组屋的物业管理费有一定补贴。对房地产开发销售的住宅前2年执行开发商自行管理，因为新建住宅前2年的工程质量和配套设施完善问题最多，由开发商管理并自行解决，2年后再聘请物业公司。新加坡制定了《住户手册》《住房公约》等，要求住户搬进新居后需要熟知注意事项和有关知识，严格遵守有关规定，对于违反规定的行为，执法部门依法从严处理，充分保障了各方利益主体的权利义务。

2. 中国香港特别行政区物业服务的发展及实践

香港特别行政区的物业服务市场化程度非常高，物业公司数量非常多，市场竞争淘汰激烈，招投标机制完善，政府协助业主成立业主立案法团，由业主立案法团代表全体业主处理物业管理具体事务，业主立案法团具有独立法人地位和诉讼权力。香港特别行政区实行注册专业房屋经理（R. P. H. M.）制度，房屋经理注册管理局对注册专业房屋经理制定了专业操守或务实守则并全程监督管理，业主、业主立案法团或物业公司在注册专业房屋经理名册中聘请专业人员管理房屋事务，物业服务收费主要实行酬金制模式。香港特别行政区物业管理法制比较健全，制定有《大厦维修保养使用手册》《建筑物管理条例》《房屋经理注册条例》等，法律同时对香港特别行政区大厦公契（Deeds of Mutual Covenant）制度严格保护，大厦公契是由律师起草制定并在土地注册处注册的法律文件，条款列明有关物业单位用途、物业管理选择权、楼宇保养维修责任、业主居住及使用权限规则等，大厦公契对所有业主具有法律约束力，确保物业服务行业有序发展。

第十四章 强化法律保障

1. 法律需进一步明确专有部分和共有部分的界定。《民法典》物权编第六章业主的建筑物区分所有权,规定区分了业主的专有部分和共有部分,但未明确对区分所有权中的专有部分和共有部分如何界定。最高人民法院审理案件的解释以及一些政府部门规章对共有部分进行了列举,但依旧远远难以涵盖现实的状况,关于专有和共有的纠纷非常多,致使物业服务实践中难以分清权责主体。比如地面规划车位的产权归属,是属于开发商还是全体业主,诸如此类的纠纷诉讼非常多,各地的法院判决结果也不一致,有的判决归属开发商,有的判决归属全体业主。

2. 物业服务法律法规需要增加"部分共有"的概念。当前法律仅明确了专有部分属于业主,小区公共部分属于全体业主共有和共同管理。但是实践中会产生许多矛盾,比如地下停车场的产权属于购买车位的部分业主,但是在维修地下停车场共有部位时,按当前法律法规的规定需要全体业主共同承担维修费用,一定程度上对于没有购买车位需求或者不使用地下停车位的业主存在不公平。

3. 法律法规需要进一步明确商业业主与住宅业主的权责关系,特别是商住一体的小区,商业和住宅对物业的使用需求不一样,商业业主希望吸引更多的人流量,而住宅业主则认为这会影响居住生活。在公共区域管理表决上,商业业主投票权远远比不过住宅业主,导致商业业主和住宅业主之间纠纷不断。

4. 法律法规需要进一步厘清物业管理区域内各方主体责任。物业服务是一种民事合同关系,但因为我国的国情和现实需要,又赋予物业服务很多法定职责,当前社会对物业服务企业的定位超越了其民法主体的定位,混淆了企业的合同义务与行政管理职责,导致物业管理区域各方主体职责不清,故需要进一步明确厘清物业管理领域业主、物业服务企业、专营公司、政府等各方职责。

5. 法律需要进一步明确业委会的定位,制定权责清单和追责机制。

6. 法律需要进一步规范小区公共收益的使用和分配,保障物业服务企业合理权益的同时,防范侵占业主公共利益的行为。

释 义 篇

——业委会参与小区治理120问

第十五章 业主大会会议筹备组

1. 开发商可以安排人员参加业主大会筹备工作吗?

答:开发商可以安排代表参加。

依据《温州市物业管理条例》[1]第 16 条的规定,建设单位可以派员参与业主大会筹备工作,建设单位经书面通知后未派员参加的,不影响筹备组成立。

2. 业主能否自行联名公告成立筹备组?

答:不能。

《温州市业主大会和业主委员会指导规则》第 9 条第 1 款规定:符合成立业主大会条件的,街道办事处、乡(镇)人民政府应在收到筹备申请之日起 60 日内,指导成立首次业主大会会议筹备组(以下简称筹备组)。第 3 款规定:任何单位和个人不得擅自成立筹备组或其他业主组织。

3. 筹备组是如何成立起来的?

答:筹备组由建设单位或者 10 人以上的业主联名向街道办、乡(镇)人民政府提出成立业主大会的书面申请。

申请通过后,街道办、乡(镇)人民政府应在收到筹备申请之日起 60 日内,指导成立首次业主大会会议筹备组。

---

① 本书所称《温州市物业管理条例》以 2020 年 12 月 20 日温州市第十四届人民代表大会常务委员会第八次会议修订,2023 年 3 月 31 日浙江省第十四届人民代表大会常务委员会第二次会议批准的版本(附件 1)为准。

4. 开发商应当如何配合筹备组的工作？

答：开发商的配合义务主要体现在三个方面，简单地说，就是派人、出钱、移交资料。具体地说：

(1)开发商可以派1名代表参加筹备组。

(2)首次业主大会会议的筹备经费由建设单位承担。建筑物面积不满5万平方米的，为2万元；建筑物面积5万平方米以上不满10万平方米的，为3万元；建筑物面积10万平方米以上不满20万平方米的，为5万元；建筑物面积20万平方米以上的，为8万元。

(3)《温州市物业管理条例》第17条规定：建设单位应当自筹备组成立之日起7日内向筹备组提供下列资料：

①竣工总平面图，单体建筑、结构、设备竣工图，分幢分层平面图和套型图，物业区域内道路、地下停车库、地下管网工程竣工图等竣工验收资料；

②共用设施设备清单；

③业主名册。

建设单位已经注销的，由物业服务人按照前款规定提供相关资料。

5. 筹备组可以直接公告成立业委会吗？

答：不可以。

成立业委会需要召开业主大会，由业主大会选举产生，并在业委会产生之日起30日内，向物业项目所在地的街道办、乡(镇)人民政府备案。

6. 筹备组应当由哪些人员组成？

答：筹备组由业主代表和街道办或者乡镇人民政府、社区居委会或者村委会、建设单位的代表组成，一般为5～9人单数。其中业主代表人数比例不得低于总人数的1/2，具体由街道办、乡镇人民政府在民主推荐的基础上从业主中确定。

7. 成为筹备组成员，应当具备什么条件？

答：依据《温州市业主大会和业主委员会指导规则》第 10 条的规定，筹备组成员应当符合下列条件：

(1)具有完全民事行为能力；

(2)本人及其近亲属与为本物业管理区域提供服务的物业服务企业没有利益关系；

(3)不存在索取、非法收受建设单位、物业服务企业的利益或者报酬的行为；

(4)筹备组业主代表应当为业主；但是，业主是法人或者其他组织的，可以由法定代表人或主要负责人参加推选，也可以委托代理人参加推选；代理人应当为单位工作人员或者单位法律顾问。

除了以上硬性条件之外，筹备组成员还应当有热情，乐于奉献。

8. 筹备组业主代表候选人是由街道办和社区指定的吗？

答：筹备组业主代表候选人并非由街道办和社区指定的。筹备组业主代表候选人由街道办、乡(镇)人民政府指导、组织业主采取自荐或者推荐等方式产生。

9. 业主通过什么途径才能成为筹备组成员？

答：业主可以通过自荐或者推荐等方式成为筹备组成员。

依据《温州市业主大会和业主委员会指导规则》第 11 条第 1 款的规定："筹备组业主代表候选人由街道办事处、乡(镇)人民政府指导、组织业主采取自荐或者推荐等方式产生。"

10. 业主代表与筹备组业主代表有什么区别与联系？

答：业主代表是业主依法授权委托，能够在授权范围内参加业主代表大会，行使业主权利的业主，其履职期限一般与业委会任期一致，其投票权数是按其所代表的业主人数和专有面积权数决定的。

筹备组业主代表是由街道办、乡(镇)人民政府指导、组织业主采取自荐或者推荐等方式产生,主要职责是为成立业委会做好前期准备工作。

筹备组业主代表在完成筹备工作后,也可以成为业主代表,进行身份的转换。

11. 筹备组业主代表什么情况下应当主动退出?什么时候退出?

答:依据《温州市业主大会和业主委员会指导规则》第10条第3款的规定,有下列情形之一的,不得推选为筹备组业主代表,已经推选的应当退出筹备组:

(1)有损坏建筑主体结构和承重结构、违法搭建、破坏房屋外貌或擅自改变物业使用性质等物业不当使用行为且未改正的;

(2)不按规定交纳物业服务费、公共水电分摊或者续交物业专项维修资金等费用,推选前有满1年不交纳相关费用记录的;

(3)鼓动或煽动其他业主不交纳物业服务费及相关费用的;

(4)违法出租房屋的;

(5)被纳入失信被执行人名单尚未撤销的;

(6)违反法律法规,正在被立案侦查的;

(7)违反党纪党规,正在被立案调查的;

(8)涉黑、涉恶或加入邪教组织的;

(9)组织或参与非正常集体上访,影响社会稳定的;

(10)拟参选业主委员会委员的;

(11)被依法剥夺政治权利的;

(12)其他原因不宜推选的。

第4款规定:推选筹备组业主代表时,业主代表候选人应当主动向社区组织或者居民(村民)委员会说明并回避;已经推选的,应当在草拟业主大会议事规则和管理规约、制定业主委员会选举办法和推荐业主委员会委员候选人之前退出。

12. 业主联名或开发商申请成立业主大会会议筹备组的，需要多长时间才能成立？

答：60 日内。

依据《温州市物业管理条例》第 15 条的规定，符合成立业主大会条件的，街道办、乡镇人民政府应当在收到建设单位或者 10 人以上的业主联名提出筹备业主大会的书面申请之日起 60 日内，指导业主成立业主大会筹备组。

13. 业主是法人或其他组织，可以单位名义成为筹备组成员吗？

答：可以。但需由法定代表人、主要负责人、委托代理人参加推选。

依据《温州市业主大会和业主委员会指导规则》第 10 条的规定，筹备组业主代表应当为业主；但是，业主是法人或者其他组织的，可以由法定代表人或主要负责人参加推选，也可以委托代理人参加推选；代理人应当为单位工作人员或者单位法律顾问。

14. 筹备组会议达成的口头决议是否能够发生效力？

答：口头决议不发生效力。决议应当书面记录并公告，才能发生效力。

依据《温州市业主大会和业主委员会指导规则》第 15 条的规定，筹备组会议应当形成书面记录或者会议纪要。

15. 筹备组的决议是如何形成的？组长和副组长可以商量形成筹备组决议吗？

答：筹备组的决议是由全体组员半数以上参加，并由全体组成员半数以上同意形成。组长和副组长不能商量形成筹备组决议。

依据《温州市业主大会和业主委员会指导规则》第 15 条的规定，筹备工作遵循以下规则：筹备组会议应当有全体筹备组成员半数以上参加，会议决定应当经全体筹备组成员半数以上同意。不能仅由组长和副组长商量形成筹备组决议。

16. 筹备组决定发布的公示、公告,副组长可以签发吗?

答:副组长不能签发,应由筹备组组长签发。

依据《温州市业主大会和业主委员会指导规则》第15条的规定:筹备组决定发布公示、公告等,应由筹备组组长签发。

17. 筹备组可以更换物业服务企业吗?

答:不可以。更换物业服务企业是小区业主共同决定的事项,不属于筹备组的工作范围。

依据《民法典》第278条的规定:"下列事项由业主共同决定:……(四)选聘和解聘物业服务企业或者其他管理人……"

依据《温州市物业管理条例》第15条的规定,筹备组具体负责下列工作:

(1)确认业主身份、人数及所拥有的专有部分面积;

(2)确定首次业主大会会议召开时间、地点、方式和议题;

(3)拟订业主大会议事规则和管理规约草案;

(4)制定业主委员会成员候选人产生办法,确定候选人名单;

(5)拟定首届业主委员会选举办法;

(6)召开首次业主大会会议的其他准备工作。

18. 筹备组组长应当履行哪些职责?

答:依据《温州市业主大会和业主委员会指导规则》第14条的规定,筹备组组长履行以下职责:

(1)召集和主持筹备组会议,因故不能召集和主持的,应当委托其他筹备组成员召集和主持会议;

(2)确定筹备组成员职责分工;

(3)制订筹备工作计划并组织实施;

(4)签发筹备组公示、公告等;

(5)组织移交首次业主大会会议资料;

(6)牵头处理业主对筹备工作的异议;

（7）街道办事处、乡（镇）人民政府和筹备组赋予的其他职责。

19. 筹备组组长不履行职责怎么办？

答：可以重新指定筹备组组长。

依据《温州市业主大会和业主委员会指导规则》第 14 条第 2 款的规定：筹备组组长不履行前款规定职责的，经半数以上筹备组成员书面提议，街道办事处、乡（镇）人民政府应当自接到提议之日起 7 日内重新指定筹备组组长。

20. 筹备组可以刻公章和到银行开立账户吗？

答：筹备组可以刻公章，但不可以到银行开立账户，理由如下：首先，根据规定，筹备组自公告之日起成立，筹备组可以凭街道办、乡（镇）人民政府的公告，按照国家和省有关规定向经公安机关批准设立的公章刻制企业刻制筹备组公章。其次，因为筹备组不是经营性主体，且不属于法定的特别主体，因此筹备组不可以到银行开立账户。

21. 自荐或推荐参与筹备组的业主代表候选人人数与规定的筹备组业主代表总数不一致的，如何处理？

答：多了投票，少了拉人，拉不到协商，协商仍不够则终止。

业主代表候选人多于筹备组业主代表总数的，应当组织业主代表候选人投票产生筹备组业主代表。业主代表候选人少于筹备组业主代表总数的，应当组织业主再次自荐和推荐。经再次自荐和推荐，业主代表仍未达到规定人数的，可以组织业主协商确定。经协商，筹备组业主代表仍不足规定人数且逾期未成立筹备组的，筹备工作终止。

22. 建设单位逾期不派代表参加筹备组，可以免除移交材料的义务吗？

答：建设单位逾期未委派代表的，视同其放弃参加筹备组的资格；建设单位放弃派代表参加筹备组的，仍应按相关规定移交相关材料。

23. 筹备组的核心职责是什么？

答：筹备组的核心职责是完成筹备工作，组织召开首次业主大会会议。这是筹备组成立的根本目的。具体而言，核心职责包括：

（1）统计业主专有部分建筑物面积和业主人数，确认并公示业主身份和业主表决权数；

（2）确定首次业主大会会议召开的时间、地点、内容和形式；

（3）草拟管理规约、业主大会议事规则；

（4）制定业委会委员候选人产生办法，审查候选人资格，确定候选人名单；

（5）制定业委会选举办法；

（6）依法确定首次业主大会会议表决方式、表决事项、表决规则；

（7）制定首次业主大会会议筹备经费开支预算方案；

（8）完成召开首次业主大会会议的其他工作。

24. 筹备组的工作重点应当放在哪些方面？

答：筹备组的工作重点包括组织拟定管理规约草案和业主大会议事规则草案、拟定业委会选举办法草案、依法确定首次业主大会会议表决规则等。根据实践经验，组织业主授权业主代表是耗费时间最多的一项工作。

25. 筹备组成立过程中，需要公告哪些文件？公告期分别是多长？

答：街道办、乡（镇）人民政府负责公告筹建筹备组、推荐筹备组业主代表、筹备组业主代表候选人自荐表和推荐表，时间要求 7 日以上。

街道办、乡（镇）人民政府应当自筹备组成员产生之日起 3 日内，成立筹备组和成员名单以书面形式在物业管理区域显著位置公告，公告时间不少于 5 日。

26. 筹备组应当在多长的时间内召开首次业主大会会议？

答：90 日内。

依据《温州市物业管理条例》第 18 条第 1 款的规定：“筹备组应当自成立之日起九十日内召开首次业主大会会议。逾期未能召开首次业主大会会议的，可以向街道办事处、乡镇人民政府申请延期，延期最长不得超过六十日。”

27. 筹备组最容易忽视的工作有哪些？

答：筹备组最容易忽视的工作有如下几项：一是不提前组织推荐业主代表，导致参与业主大会表决人数不足，数月辛苦，功亏一篑；二是不注意筹备工作的时限（90 日）要求，筹备工作久拖不决，引发业主不满；三是草拟管理规约、议事规则没有个性化定制，照抄模板，制约小区后期治理工作；四是没有首次业主大会会议筹备经费开支预算方案。

28. 筹备组的工作需要在业委会成立后“扶上马，送一程”吗？

答：不需要，应在业委会成立后，自行终止。

依据《温州市业主大会和业主委员会指导规则》第 18 条第 1 款的规定：“首次业主大会会议完成规定议题后，筹备组职责自行终止。经批准延期召开会议但延期届满仍未召开的，街道办事处、乡（镇）人民政府应当在物业管理区域内显著位置公告，终止筹备组职责。”

29. 筹备组的工作职责如何终止？

答：首次业主大会会议完成规定议题后，筹备组职责自行终止。经批准延期召开会议但延期届满仍未召开的，街道办、乡（镇）人民政府应当在物业管理区域内显著位置公告，终止筹备组职责。

筹备组职责自行终止的，应当自职责终止之日起 3 日内将首次业主大会会议的相关筹备资料移交业委会。

筹备组职责被公告终止的，应当自职责终止之日起 3 日内将首次业主大会会议的相关筹备资料移交街道办、乡（镇）人民政府。

第十六章　首次业主大会

30. 哪些人是业主？买房合同的买受人没有产权证，算业主吗？

答：根据《温州市物业管理条例》的规定，业主是指建筑物专有部分的所有权人。

具体而言，根据《温州市业主大会和业主委员会指导规则》第5条的规定，符合以下任一条件的人均属于业主：

(1)依法登记取得建筑物专有部分所有权的人；

(2)因人民法院、仲裁委员会的生效法律文书取得建筑物专有部分所有权的人；

(3)因继承或者受遗赠取得建筑物专有部分所有权的人；

(4)因合法建造等事实行为取得建筑物专有部分所有权的人；

(5)因房屋征收补偿、与建设单位之间的商品房买卖等法律行为，已经合法占有建筑物专有部分，但尚未依法办理所有权登记的人；

(6)其他法律规定对建筑物专有部分享有共有权的人。

若是基于与建设单位之间的商品房买卖，已经合法占有建筑物专有部分，但尚未依法办理所有权登记的人属于业主，但若是从个人手中购买得来，未办理所有权登记的则需要具体情况具体分析，并不一定是业主。

31. 居住女儿女婿房屋的退休老人是业主吗？农民工在城里买房外地务工，其父母带着孙子孙女住在城里读书，谁是业主？

答：居住女儿女婿房屋的退休老人不是业主。农民工虽然在外地务工，没有居住在房内，但依然是业主。

根据我国法律规定，我国对不动产实行统一登记制度。未经登记，不发生法律效力。

32. 业主大会是一次会议还是一个机构？

答：业主大会是一个机构。业主大会由物业管理区域内的全体业主组成，代表和维护物业管理区域内全体业主在物业管理活动中的合法权利，履行相应的义务。

33. 首次业主大会的核心议题有哪些？

答：首次业主大会的核心议题有以下四项：

（1）表决通过管理规约。

（2）表决通过业主大会议事规则。

（3）选举业委会。

（4）选举业主监督委员会（或者监督小组）。

34. 首次业主大会的议题表决先后有要求吗？为什么？

答：首次业主大会的议题表决有先后要求，根据我国相关规定应当先表决通过管理规约、业主大会议事规则，然后再选举第一届业委会。

原因很简单，因为生效的管理规约和业主大会议事规则是业委会成立的规范性文件依据，因此应当先对前者表决。如果业主大会议事规则未获表决通过，则业委会的成立就成了无源之水，无本之木。

35. 什么是“双三分之二”参与规则？

答：“双三分之二”参与规则是指业主共同决定事项应当由专有部分面积占比2/3以上的业主且人数占比2/3以上的业主参与表决。简言之，“双”，指的是“人数＋专有面积”。

36. 什么是“双过半”表决规则？

答：“双过半”表决规则是指业主共同决定事项应当经参与表决专有部分

面积过半数的业主且参与表决人数过半数的业主同意。

37. 什么是“双四分之三”表决规则？哪些事项适用“双四分之三”表决规则？

答:“双四分之三”表决规则是指业主共同决定影响比较大的事项应当经参与表决专有部分面积 3/4 以上的业主且参与表决人数 3/4 以上的业主同意。《民法典》规定,影响比较大的事项包括“筹集建筑物及其附属设施的维修资金;改建、重建建筑物及其附属设施;改变共有部分的用途或者利用共有部分从事经营活动”等。

38. 什么是专有部分面积？一人几套房的,如何计票？几个人共有一套房的,如何计票？

答:建筑区划内符合下列条件的房屋,以及车位、摊位等特定空间,应当认定为法律规定的专有部分:

(1)具有构造上的独立性,能够明确区分;

(2)具有利用上的独立性,可以排他使用;

(3)能够登记成为特定业主所有权的客体。

专有部分面积是指业主独立拥有及使用的建筑面积,就是供业主使用及处分的面积。

一个专有部分按一人计算,同一买受人拥有一个以上专有部分的,按一人计算。

几个人共有一套房的,应当推选一人行使表决权,共有人所代表的业主人数为一人。

39. 如何计算建筑物总面积？地下车库面积算是建筑物总面积吗？公摊面积是否纳入建筑物总面积之内？

答:建筑物总面积按业主专有部分面积统计总和计算。而业主专有部分面积按照不动产登记簿记载的面积计算;尚未进行物权登记的,暂按测绘机构的实测面积计算;尚未进行实测的,暂按房屋买卖合同记载的面积计算。

地下车库能否计入建筑物总面积在我国各省市存在不同情形,主要考虑地下车库能否办理产权证,若能办理产权证则属于业主专有部分,计入建筑物总面积中,若不能办理产权证则属于业主共有部分,不计入建筑物总面积中。

公摊面积不能纳入建筑物总面积之内,因为他不属于业主专用部分,自然不能计入总和计算。

40. 筹备经费结余如何处理?

答:筹备经费的结余部分应当根据业主大会的决定用于物业管理。

41. 什么是物业管理区域?

答:物业管理区域由物业所在地县级物业主管部门会同街道办、乡镇人民政府根据物业的共用设施设备配置、建筑规模、社区建设等因素划分。

新建住宅区,包括分期建设或者两个以上单位开发建设的住宅区,拥有共同的配套设施设备的,应当划分为一个物业管理区域。

旧城区规划范围内新开发建设的住宅,与周边原有住宅区房屋相毗连的,经相关业主同意,可以归并为一个物业管理区域。

42. 物业管理区域一定要成立业主大会吗?

答:不一定。

根据《温州市业主大会和业主委员会指导规则》第 23 条的规定,物业管理区域内业主人数不足 20 人的,经全体业主一致同意,可以不成立业主大会,由业主共同履行业主大会、业委会的职责。

43. 业主大会会议一定要到现场投票吗?

答:不一定。

根据《温州市物业管理条例》第 13 条的规定,业主大会会议可以采用集体讨论、书面征求意见或者其他形式。

业主共同决定事项可以采取纸质投票、电子投票等方式进行表决。采用电子投票表决的,鼓励通过物业管理信息系统进行。

44. 业主代表投票与业主委托他人转交表决票有什么区别?

答:业主可以委托代理人投票,业主代表能否委托代理人投票由业主大会议事规则规定。

业主可以委托他人转交表决票或者由代理人全权表决。转交的,业主应当在会议召开前将本人签字的表决票交给受托人,由受托人转交。而业主代表的授权时间则由业主大会议事规则规定,行权方式为自行决定表决意见,其权数由授权的业主人数及专有面积决定。

45. 如何启动业主大会临时会议?

答:业主临时会议属于业主大会会议的一种,由业委会组织召开。

根据《温州市业主大会和业主委员会指导规则》第27条的规定,可以启动业主大会临时会议的情形有以下三种:

(1)符合业主大会议事规则关于业主大会临时会议特别规定的;

(2)经20%以上业主联名提议召开业主大会临时会议的;

(3)若业委会未按规定换届选举,或者业委会及其成员违反《温州市物业管理条例》第32条规定的,经20%以上的业主申请,由街道办、乡(镇)人民政府指导、协助成立的物管会组织召开业主大会临时会议。

46. 业主大会定期会议应当审议、表决哪些内容?

答:主要有以下内容:

(1)上一年度物业专项维修资金的筹集、使用情况;

(2)上一年度业主共用部位、共用设施设备经营收支情况;

(3)上一年度业委会工作经费收支情况;

(4)业主大会需要表决的事项;

(5)物业管理的其他有关事项。

47. 哪些业主大会表决结果和会议决议应当书面告知所在社区或居委会?

答:住宅小区的业主大会会议表决结果和会议决议应当在物业管理区域显著位置公告,并同时书面告知物业项目所在地社区或者居委会。

48. 业主如果怀疑已统计完毕的业主大会会议表决票作弊,应当怎么办?

答:可以联名申请核查。

根据《温州市业主大会和业主委员会指导规则》第30条的规定,经20%以上的业主联名申请,街道办、乡(镇)人民政府或者社区组织、居(村)委会可以核查业主大会会议业主表决票。

第十七章　业主大会换届

49. 哪个机构有责任组织业主大会会议进行换届选举?

答:业委会。

根据《温州市业主大会和业主委员会指导规则》第 45 条的规定,业委会应当组织召开业主大会会议进行换届选举。

50. 如何准确把握业委会换届的时间点?

答:应当在以下两个时间节点前进行换届:

(1)任期届满两个月前;

(2)业委会委员成员人数不足成员总数 1/2 的,自不足之日起两个月内。

51. 业委会逾期未组织换届选举的怎么办?

答:若业委会逾期未组织换届选举的,经 20% 以上的业主申请,由街道办、乡(镇)人民政府指导、协助成立换届小组;[①]由换届小组组织召开业主大会会议,依照首次业主大会会议相关程序,进行换届选举。

52. 换届小组与首次业主大会会议筹备组有什么不同?

答:换届小组由社区组织或者居(村)委会、业主代表组成,一般为 5 ~ 9 人单数;其中,社区组织或者居(村)委会代表 1 名。换届小组组长由社区组织或者居(村)委会代表担任,也可以由街道办、乡(镇)人民政府指定。

---

① 《温州市物业管理条例》(2023 年修订)将“换届小组”改为了“物业管理委员会”。

筹备组由业主代表和街道办或者乡镇人民政府、社区居委会或者村委会、建设单位的代表组成，一般为5～9人单数。其中业主代表人数比例不得低于总人数的1/2，具体由街道办、乡镇人民政府在民主推荐的基础上从业主中确定。建设单位经书面通知后未派员参加的，不影响筹备组成立。筹备组组长由街道办、乡镇人民政府指定。

53. 换届小组可以解聘物业服务企业吗？

答：不可以。

《温州市业主大会和业主委员会指导规则》第47条规定，换届小组除组织业委会换届选举外，不得对其他业主共同决定事项作出决定，解聘物业服务企业属于业主共同决定事项的一种。

54. 业委会任期届满前未按规定组织换届的，是否可以在新的业委会产生以前解聘物业服务企业？

答：不可以。

《温州市业主大会和业主委员会指导规则》第47条第2款规定："业主委员会任期届满前未按规定组织换届的或者换届小组产生至新一届业主委员会选举产生期间，业主委员会不得就选聘、解聘物业服务企业等共同管理事项组织召开业主大会会议。"第3款规定，业主委员会不得擅自解聘或选聘物业服务企业。

第十八章　业 主 代 表

55. 业主一定要推举业主代表吗?

答:不一定,不推荐代表的业主也可以自己亲自参加业主大会,行使业主权利。

根据《温州市业主大会和业主委员会指导规则》第24条的规定,业主代表大会由业主推选的业主代表和未推选业主代表的业主组成。

56. 楼栋长和业主代表有什么不一样?

答:业主代表可以在本楼栋、本单元的业主中产生,也可以由业主自行选择,主要职责是代表业主参加业主大会,并在授权范围内行使业主权利;而楼栋长只能在本楼栋、本单元中产生,主要职责是收集本楼栋、本单元业主意见,传达业委会、物业服务企业相关要求和信息,代表本楼栋、本单元业主开展对外交涉事宜。

57. 业主代表开会表决的时候是一人一票吗?

答:不是,业主代表的投票权数按其所代表的业主的投票权数(包括人数与面积)计算,一个业主代表授权人数最多不超过业主总人数的20%。

58. 业主代表大会和村民代表会议有什么不一样?

答:业主代表大会由业主推选的业主代表和未推选业主代表的业主组成,不同的业主代表所代表的权数是不一样的;而村民代表会议由村委会成员和村民代表组成,不同的村民代表表决权数是相同的,一人一票。

59. 对业主代表的投票权数有哪些限制？

答：业主代表应当经业主书面授权，可以在本栋楼、本单元的业主中产生，也可以由业主自行选择。一个业主代表的业主授权人数和授权时间，由业主大会议事规则规定；但是，一个业主代表的业主授权人数应当少于业主总人数的 20%。

60. 业主可以撤销对业主代表的授权吗？

答：当然可以。不过业主撤销对业主代表授权的，应当书面通知业委会，否则不视为撤销。

61. 业主或者业主代表逾期不投票表决或者投空白票的，如何处理？

答：业主或者业主代表逾期不投票表决或者投空白票（也就是投了但没有表决意见），其投票权数是否可以计入已表决的多数票，这样的情况一般由业主大会议事规则来规定。

62. 只有业主代表才可以参加业主代表大会吗？

答：不是。业主代表大会是由业主推选的业主代表和未推选业主代表的业主组成。也就是说，如果你没有推选业主代表，你作为业主也可以亲自参加业主代表大会。

第十九章　业　委　会

63.儿子、儿媳买房给父母居住，房子登记是儿子、儿媳的名字，父母是退休干部且乐于参与小区管理，请问父母可以作为业委会委员候选人吗？

答：不可以。根据《业主大会和业主委员会指导规则》第31条的规定，业委会由业主大会会议选举产业，由5～11人单数组成。业委会委员应当是物业管理区域内的业主。

64.房产证登记老婆的名字，老公可以担任业委会主任吗？

答：一般情况下不可以。根据《业主大会和业主委员会指导规则》第31条的规定，业委会成员应当是物业管理区域内的业主。

65.业委会应当履行哪些职责？

答：业委会是业主大会选举产生的自治组织，履行下列职责：

（1）执行业主大会的决定和决议；

（2）组织召开业主大会会议；

（3）在业主大会决定选聘或者续聘物业服务企业后，代表业主大会与该物业服务企业签订物业服务合同；

（4）监督共用部位、共用设备设施管理和使用；

（5）组织物业专项维修资金的筹集和使用；

（6）督促业主、物业使用人遵守管理规约和业主大会议事规则、交纳物业服务费和其他相关费用，调解物业管理矛盾纠纷；

（7）收集业主、物业使用人的意见建议，监督和协助物业服务企业履行物业服务合同，协调处理物业管理相关问题；

（8）处理物业服务企业提出的意见建议；

（9）妥善保管业主大会会议资料；

（10）法律法规规定或业主大会赋予的其他职责。

66. 业委会可以直接解聘物业服务企业吗？

答：不能。物业服务企业的选聘、续聘、解聘是由业主共同决定的事项，由业主大会决定，业委会不得擅自解聘或选聘物业服务企业。

67. 哪些人不能参选业委会委员？

答：根据《温州市业主大会和业主委员会指导规则》第 32 条的规定，业主有下列情形之一的，不得参选业委会委员，已经担任的，应当罢免：

（1）不具有完全民事行为能力的；

（2）本人及其近亲属与为本物业管理区域提供服务的物业服务企业有利益关系的；

（3）有损坏建筑主体结构和承重结构、违法搭建、破坏房屋外貌或擅自改变物业使用性质等物业不当使用行为且未改正的；

（4）不按规定交纳物业服务费、公共水电费分摊或者续交物业专项维修资金等费用，推选委员候选人之前有满 1 年不交纳相关费用记录的；

（5）鼓动或煽动其他业主不交纳物业服务相关费用的；

（6）违法出租房屋的；

（7）牟取其他利益，妨碍公正履行职务的；

（8）被纳入失信被执行人名单尚未撤销的；

（9）违反国家法律法规，正在被立案侦查的；

（10）违反党纪党规，正在被立案调查的；

（11）涉黑、涉恶或加入邪教组织的；

（12）组织或参与非正常集体上访，影响社会稳定的；

（13）违反业主大会议事规则、管理规约的；

（14）当选换届小组成员的；

(15)被依法剥夺政治权利的;

(16)其他原因不宜担任业委会委员的。

68. 业主是法人或者其他组织的,如何参与业委会的工作?

答:业主是法人或者其他组织的,可以由法定代表人或主要负责人参选业委会委员,也可以委托代理人参选;代理人应当为单位工作人员或者法律顾问。

69. 业委会按规定应由多少人组成?

答:业委会一般由 5 ~ 11 人的单数组成。

70. 过半数的业主同意后,委员候选人就可以当选吗?

答:不是。《民法典》规定,当选业委会委员应当由专有部分面积占比 2/3 以上的业主且人数占比 2/3 以上的业主参与表决,并经参与表决专有部分面积过半数的业主且参与表决人数过半数的业主同意。

71. 业委会每届任期是多久?

答:每届任期 3 ~ 5 年。

业委会每届任期 3 ~ 5 年,业委会成员可以连选连任,具体人数、任期以及成员能否任职两个及以上的物业管理区域,由业主大会议事规则规定。

72. 业委会主任、副主任是业主直接选出来的吗?

答:业委会主任、副主任不是业主直接选出来,是业委会会议推选。

业委会应当自产生之日起 7 日内,召开业委会会议推选主任 1 名、副主任 1 ~ 2 名,并在物业管理区域显著位置公示委员名单,公示时间不少于 7 日。提倡业委会主任和副主任由中共党员担任。

73. 什么是业委会成员候选人的资格审查? 一般审查哪些内容?

答:成员候选人的资格审查是指审查候选人是否可以进入业委会,一般是由筹备组、到届的业委会或者换届小组组织业主以自荐或推荐等方式产生并核查候选人资格。一般审查业主身份的证明材料、是否满足参选业委会委员的条件等。

另外,街道办、乡(镇)人民政府可以牵头对委员候选人进行资格审查,书面征求纪检、法院、检察院、公安、司法、信访、自然资源和规划、住建、综合行政执法、市场监管、税务等部门意见。

74. 业委会选举办法与业委会委员候选人产生办法有什么区别和联系?

答:业委会选举办法是在已确定候选人名单的基础上,如何选举业委会委员的操作流程规定。

业委会委员候选人产生办法通常是规定委员会候选人条件、提名方式、提名期限等内容的文件。实践中,一般在组织业主自荐和推荐前,公告委员候选人产生办法,并据此自荐或推荐候选人,审查候选人资格,确定候选人名单;同步公告业委会选举办法。

75. 业委会委员候选人人数不足怎么办?

答:业委会委员候选人人数少于业主大会议事规则规定的业委会委员人数的,应当继续组织业主自荐和推荐。

76. 业主对委员候选人有异议的,在业主大会会议召开前都可以提出来吗? 有异议的向谁提呢?

答:业主对委员候选人有异议的,提出异议有时间限制。

业主大会会议召开15日前,筹备组、到届的业委会或者换届小组应当将候选人名单在物业管理区域显著位置公告,公告时间不少于7日。业主对委员候选人有异议的,应在公告期间书面提出;筹备组、到届的业委会或者换届小组应当自收到异议之日起5日内答复。

77. 业委会选举是用等额选举好,还是差额选举好?

答:等额选举是指候选人数与应选人数相等的选举,差额选举是指候选人数多于应选人数的选举,两者都各有优劣。

等额选举的优势：无“落选失面子”的后顾之忧，有助于提升业主参与委员候选人提名的积极性；且在目前阶段业主参与表决比例不高的情况下，增加候选人得票“双过半”的概率，有助于业委会的早日成立。差额选举的优势：能增加委员候选人之间的竞争力，提高业委会的整体素质，但因为票源分散，有当选人数不足之风险。

因此，采用等额选举或差额选举，因时因势而异。

78. 业委会委员与业委会候补委员有什么不同？

答：业委会委员是已经选举成功，成了业委会内的一员，享有表决权。业委会候补委员是可以列席业委会会议，但没有表决权。

79. 没有备案的业委会可以履行职责吗？备案的现实意义是什么？

答：可以履行职责，但会因为没有备案，没有印章、没有银行账户而存在诸多不便。

根据《温州市业主大会和业主委员会指导规则》第37条的规定，业委会自业主大会会议选举通过之日起产生。业委会应当自产生之日起30日内，持相关资料向物业项目所在地的街道办、乡（镇）人民政府备案。这里的“备案”是一种告知，不具有行政许可的性质。

80. 筹备组应当向业委会移交哪些事项和资料？

答：筹备组应当向业委会移交的资料，主要包括建设单位向筹备组移交的资料、筹备组在筹备工作中形成的资料两大类，包括但不限于：

（1）竣工总平面图，单体建筑、结构、设备竣工图，分幢分层平面图和套型图，物业区域内道路、地下停车库、地下管网工程竣工图等竣工验收资料；

（2）共用设施设备清单；

（3）设施设备的安装、使用和维护保养等技术资料；

（4）物业质量保修和物业使用说明文件；

（5）业主名册；

（6）物业管理需要的其他资料；

(7)筹备经费开支预算方案及执行情况、结余(欠)资金;

(8)已封存的选票;

(9)业主代表名单及其授权资料、所代表的业主表决权数;

(10)管理规约、业主大会议事规则底稿正本;

(11)业委会委员候选人产生办法、业委会选举办法底稿正本;

(12)各类文件和资料公告、公示记录;

(13)筹备过程中形成的其他资料和档案。

81. 业委会刻制公章应当注意哪些问题?业委会的印章是由业委会主任保管吗?

答:首先,业委会刻制公章需要注意刻印任期时间。根据规定,业委会凭业主大会、业委会备案证明刻制业主大会和第一届业委会印章,开立业委会对公账户;换届后,业委会凭业委会备案证明刻制新一届业委会印章;业委会印章可以刻印任期时间。

但是,业委会的印章并不是由业委会主任保管的。印章管理人应当是业委会主任以外其他委员。启用业主大会和业委会印章应当在物业管理区域显著位置公告,公告期不少于 3 日。

82. 业委会委员可以委托代理人参加业委会会议吗?

答:不能。

《温州市业主大会和业主委员会指导规则》第 39 条明确规定业委会委员不得委托代理人参加业委会会议。

83. 如何保障业主对业主大会议题和决议的知情权?

答:《温州市物业管理条例》第 20 条规定:“业主大会应当根据法律、法规或者业主大会议事规则的规定召开定期会议和临时会议。召开业主大会会议,会议组织者应当于定期会议召开十五日前或者临时会议召开七日前通知全体业主,将会议议题及其具体内容、时间、地点、方式等信息公示,同时告知社区(村)党组织、社区居民委员会、村民委员会。业主大会会议不得就未公示议题进行表决。街道办事处、乡镇人民政府、社区(村)党组织、社区居民委员会、村民委员会可以派代表列席业主大会会议。业主大会的决定应当予以公布并同时报送社区(村)党组织、社区居民委员会、村民委员会。”

84. 什么情况下可以暂停业委会委员的职务?

答:业委会委员有下列情形之一的,业委会应当暂停其委员职务:

(1)不履行业主义务、不遵守管理规约的;

(2)无故缺席业委会会议次数达到业主大会议事规则规定的;

(3)有《温州市业主大会和业主委员会指导规则》第 32 条第 2 款规定不得参选业委会委员情形之一的;

(4)业委会 1/3 以上的委员或 20% 以上的业主提议罢免的;

(5)其他原因不适合担任业委会委员的。

85. 什么情况下业委会委员职务自行终止?

答:根据《温州市物业管理条例》第 31 条的规定,业委会成员有下列情形之一的,其成员职务自行终止,由业委会确认并向全体业主公布:

(1)不再是本物业管理区域业主的;

(2)因健康或者其他原因丧失履行职责能力的;

(3)以书面形式向业主大会提出辞职的;

(4)法律、法规、业主大会议事规则、管理规约规定的其他情形。

86. 业委会可以配置专职秘书或专职干事吗?

答:可以。《温州市物业管理条例》第 35 条规定:“有条件的物业管理区域,业主大会可以决定给予业主委员会委员一定的津贴,也可以决定聘请业主委员会专职工作人员。”

87. 业委会委员可以领取工作津贴吗? 可以的话,业委会可以要求物业服务企业支付经费或津贴吗?

答:业委会委员可以领取工作津贴,但不得要求物业服务企业支付经费或津贴。理由如下：根据规定，业委会工作经费、业委会委员工作津贴和专职人员所需经费等经业主大会审议通过后，在业主共有资金中列支或者由全体业主承担，物业服务企业不承担。

88. 业主共有资金与专项维修资金有什么区别和联系？

答：下列资金属于共有资金：

（1）利用共用部位、共用设施设备经营产生的收入，在扣除合理成本之后所得收益；

（2）管理规约、业主大会议事规则约定或者业主大会决定由全体业主共同分摊缴交的费用；

（3）共用部位被依法征收的补偿费；

（4）共有资金产生的孳息；

（5）其他合法收入。

专项维修资金是指《住宅专项维修资金管理办法》（2008 年 2 月 1 日起施行）第 6 条规定的交存的资金，其第 6 条规定："下列物业的业主应当按照本办法的规定交存住宅专项维修资金：（一）住宅，但一个业主所有且与其他物业不具有共用部位、共用设施设备的除外；（二）住宅小区内的非住宅或者住宅小区外与单幢住宅结构相连的非住宅。前款所列物业属于出售公有住房的，售房单位应当按照本办法的规定交存住宅专项维修资金。"

专项维修资金源于业主共有资金，专项维修资金只能用于住宅共用部位、共用设施设备维修。二者的主要区别在于使用范围的不同。

89. 业委会应当建立哪些制度？

答：业委会应当建立的制度主要包括以下：

（1）业委会及其成员工作职责；

（2）重大事项党组织先议制度；

（3）业委会会议制度；

（4）业主大会、业委会运作经费管理制度；

（5）经营性收益管理制度；

(6)财务管理制度;

(7)事务公开制度;

(8)日常接待制度;

(9)物业服务质量监督检查制度;

(10)印章管理制度;

(11)工作档案管理制度等其他必要制度。

90. 业委会的工作档案应当包含哪些内容?

答:业委会应当建立工作档案,并指定专人保管,主要包括以下材料:

(1)业主大会、业委会会议记录;

(2)业主大会、业委会的决定;

(3)管理规约、业主大会议事规则、物业服务合同、物业服务企业专项服务委托合同、业主共用部位和共用设施设备经营性承包租赁合同等;

(4)业委会选举及备案材料;

(5)各类资金使用账目;

(6)业主意见建议;

(7)业主名册和业主授权委托书;

(8)物业交接时的承接查验资料;

(9)其他应当保存的资料。

91. 业委会换届或者业委会任期届满未换届的,业委会应当如何处理财务凭证、档案资料、印章以及其他属于业主共有的财物?

答:《温州市物业管理条例》第34条第1款规定:"业主委员会应当在任期届满或者终止之日起十日内,将其保管的属于全体业主所有的财产、印章和账簿、文书等资料移交新一届业主委员会。新一届业主委员会尚未选举产生的,应当移交给街道办事处、乡镇人民政府保管。"

第2款规定:"业主大会、业主委员会、物业管理委员会依法需要使用前款规定的财产、印章和账簿、文书等资料的,街道办事处、乡镇人民政府应当及时提供。街道办事处、乡镇人民政府应当在新一届业主委员会选举产生并办理备案手续后十日内移交新一届业主委员会;成立物业管理委员会的,街道办事处、乡镇人民政府可以在物业管理委员会成立之日起十日内移交物业管理委员会。"

第 3 款规定:"业主委员会成员资格终止的,应当自终止之日起三日内将其保管的属于全体业主所有的财产、印章和账簿、文书等资料移交业主委员会。"

92. 什么是物业管理委员会？物业管理委员会与业委会有什么不同？

答:物业管理委员会是针对不具备成立业主大会条件,或具备成立条件但确有困难未能召开首次业主大会,或业主大会成立后未能选举产生业委会,或已选举产生业委会但业委会工作处于瘫痪状态又不能启动换届选举程序,或业委会任期届满未能选举产生新的业委会的住宅小区,属地乡镇、街道指导成立的临时机构。物业管理委员会的主要职责为组织业主共同决定物业管理事项,代行业委会职责,推动符合条件的物业管理区域成立业主大会、选举产生业委会。

两者的不同主要体现在:

(1)地位不同

业委会是小区的自治机构业主大会的执行机关,是一个长期存在的组织,到期经民主选举换届即可。物业管理委员会是在业委会制度失灵时由政府组织的业委会临时代行机构,两者的其他不同之处都是由于此种身份的不同所带来的。

(2)人数与人员组成不同

业委会一般由 5 ~ 11 人的单数组成,且组成人员全部都是小区业主。而物业管理委员会由业主代表和街道办或者乡镇人民政府、社区居委会或者村委会的代表等 5 ~ 9 人单数组成。其中业主代表人数比例不低于总人数的 1/2 即可。

(3)职责不同

业委会的主要职责是管理小区的公共事务、执行业主大会的决定。物业管理委员会在此之上更有推动小区区域成立业主大会、选举产生业委会的职责。

93. 如何加强党组织对业委会的指导与监督?

答:街道办、乡(镇)人民政府、社区党组织可以推荐符合条件的社区“两委”成员、居民小组组长、党员等通过法定程序当选业委会委员;把符合条件的业委会委员、物业服务企业经理吸收到社区党组织领导班子,实行“双向进入、交叉任职”;指导有条件的小区建立建制性或拓展型党支部以及楼、幢党小组,吸收小区在职、退休、流动党员参加,加强党组织对业委会的指导和监督。

建立健全社区(村)党组织领导下,社区居委会、村委会、业主组织、物业服务人等共同参与、协调运行的物业管理治理架构。

在物业管理区域内,根据中国共产党章程的规定,设立党的基层组织,开展党的活动,发挥党建引领作用。

94. 什么是物业管理联席会议?

答:物业管理联席会议由房地产行政主管部门、公安派出所、社区居(村)委会、业委会、物业服务企业、专业经营单位等各方代表组成,由街道办、乡(镇)人民政府负责召集。

物业管理联席会议主要协调解决下列重大问题:

(1)业委会不依法履行职责;

(2)业委会成立、换届过程中出现的问题;

(3)物业服务合同履行过程中出现的问题;

(4)物业服务企业在变更交接过程中出现的问题;

(5)需要协调解决的其他物业管理问题。

第二十章　业主监督委员会

95. 业主监督委员会的职责是什么？

答：监督委员会代表全体业主履行监督职责，具体由各小区业主大会议事规则规定。示例：

（1）监督管理规约、业委会工作规则的执行情况；

（2）监督业主代表大会、业委会决议、决定的过程及落实情况；

（3）监督业主代表大会、业委会履行职责的情况；

（4）监督小区公共事务、共有收益等收支、使用、公开等情况；

（5）监督小区资金、资产、资源管理使用情况等财务活动，检查、审核财务账目及相关的经济活动事项，如有异常经证实有权否决不合理开支；

（6）监督小区业主反映问题的落实办理情况；

（7）纠正业委会委员侵害全体业主共同利益的行为；

（8）调查业委会财务活动异常情况，必要时可以聘请会计师事务所、审计师事务所、律师事务所等专业机构协助，并将调查情况向全体业主（代表）报告；

（9）对违反法律法规、管理规约和业主大会议事规则、业主（代表）大会决定的业委会委员，经监督委员会 2/3 成员提议，可以召开业主大会提出罢免建议，情节严重时，可以向公安机关报告；

（10）业主代表会议讨论涉及公共资金支出超过规定金额的重大项目时，必须有监督委员会成员列席并参与全过程；其余的业委会和业主代表会议，监督委员会可以派员列席，提出质询或者建议；

（11）听取业主、物业使用人的意见和建议，监督物业服务企业的管理服务活动；

(12)业主大会授权的其他监督职责。

96. 设立业主监督委员会的小区，需要注意哪些问题？

答：设立业主监督委员会，主要基于如下原因：

(1)业委会工作行为不公开，业主无法对其实行有效监督；

(2)业委会滥用权利或者不作为，导致业主失去对业委会的信任。

有了业主监督委员会，也要避免出现以下问题：

(1)业主监督委员会委员本身不专业、乱监督，打击业委会工作积极性；

(2)监督委员会监督过度，造成以监督代替执行，弱化业委会职能。

第二十一章　管理规约

97. 管理规约和议事规则有什么区别和联系?

答:管理规约是指由全体业主共同决定、业主大会决议修订,用以约束所有业主、物业使用人、业主大会和业委会的行为规范。

议事规则是指业主大会开展各项活动的基本准则和依据,通俗地说,议事规则是对业主大会日常具体行动的各方面内容的约定,会议怎么开、由谁主持、业主大会怎样形成有效决定、业委会如何开展工作、业主大会经费来源及支出范围等一系列具体问题都由议事规则来约定。

两者规范的侧重点不一样,前者重“物”,后者重“人”。

98. 管理规约主要约定哪些内容?

答:管理规约主要约定以下内容:

(1)物业的基本情况;

(2)业主共同管理权的行使;

(3)物业的使用、维护、管理;

(4)业主的共同利益;

(5)业主应当履行的义务;

(6)违约责任和违约纠纷解决;

(7)其他法律法规规定的事项。

99. 某个业主说,“我投票的时候反对通过管理规约,因此管理规约对我无用”,是这样的吗?

答:管理规约是绝大多数业主的基层自治的意志体现,不因单独业主反对而失去对其效力。管理规约对全体业主具有法律效力，只要拥有业主身份，不论时间先后，均应受到管理规约的约束。

100．邻居的宠物狗太吵闹，我可以依据管理规约给予制止吗？

答：如管理规约有禁止宠物、噪声扰民的约定，当然可以制止。必要时可以向城市综合行政执法局举报。

101．租赁小区住房的房客，把住宅改成饭店，油烟和噪声扰民，管理规约如何约束？

答：管理规约中可以约定禁止业主改变房屋用途，并约定其他邻居、业委会可以采取劝导、要求支付违约金、报请行政执法部门查处、诉讼、仲裁等必要措施制止业主、物业使用人。

第二十二章　业主大会议事规则

102. 小区业主大会议事规则可以直接套范本吗？在制定议事规则时，重点需要关注哪些内容？应当规定哪些内容？

答：小区业主大会议事规则不可以直接套范本，应当根据小区实际情况和全体业主的绝大多数意见制定议事规则。

首先，在制定议事规则时，应当重点关注下述内容：(1)业主授权业主代表的权限；(2)业委会是否可以聘请专职工作人员；(3)业委会、监委会、党组织成员是否领取津贴以及津贴的多少；(4)费用开支审批权限设置；(5)业委会委员、监委会委员等额选举还是差额选举产生；(6)业主共有资金和物业专项维修资金的管理和使用等内容。

其次，业主大会议事规则应当规定下述内容：(1)业主组织名称及物业管理区域；(2)业主代表大会的产生、授权事项；(3)业主投票权数的确定方法；(4)业主大会会议的形式和时间；(5)业主大会会议的表决程序；(6)业委会的职责；(7)业委会议事规则；(8)业委会委员的资格、人数、任期和职务终止；(9)业委会换届和委员的补足、增补；(10)业主共有资金的管理和使用；(11)物业专项维修资金的管理和使用；(12)业委会财务管理规定；(13)业委会工作经费、委员工作津贴、专职人员所需经费的筹集、使用和管理；(14)业主大会、业委会印章的管理和使用；(15)其他法律法规规定的事项。

第二十三章　小区的收益与开支

103. 小区的收益通常有哪些来源?

答:常见的小区公共收益有:

(1)停车费;

(2)公共区域广告收益,如电梯广告、门闸道闸广告、多媒体电视广告、滚屏灯箱广告、楼房墙体广告;

(3)移动联通电信信号基站进场费用;

(4)移动联通电信宽带进场费用;

(5)电动汽车充电桩进场合同收入费用;

(6)电瓶车充电桩进场合同收入费用;

(7)快递进场柜合同收入费用等。

《民法典》中规定将小区共有部分产生的收益划归业主。也就是说,物业公司利用小区外墙或电梯张贴广告等利用共有部分从事经营活动行为不仅须经业主同意,由业主共同决定,而且该广告收入为利用业主的共有部分产生的收入,在扣除合理成本之后属于业主共有。这不仅加强了对业主权利的保护,也强化了业主对共有部分共同管理的权利。

104. 电梯里的广告费应该归谁所有?

答:归全体业主所有。

《民法典》第 282 条规定:“建设单位、物业服务企业或者其他管理人等利用业主的共有部分产生的收入,在扣除合理成本之后,属于业主共有。”具体而言,电梯属于公有部分,其权属是归属于业主共同所有的,法律对此的规定是这些收入应用于小区内的公共建设或公共费用使用开支。

105. 为什么有的小区业主不用交物业费？

答：不用交物业费通常分为两种情况：

一种是应交而不用交的情形。首先，如果业主能拿出有力证据证明物业服务人未提供服务或服务严重不到位，业主可以不交物业费。这需要仔细对照《物业服务合同》明确物业服务人应履行职责，并且需要业主保留充分证据。一般情况下，需要业委会的支持。其次，逾期交房期间的物业费，业主不用交。如果还没有交房，那么这段时间产生的物业费无须交纳；一旦交房后，业主则必须交纳物业费。

另一种是业委会代办而不用按户分别交纳：小区业主共有收益比较多（店面租金、广告收益、公共部位租金收益等），共有收益足以支付物业费用的，经业主大会表决同意不用业主按户分别交纳。

106. 业主如何监督小区的共有收益和共益支出情况？

答：利用共用部位、共用设施设备或者物业管理用房等产生的经营收益，属于全体业主所有。业主大会议事规则应有业主共有资金使用规定。业主共有资金不得以个人或者其他组织名义进行存储，倡导采取竞争性存款的方式确定存储机构。

业委会应当建立财务管理制度且该制度应当经业主大会同意，指定专人管理资金收支账目；也可以委托专业机构管理。业委会应当按规定在物业管理区域的显著位置公示业主共有资金管理使用情况，接受业主监督，公示时间不少于 7 日。

107. 小区增设的停车位交纳的停车费归谁所有？

答：首先，我们需要区分停车费与车位管理费的区别。

停车费是指使用车位所产生的费用，而车位管理费是指物业保障车位能够正常使用所提供的服务产生的费用。

车位管理费属于物业公司，停车费则属于车位所有人。而小区通过“增设”而增加的车位则属于“公共车位”，依据《民法典》第282条的规定，“建设单位、物业服务企业或者其他管理人等利用业主的共有部分产生的收入，在扣除合理成本之后，属于业主共有”，“公共车位”归全体业主所有，停车费自然也归全体业主所有。

因此，小区增设的停车位需要交纳停车费与停车管理费用，但停车费归全体业主所有，停车管理费用归物业公司所有。

108. 人防车位的租金收益归谁所有?

答：人防车位的租金收益归全体业主所有或者开发商所有。

《民法典》第254条第1款规定：“国防资产属于国家所有。”人防车位用于国防目的，应属国家所有。《人民防空法》第5条第2款规定：“国家鼓励、支持企业事业组织、社会团体和个人，通过多种途径，投资进行人民防空工程建设；人民防空工程平时由投资者使用管理，收益归投资者所有。”《人民防空法》第26条规定：“国家鼓励平时利用人民防空工程为经济建设和人民生活服务。平时利用人民防空工程，不得影响其防空效能。”由此可见，人防车位的使用、管理及收益权的归属，应遵循“谁投资，谁受益”的原则。具体应以“建设成本是否已经列入小区商品房建设成本”“面积分摊有无实际摊入小区业主的分摊面积”为界定标准。

实践中，人防车位一般不会被计入公用建筑面积，其建筑成本由开发商承担，那么根据“谁投资，谁受益”的原则，开发商可以保留该车位的管理及收益权。由此，如果人防车位建筑成本最终计入房价且面积亦由业主分摊，则其收益权就应当属于全体业主。

第二十四章　物业选聘

109. 物业服务合同尚未到期，业主大会能单方面解除合同吗？

答：能。

《民法典》第 946 条规定："业主依照法定程序共同决定解聘物业服务人的，可以解除物业服务合同。决定解聘的，应当提前六十日书面通知物业服务人，但是合同对通知期限另有约定的除外。依据前款规定解除合同造成物业服务人损失的，除不可归责于业主的事由外，业主应当赔偿损失。"因此，物业服务合同尚未到期，业主大会能单方面解除合同，关于业主行使单方解除权可能造成的损失，物业服务人完全可以根据本条第 2 款的规定另行主张，但不得以此为由阻却业主单方解除权的行使。

但是，业主行使单方解除权必须履行法定程序。根据《民法典》第 278 条第 2 款的规定："业主共同决定事项，应当由专有部分面积占比三分之二以上的业主且人数占比三分之二以上的业主参与表决……决定前款其他事项，应当经参与表决专有部分面积过半数的业主且参与表决人数过半数的业主同意。"依照法定程序作出决定是业主解聘物业服务人的前置程序，它直接决定了业主解除物业服务合同是否具备正当性，如果未能经过法定程序作出决定，则不能产生全体业主解除物业服务合同的意思表示。

再者，业主应当提前 60 日书面通知物业服务人。根据《民法典》第 565 条的规定，当事人通过通知产生解除合同的效力，对方有异议的可以通过诉讼或仲裁程序进行救济。物业服务的持续性、复杂性等特点，客观上要求业主提前较长的时间通知物业公司。提前通知的作用在于合同解除的情况下给予物业服务人必要的准备时间以便安排合同解除后的交接事宜，另外也提供了确定合同解除时间的基准日期。当然,为充分尊重当事人意思自治、契约自由,《民法典》还规定合同对通知期限另有约定的不受60日的限制。

110. 物业服务合同尚未到期,物业服务企业可以单方面解除合同吗?

答:实务中有争议。

第一种观点是:不能。理由如下:物业服务合同在本质上属于委托合同的一种特殊形态但基于其内容上的独特性,又不能完全适用委托合同的相关规则。《民法典》第946条仅赋予作为委托人的业主以单方任意解除权,物业服务人作为受托人并不享有任意解除权。因物业服务事项涉及服务区域内的公共秩序维系,关涉群体性的业主团体、物业使用人的公共利益,故不宜赋予物业服务人以任意解除权。

第二种观点是:能。理由如下:首先,物业服务合同的履行需要当事人双方相互信任和相互配合,物业服务企业决定解除物业服务合同的,说明物业服务企业与业主的相互信任已经丧失,相互配合履行合同的可能性也基本丧失,因此应准许物业服务企业单方解除合同。其次,业主大会按照法定程序享有单方解除权,如果物业服务企业不享有单方解除权,则双方之间的权利义务明显不对等。最后,虽然物业服务企业可以单方解除合同,但其应当返还相关资料和由其代管的专项维修资金,并做好交接工作。

111. 物业服务合同到期了,物业服务企业可以马上撤场吗?

答:不能。

物业服务合同作为一种特殊的合同,涉及广大小区业主的切身利益。在物业服务合同终止后至新选聘物业公司接管前这段时间,为保证小区正常运转,《民法典》明确规定了原物业服务人的合同终止后的"后合同义务",即原物业服务人在业主或者业主大会选聘的新物业服务人或者决定自行管理的业主接管之前,应当继续提供物业服务。这也是原物业服务人的法定义务,不能以物业服务合同期满为由拒绝提供物业服务。因此,物业公司在合同到期后,不能立即撤场,应继续为小区提供物业服务至业主大会选聘的新物业服务公司进场。

112. 物业服务合同到期了，业委会可以登报招聘新的物业服务企业吗？

答：满足一定条件下可以。根据《物业管理条例》的有关规定，业主大会选聘、解聘、续聘物业服务企业，应当召开业主大会，经“双三分之二”参与，“双过半”同意。

只有经过业主大会作出决定后，业委会招聘新的物业服务企业时，方可以采取登报的形式。

第二十五章　物业服务满意度评价

113. 为什么要做物业服务满意度评价？物业服务满意度调查的内容有哪些？

答：物业满意度评价结果是物业服务企业收集业主意见的重要途径，也是保持物业服务企业与业主沟通的方式之一。"满意"不仅是业主对服务的感受，更深一层的含义是物业所提供的服务与业主期望、要求的吻合的程度。通过对业主满意度进行客观、科学的量化，可以深度分析业主对物业服务的期望和要求，总体地衡量当前服务水平，帮助物业服务企业识别影响满意度的因素及各因素的作用强度，有助于分析目前服务过程中存在的"难点"与"痛点"，以便物业公司在后续的服务中将业主最关心、最需要的问题转化为实际的行动与措施，最终达到物业密切联系业主，物业切实帮助业主，物业热情关心业主的效果。物业服务满意度调查主要涉及保安、保洁、绿化、客服、车辆秩序管理等方面，涉及业主生活的方方面面。

114. 如何才能让物业服务满意度评价结果产生实质性的社会效果？

答：首先，物业服务满意度的调查过程应尽可能创造条件让全体业主参与。

其次，对于物业服务满意度调查的评价结果应当由物业服务公司采取相应的对策，以补足调查中所反映出的现有服务短板，来实质性提升日后的服务质量。

最后，物业满意度评价结果应当与物业费收费高低，以及是否续签物业服务合同直接挂钩。

115. 开展物业服务满意度评价过程中需要注意哪些问题？谁来做物业服务满意度评价报告更合适？

答：开展物业服务满意度评价过程中需要着重注意以下几点：首先，评价内容要突出重点，兼顾全面；其次，调查过程中要确保评价结果真实；再次，采取上门调查为主、电话调查为辅的方式，力争让全体业主参与到满意度调查中去；最后，调查人员避免误导业主的评价意见。

因此，由第三方机构来做物业服务满意度评价报告更为合适，理由：专业、客观、公平、公正。

第二十六章　物业服务费的催收与交纳

116. 业委会可以催收物业费吗?

答:可以。

《物业管理条例》第64条规定:"违反物业服务合同约定,业主逾期不交纳物业服务费用的,业主委员会应当督促其限期交纳;逾期仍不交纳的,物业服务企业可以向人民法院起诉。"

117. 物业服务合同到期了,原来的物业服务企业还没有撤场,撤场前的期间提供了服务,可以要求业主支付物业费吗?

答:可以。

《民法典》第950条规定:"物业服务合同终止后,在业主或者业主大会选聘的新物业服务人或者决定自行管理的业主接管之前,原物业服务人应当继续处理物业服务事项,并可以请求业主支付该期间的物业费。"

118. 业主可以以物业服务不满意为由,拒交物业费吗?

答:需要具体情况具体分析。

因为物业服务是针对全体业主和整体区域的各个方面提供的,具有公共性和整体性,涉及全体业主和整个小区的公共利益,在效用上具有不可分割性和依赖性,业主若认为物业服务企业提供的物业服务存在局部瑕疵而拒交物业费(如部分垃圾没有及时清理、公共区域照明灯损坏等),这样的做法会导致业主的个人收益远远小于给物业公司和多数业主造成的损害,因此不能以物业服务存在局部瑕疵为由拒交物业费。

但是,如果物业服务存在违反法律法规、安全保障明显不到位等重大瑕疵的,物业费可以适当减免;因物业服务瑕疵导致的损失,业主可以要求物业进行赔偿。比如,因小区门禁损坏后物业未及时修复,未设保安室,亦无保安巡查,或虽有录像监控但监控损坏缺失等,导致业主财物被偷窃的,可以认为物业在业主安全保障方面明显管理不到位,为重大瑕疵,可以减免物业费。

119. 房子没有装修和入住,也需要交物业费吗?

答:需要交物业费。

《民法典》第944条第1款规定:"业主应当按照约定向物业服务人支付物业费。物业服务人已经按照约定和有关规定提供服务的,业主不得以未接受或者无须接受相关物业服务为由拒绝支付物业费。"

小区的物业服务费主要是公共性服务收费,包括公共设备、设施的日常运行、维修和保养、绿化管理、保安、保洁等,无论业主是否入住,即使房屋空置,也应当交纳相应物业费。

120. 房东和房客约定好由房客交物业费,物业公司还可以找房东收物业费吗?

答:可以。

《物业管理条例》第41条第1款规定:"业主应当根据物业服务合同的约定交纳物业服务费用。业主与物业使用人约定由物业使用人交纳物业服务费用的,从其约定,业主负连带交纳责任。"

所以,作为业主,不要以为房子出租或是交由他人使用,并约定了由使用人承担物业服务费,自己就可以完全免除物业服务费的交纳义务了。

实　战　篇

——业委会全流程管理相关实务

第二十七章　成立业委会的流程与实用文书

第一节　成立业委会的流程

据统计,9亿人口居住在城镇,小区接纳了其中的大部分,可谓“小区安、天下安”。业委会作为小区治理的自治组织,对内要团结邻里,提防黑物业的侵害,对外要配合街道、社区、政府的一系列政策落地,是基层治理的枢纽与堡垒。

基于小区业委会的重要性,街道、社区往往会派遣专门的工作人员协助小区成立业委会(这也是指导文件的要求)。但是求人不如求己,自己生活所在的小区当然要懂得如何当家作主。关于正常成立业委会的全部文书,大家在申请业委会成立时,社区会以电子文档的形式发送给筹备组,而本章将基于×××(乐清)律师事务所基层治理团队在乐清各个小区协助成立业委会的经验,将最实用、最常用的有关“成立业委会”的各类实战文书分享给读者,助力建设负责任、有担当、能作为的业委会。成立业委会大致流程如图8所示:

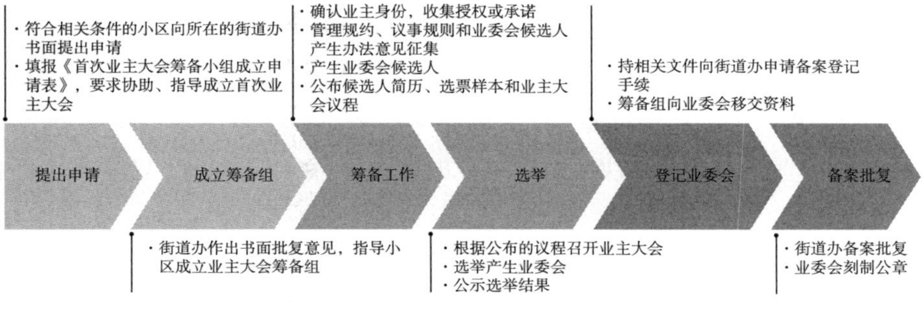

图8　业委会成立流程

第二节 小区管理规约、议事规则特色条款点评

管理规约和议事规则就是小区管理“物”和管理“人”的准则，是小区基层治理区别于农村基层治理的特殊之处，管理规约和议事规则的特色化也是小区治理因地制宜的表现。本章内容将列举×××（乐清）律师团队参与过的部分小区管理规约和议事规则的特色内容，并进行简要的律师点评，目的是让读者思考自己的小区是否也有类似的需求并举一反三，对涉及小区公共利益的人和事作出合理的规制。

第一部分：业主授权及业主代表的权限

律师修改前：

业主共同决定事项，应当由专有部分面积占比2/3以上的业主且人数占比2/3以上的业主参与表决。决定前款第（1）（2）（3）（4）项应当经参与表决专有部分面积3/4以上的业主且参与表决人数3/4以上的业主同意（以下简称“两个3/4以上的业主同意”）；决定其他事项应当经参与表决专有部分面积过半数的业主且参与表决人数过半数的业主同意（以下简称“双过半的业主同意”）。业主逾期不投票表决或者已投票但未表决意见的，其投票权数计入已表决的多数意见票。

律师修改后：

业主共同决定事项，应当由专有部分面积占比2/3以上的业主且人数占比2/3以上的业主参与表决。决定前款第（1）（2）（3）（4）项应当经参与表决专有部分面积3/4以上的业主且参与表决人数3/4以上的业主同意（以下简称“两个3/4以上的业主同意”）；决定其他事项应当经参与表决专有部分面积过半数的业主且参与表决人数过半数的业主同意（以下简称“双过半的业主同意”）。

在业主大会存续期间，业主行使投票表决权规则如下：

①业主代表逾期不投票表决或者已投票但未表决意见的，其投票权数计入已表决的多数意见票。

②已经承诺亲自投票的业主，逾期不投票表决或者已投票但未表决意见的，其投票权数计入已表决的多数意见票。

③既没有授权也没有承诺亲自投票的业主，在业主大会召开当日亲自与会投票或委托业主代表、近亲属、其他业主代为行使投票表决权的，其投票表决行为有效，按照其选票所记录的真实意思表示计入票数。

④既没有授权也没有承诺亲自投票的业主，逾期不表决或不按指定方式表决的，其投票权数不计入本次投票。

第①②③项中的业主或业主代表视为参与了本次投票表决，第④项中的业主不视为参与了本次投票表决。

【律师点评】 这是小区业委会履职过程中再次修改的议事规则，前半段并无争议，是《民法典》中的原话，但是对补充部分我们进行了分类展开。在小区基层治理之中最难的部分就是去除歧义，一份好的管理规约、议事规则需要经得起小区之中各个阶层及群众的检验。原来的规则太过简略，在业委会召开业主大会的过程常有业主气冲冲地来到业委会认为自己被代表了，或是被动投票了，这都是由规则没有对各种情况进行充分的分类讨论造成的。

第二部分：业委会的助力

这部分没有修改前后的对比，因为小区的情况各有不同，此处仅节选部分小区的做法。

有的小区依靠专职外聘人员：

业主大会印章和业委会印章的管理人由业委会会议决定；但是，印章管理人应当是业委会主任以外其他委员或者外聘专职人员。业委会应当建立工作档案，由业主大会决定选聘的专职人员或指定委员负责。专职工作人员的工资及其他费用，根据当地人力资源市场薪酬状况，由业委会确定。

也有部分小区选择了依靠党员的先进性，率先将党组织纳入小区建设的队伍之中：

本物业区域依法依规建立中国共产党基层组织。基层组织的建立与活动要求参照《中国共产党基层组织选举工作条例》《中国共产党章程》等执行。小区党支部通过与业委会联席会议（“两委会”）的方式开展基层治理工作，党支部委员与业委会委员共同承担基层治理职能,享受同等待遇。

【律师点评】 业委会 9 ~ 11 人的精力和动力始终是有限的,无论是对外寻求专职外聘人员还是对内寻求党组织的帮助都是非常好的举措,当然,双管齐下也是可以的。

第三部分:业委会委员的补贴

可以在业主有条件情况下给予业委会委员工作津贴。给予工作津贴的条件为:平时工作敬业的委员,可以给予主任每月不超过 1500 元、副主任不超过 1200 元、其他委员不超过 1000 元的通信、交通等综合补贴。经业主大会或者业主代表大会年度评议,业委会工作绩效为合格的,给予业委会全体 10 万元的津贴激励;业委会工作绩效为良好的,给予业委会全体 15 万元的津贴激励;业委会工作绩效为优秀的,给予业委会全体 20 万元的津贴激励。津贴激励由业委会主任根据贡献大小组织分配。合格、良好与优秀的评价标准,由业委会提出,经业主(业主代表)大会表决通过。

【律师点评】 大部分小区的业委会都是公益项目,委员们辛苦付出还可能被业主不理解甚至批评,有条件的小区其实不妨给业委会委员们一点补贴,同时建立考核机制,既能督促又能激励,一举两得。

第四部分:业主需求的区别细节

律师修改前:

禁止饲养家禽、家畜等;但是,因教学、科研以及其他特殊需要的除外。

业主、物业使用人饲养宠物的,应遵守政府相关管理规定,并遵守以下约定:

(1)及时清理宠物粪便;

(2)进入公共场所做好安全防范措施,以防伤及他人;

(3)乘坐电梯的,应当避开乘梯的高峰时间。

律师修改后:

禁止饲养家禽、家畜等。

业主、物业使用人饲养宠物的,应遵守政府相关管理规定,并遵守以下约定:

(1)宠物主人应及时清理宠物粪便;

(2)进入公共场所做好安全防范措施,以防伤及他人;

(3)乘坐电梯的,应当避开乘梯的高峰时间;

(4)严禁遛狗不牵绳,禁止在公共场所(楼道、消防通道、走廊、户外等)散养宠物。

【律师点评】　对不同小区内部的管理,既要做加法,也要会做减法。相信大家的小区之中肯定会有人豢养宠物,但是宠物的种类、活动区域、养育的措施则需要根据小区的定位、业主的意见作出约定。

第五部分:小区的特殊需求

示例:有悬挂置放牌匾的空间位置,且符合下列条件之一的,可在入驻××经济园办公后于本楼幢的一楼门厅入口处放置单位牌匾:

(1)党政机关;

(2)最高负责人为市管正科级及以上干部的国有企业;

(3)年度税收贡献不低于10,000万元的企业;

(4)获得浙江省级(含)及以上文明单位称号的单位;

(5)法律服务行业无直接竞争对手的事业单位(如××公证处);

(6)其他经业委会会议决定同意悬挂置放牌匾的单位。

不符合前述条件的其他单位经业委会同意,可在一楼门厅入口处按要求悬挂牌匾,但需缴纳广告费10万元/年,先付后挂。此项费用收入进入物业专项维修资金,由业委会代管。

业委会应当创造条件,允许所有单位在本楼幢的一楼门厅架空层墙挂楼层索引图上标识本单位名称信息。

【律师点评】　特事特办、因地制宜是本指南一以贯之的理念,示例条文来自商业小区管理规约,意在告诉大家:小区管理规则切忌简单抄袭,想要管理好,首先得制定完善的规则并征得大家的同意。

第三节　成立业委会的各实用文书

一、关于××花园首次业主大会筹备活动投票授权工作正式开始的公告

全体××业主：

大家好，××花园首次业主大会的筹备活动在筹备组、业主代表、热心业主和律师团队的共同推动下，已经来到了投票授权阶段，投票授权工作将于2022年×月×日正式开始。投票授权工作正式开始后，若有业主代表、业主大会筹备组工作人员、物业工作人员上门与您讨论本次业主大会授权工作的相关事宜，请您不要惊慌，不要置之不理，积极配合工作人员完成相关授权工作。

业主大会的召开、业委会的换届事关小区全体业主的幸福生活，让我们为了××的美好明天共同献出一份力，谢谢您的配合。

若您对本次授权工作仍有疑问欢迎联系：×××

特此通告

××花园业主大会筹备组

二〇二二年××月××日

二、××花园首次业主大会业主代表授权书

××花园首次业主大会筹备组：

兹委托________（楼幢、室号：________）业主代表本人（姓名：________，楼幢、室号：__________）参加××花园小区首次业主大会，在授权范围内代表本人进行表决投票。

授权期限自授权书签署日起至××花园首次业委会换届之日或本人书面解除授权之日止。其间，受托人根据业主大会议事规则与管理规约，代表本人

投票表决。

本次书面授权不包括如下四类事项：

(1)表决需要动用物业维修资金项目的；

(2)表决是否更换物业服务企业的；

(3)评价物业服务企业满意度的；

(4)表决监委会提出的罢免业委会委员的。

以上四类事项，需本人另行书面授权，或亲自前往投票。

特此书面授权

业　　主：

联系电话：

业主代表：

年　　月　　日

三、××花园首次业主大会业主本人亲自投票承诺书

××花园首次业主大会筹备组：

本人________(楼幢、室号：__________)承诺在××花园首次业主大会投票表决活动中，将亲自前往表决投票。如经微信、电话、短信或公告通知，本人未能按承诺前往表决投票的，视为本人参与表决且同意已表决的多数票意见。

特此承诺

业　　主：

联系电话：

年　　月　　日

四、关于积极增补提名首次业主大会业主代表候选人的公告

××花园的全体业主：

根据《温州市物业管理条例》《温州市业主大会和业主委员会指导规则》的规定，经过首次业主大会筹备组组织，广大业主积极参与，现已完成第一阶段业主代表候选人自荐和推荐、业主授权业主代表行权或承诺亲自投票工作。经初步统计，第一阶段自荐或推荐且经过筹备组公示的业主代表候选人27人，获得不到600户业主授权，占业主总户数的比例仅36.27%，尚不足以体现业主代表的代表广泛性。

为了更好地发挥业主代表的代表作用，充分传达广大业主的心声，在社区的指导下，经首次业主大会筹备组研究，决定组织小区业主代表候选人的增补提名与第二阶段业主授权工作。现将其相关事宜公告如下：

1. 第二阶段增补提名截止时间

本次业主代表候选人的增补提名自本公告发布之日起至2022年×月×日下午×时止。

2. 提名方式

(1)根据《××花园业主代表候选人产生办法》，业主代表候选人提名可以自荐或推荐。请在增补提名时间内联系筹备成员或自行前往物业大厅前台领取自荐表或推荐表。

(2)自荐人或被推荐人经筹备组、社区、街道审核合格后，将成为××花园首次业主大会业主代表候选人，交付业主授权。

3. 增补提名人数

××花园现有业主××××人，原则上每15户推举一名业主代表，因此，小区的业主代表候选人将增补提名至××人(名额分配详见附件)。

4. 未尽事宜，参照《××花园首次业主大会业主代表候选人产生办法》执行。

特此公告

××花园首次业主大会筹备组

二〇二二年××月××日

五、关于××花园首次业主大会筹备工作增补业主代表授权工作正式开始的公告

全体××花园业主：

大家好！××花园首次业主大会筹备工作在筹备组、业主代表、热心业主及律师团队的共同努力下，已完成增补代表的提名推荐，在原有25名业主代表候选人的基础之上，增加至51名，现将业主代表候选人名单予以公示（详见附件）。

增补代表后的授权工作也将于近期展开。为了广大业主的权益能够得到充分的保障，本次增补代表的授权工作将由筹备组成员、志愿者及律师分别组成若干个工作小组，采取上门的方式，指导和帮助：①第一轮授权手续需要完善的业主；②尚未参与授权的业主等人员完成授权，并对业主在授权过程当中的疑惑进行面对面的解答，确保每一名业主都能亲身参与到小区治理当中来。

业主大会的召开、业委会的换届工作事关我们小区每一位业主的幸福生活，让我们为了××花园的美好明天献出自己的一份力！筹备工作不易，谢谢您的配合！

若您对本次授权工作仍有疑问，欢迎联系：×××

特此公告

××花园首届业主大会筹备组

二〇二二年××月××日

六、关于××花园第三届业主委员会委员候选人产生办法的补充公告

××花园全体业主：

根据相关规定，第三届业主委员会换届业主大会会议筹备组于2021年1月公告了业主委员会委员候选人产生办法，因业主委员会委员候选人提名人数不足，提名工作仍在继续中。为更好地改善与提升小区生活品质，夯实基层

治理基础，顺应民意组建好业主委员会团队，经请示乐清市人民政府城南街道办同意，现对第三届业主委员会委员候选人提名、资格审查与委员选举的相关事宜补充公告如下：

1. 业主委员会委员候选人提名方式的增加

在原有业主自荐或推荐单个委员候选人方式基础上，增加业主一次性自荐并推荐9名或11名委员候选人组建团队的提名方式，该被荐的9名或11名委员候选人经资格审查合格后，作为一个完整的业主委员会团队交付业主大会表决。

对此前已被提名的委员候选人，可以自荐并推荐9名或11名委员候选人搭建团队，也可以参与其他牵头人搭建的9名或11名委员候选人团队，并提请第三届业主委员会换届业主大会会议筹备组予以资格审查后，作为一个完整的业主委员会团队交付业主大会表决。

此前已被推荐的委员候选人，经资格审查合格的依然有效。如果既未牵头搭建9名或11名委员候选人团队，也未参加其他牵头人搭建的9名或11名候选人团队的，则由筹备组视人数多寡决定是否组建9名或11名委员候选人团队参选。人数不足且无其他委员候选人团队的，终止业主委员会选举工作。

2. 业主委员会委员候选人资格审查

无论是采取自荐或推荐单个委员会候选人方式提名，还是采取一次性自荐并推荐9名或11名委员候选人组建团队的方式提名，提名人选均须依法接受城南街道办、第三届业主委员会换届业主大会会议筹备组的资格审查。如果一次性自荐并推荐9名委员候选人中个别人选未能通过资格审查的，牵头人可以在提名截止日前提名新的候选人，直至经资格审查合格人数不低于9人。未能在提名截止日前完成一次性推荐9名委员候选人的，其所自荐并推荐的全部人选视为单个委员候选人提名，由第三届业主委员会换届业主大会会议筹备组最终确定是否列入拟交付表决的委员候选人名单。

3. 委员候选人自荐或/并推荐截止时间

业主委员会委员候选人提名时间截止到20××年××月25日17:00。

4. 业主委员会委员选举办法调整

有且只有一个一次性推荐9名或11名委员候选人团队，且筹备组最终确定为候选人名单的，采取等额选举形式表决。

有且不止一个一次性推荐9名或11名委员候选人团队的，由城南街道办、筹备组在综合考察、民意测评的基础上，最终确定一个一次性推荐9名或11名委员候选人团队为候选人名单，采取等额选举形式表决。

没有一次性推荐9名或11名委员候选人团队，筹备组确定委员候选人名单后，本着尽力促成第三届业主委员会成立的原则，在业主大会表决规则中明确具体的表决方式。

特此公告

××花园第三届业主委员会换届业主大会会议筹备组

二〇××年××月××日

七、首次业主大会业主监督委员会选举办法

第一条　根据相关法律、《浙江省物业管理条例》、《温州市物业管理条例》规定，制定本办法。

第二条　首次业主大会业主监督委员会选举工作由首次业主大会会议筹备组主持。

第三条　监督委员会成员由首次业主大会会议筹备组组织自荐和推荐产生，提名、资格审查后交付表决的业主监督委员会成员候选人9名，候选人名单按姓氏笔画或楼栋排序。

业主大会会议召开前15日，应当将拟交付表决的候选人名单在本物业管理区域显著位置公示，公示时间不少于7日。业主对成员候选人有异议的应在业主大会会议召开前7日提出意见建议，筹备组应在5日内及时答复。

候选人存在不符合业主监督委员会成员当选条件之一的，应当取消其业主监督委员会成员候选人资格。

第四条　选举投票权数按业主人数和业主专有部分建筑物面积分开计算。业主人数和业主专有部分建筑物面积的投票权数执行《温州市物业管理

条例》第九条[①]规定。每个业主在一次选举中只有一次投票权。业主可选择授权业主代表投票,也可以选择由委托代理人亲自投票,二者只能择其一。

第五条 选举可采取会议集中投票、书面征求意见、电话沟通 + 短信(微信)确认的方式或前述方式相结合进行。

选举应当有本物业管理区域专有部分面积占建筑物总面积三分之二以上的业主且业主总人数三分之二以上参加。

业主监督委员会成员当选应当经专有部分面积占参加选举建筑物总面积二分之一以上的业主且参加选举业主人数二分之一以上同意。

选举采取实名投票方式,根据候选人提名情况由筹备组决定采取等额选举形式,选举业主监督委员会成员 9 名;当选人数未达到应选人数时,应当进行补选或终止换届工作。

第六条 成员候选人之间存在近亲属关系的,应当实行差额选举,并在公示候选人时予以说明,且差额人数必须多于有近亲属关系的候选人总数。

第七条 业主已经搬入本物业管理区域且已经进行生产经营活动的可以专人送达选票,也可以由业主户领取;业主已经搬入本物业管理区域但是不能当面送达的,可以由筹备组指定工作人员电话沟通投票意向后以短信(或微信)方式确认投票表决结果。

第八条 业主根据业主大会议事规则规定可以委托代理人投票、转交带有业主签章的选票,或者由业主出具《业主代表选票及表决授权书》,全权委托代表人投票表决。

第九条 实行等额选举时,候选人须得票人数占比与得票面积占比均超过参与投票的投票人数和投票面积的 50%,才能当选(双过半)。

第十条 同意的,无须特别标注任何符号;反对的,在表决栏中画"×"。领取选票以后未上交表决意见的,视为参加投票且同意已表决意见的多数意见。

每张选票所选的人数,等于或少于应选人数的为有效票,多于应选人数的为无效票。

---

① 该条例于 2023 年修订,修订后为第 12 条。

第十一条　收回选票等于或少于发出选票,选举有效。收回选票多于发出选票,筹备组应当核查选票,剔除无效票。

第十二条　一般设置唱票人1名、监票人1~2名、计票人1~2名。唱票人、监票人、计票人的人选由首届业主大会会议筹备组组织业主商定,人员名单应当在物业管理区域显著位置公示,公示时间不少于3日。

唱票人、监票人、计票人应当为业主或者外聘专职人员;成员候选人不得担任唱票、监票、计票工作。

第十三条　集中投票的,其他人投票前,业主监督委员会成员候选人应当完成投票且退场回避;书面征求意见的,业主监督委员会成员候选人不得上门或者当面要求业主签字表决。

本次监督委员会选举集中投票场所:____________

书面征求意见的,投票箱设在________等地方或者由筹备组指定工作人员持投票箱当面送达和收取选票,投票箱应当密封。

投票结束后,筹备组应当指定专人保管投票箱。

第十四条　投票结束后,由唱票人、监票人、计票人集中投票箱,并当场打开;由唱票人唱票、计票人分类统计、监票人监督,再由监票人将计票结果报告首次业主大会会议筹备组,会议筹备组应当形成投票的书面结果。

第十五条　集中投票的,会议主持人应当在会议上宣读选举结果。书面征求意见、电话沟通+短信(微信)确认方式或者与集中投票相结合的,筹备组应当将表决结果在物业管理区域内显著位置公示,公示时间不少于5日。

第十六条　选举完成后,筹备组应当将选票重新封存保管,并在首次业主大会会议结束后将选票移交业主委员会。

城南街道××花园业主大会筹备组

二〇二二年××月××日

八、首届业主委员会委员候选人名单公告

××花园全体业主：

根据《温州市业主大会和业主委员会指导规则》《××花园首届业主委员会选举办法(定稿)》,《××街道××花园首届业主委员会委员候选人名单》于7月15日开始公告,异议期内未收到对候选人的否定性意见,现将正式提交会议,表决名单公布如后,其中1~11号为正式委员候选人(排名不分先后),12~15号为候补委员候选人(排名不分先后),若业主委员会委员出现空缺,候补委员按照议事规则安排递补。

序号	照片	姓名	性别	出生年月	工作单位	政治面貌	楼栋号
1							
2							
3							
4							
5							
6							
7							
8							
9							
10							
11							

特此公告

××花园首次业主大会会议筹备组

二〇二二年七月××日

九、首届业主监督委员会委员候选人名单公告

××街道××花园全体业主：

7 月 15 日公告监督委员会委员候选人名单后，根据业主反馈意见，筹备组经会议研究决定，将《××街道××花园首届业主监督委员会委员候选人名单》更新如下，作为首届业主大会换届会议表决名单（排名不分先后）：

序号	照片	姓名	性别	出生年月	工作单位	政治面貌	楼栋号
1		×××	×	××××-××-××			
2		×××	×	××××-××-××			
3		×××	×	××××-××-××			
4		×××	×	××××-××-××			
5		×××	×	××××-××-××			
6		×××	×	××××-××-××			
7		×××	×	××××-××-××			

特此公告

××花园首次业主大会会议筹备组
二〇二二年××月××日

十、关于召开××花园小区首次业主（代表）大会的通知

××花园的全体业主：

根据《浙江省物业管理条例》《温州市物业管理条例》《温州市业主大会和业主委员会指导规则》的规定，经筹备组研究，决定召开首次业主（代表）大会。此次业主大会会议采取集中投票为主、电话沟通+短信（微信）为辅的形式进行。

集中投票的时间：2022 年××月××日 8:30—13:00

投票箱设于：××花园会所一楼。

此次会议将对《××花园管理规约》《××花园业主大会议事规则》《××花园首届业主委员会委员名单》《××花园业主监督委员会委员名单》等事项表决投票。

请广大业主代表及承诺亲自到场参加投票的业主积极参加会议，根据本人的真实意思表示填写选票。

特此通知

××街道××花园首次业主大会会议筹备组

二〇二二年××月××日

十一、业主大会关于征召会务工作人员的公告

××花园全体业主：

经过小区首次业主大会筹备组、业主代表、热心志愿者以及律师团队的努力，××花园小区首次业主大会即将于本月31日在一期会所正式召开。因大会议程包含小区首次业主委员会、业主监督委员会的选举工作，现向全体业主征召业主大会唱票人一名（非业主代表优先），承担大会唱票工作。希望大家积极参与，为小区建设贡献一份力量。

征召时间：2022年7月××日起至2022年7月××日（人选确定将提前结束）。

联系人：×××　　　　联系方式：×××

特此公告

××街道××花园首次业主大会筹备组

二〇二二年××月××日

十二、业主大会投票选举工作人员公示

根据《××街道××花园首次业主大会选举办法》，通过自荐和街道推荐的方式，经小区业主大会筹备组审核后，现确定本小区本次业主大会投票选举工作人员名单如下：

姓名	工作职位	身份
	唱票人	业主
		微网格长
	监票人	业主
		街道工作人员
	计票人	社区志愿者
		社区志愿者

如有异议，请在公示期间内向××花园小区首次业主大会筹备组提出书面建议意见。

公告时间：2022年××月××日—2022年××月××日

特此公告

××街道××花园首届业主大会筹备组

二〇二二年××月××日

十三、××街道清和社区××花园(2022)首次业主大会表决票

××街道清和社区××花园(2022)首次业主大会表决票(A)

编号：　　　　　　　　　　　　　　　　　　　　(签章)

表决事项	表决意见	
	赞成	反对
业主大会议事规则	“赞成”的，无须特别标注任何符号！	

说明	1.“赞成”的，无须特别标注任何符号；“反对”的，在表决意见栏画“×”符号；一个表决事项只能选“赞成”“反对”意见之一，多选无效；涂改的，业主应当在涂改处签名确认。 2.表决票应由业主本人填写，或根据业主大会议事规则规定委托代理。

业主本人/业主代表签名________

二〇二二年××月××日

××街道清和社区××花园(2022)首次业主大会表决票(B)

编号：（签章）

<table>
<tr><td rowspan="2">表决事项</td><td colspan="2">表决意见</td></tr>
<tr><td>赞成</td><td>反对</td></tr>
<tr><td>管理规约</td><td>“赞成”的，无须特别标注任何符号！</td><td></td></tr>
<tr><td>说明</td><td colspan="2">1.“赞成”的，无须特别标注任何符号；“反对”的，在表决意见栏画“×”符号；一个表决事项只能选“赞成”“反对”意见之一，多选无效；涂改的，业主应当在涂改处签名确认。
2.表决票应由业主本人填写，或根据业主大会议事规则规定委托代理。</td></tr>
</table>

业主本人/业主代表签名________

二〇二二年××月××日

××街道清和社区××花园(2022)首次业主大会表决票(C)

编号：（签章）

<table>
<tr><td colspan="6" rowspan="2">表决事项：业委会委员</td><td colspan="2">表决意见</td></tr>
<tr><td>赞成</td><td>反对</td></tr>
<tr><td></td><td></td><td></td><td></td><td></td><td></td><td rowspan="2">“赞成”的，无须特别标注任何符号！</td><td rowspan="2"></td></tr>
<tr><td></td><td></td><td></td><td></td><td></td><td>////</td></tr>
</table>

<table>
<tr><td colspan="4" rowspan="2">表决事项：候补委员</td><td colspan="2">表决意见</td></tr>
<tr><td>赞成</td><td>反对</td></tr>
<tr><td></td><td></td><td></td><td></td><td>“赞成”的，无须特别标注任何符号！</td><td></td></tr>
</table>

续表

说明	1."赞成"的,无须特别标注任何符号;"反对"的,在表决意见栏画"×"符号;一个表决事项只能选"赞成""反对"意见之一,多选无效;涂改的,业主应当在涂改处签名确认。 2.表决票应由业主本人填写,或根据业主大会议事规则规定委托代理。 3.以上排名按照姓氏笔画数排列。

业主本人/业主代表签名________

二〇二二年××月××日

××街道清和社区××花园(2022)首次业主大会表决票(D)

编号: (签章)

<table>
<tr><td colspan="5" rowspan="2">表决事项:监委会委员</td><td colspan="2">表决意见</td></tr>
<tr><td>赞成</td><td>反对</td></tr>
<tr><td></td><td></td><td></td><td></td><td></td><td>"赞成"的,无须特别标注任何符号!</td><td></td></tr>
<tr><td>说明</td><td colspan="6">1."赞成"的,无须特别标注任何符号;"反对"的,在表决意见栏画"×"符号;一个表决事项只能选"赞成""反对"意见之一,多选无效;涂改的,业主应当在涂改处签名确认。
2.表决票应由业主本人填写,或根据业主大会议事规则规定委托代理。
3.以上排名按照姓氏笔画数排列。</td></tr>
</table>

业主本人/业主代表签名________

二〇二二年××月××日

十四、首次业主大会会议决议

根据《浙江省物业管理条例》《温州市物业管理条例》《温州市业主大会和业主委员会指导规则》的规定,本小区业主大会换届会议于2023年××月××日9—15时在本小区__________(地点)召开。

小区业主人数____人,实际投票权数____人,占比______%;会议应到建筑物总面积________m^2,参与业主的专有部分建筑物面积________m^2,占全部专有部分面积比______%,会议有效。

会议决议内容：

1. 表决通过××花园《管理规约》。

2. 表决通过××花园《业主大会议事规则》。

3. 表决通过××花园首届业主委员会名单。

4. 表决通过××花园首届业主监督委员会名单。

赞成××花园小区《管理规约》的____人，占参与表决人数的______%，赞成业主专有面积________m^2，占参与表决业主总建筑面积______%。反对____人，占参与表决人数的____%，反对业主专有面积______m^2，占参与表决业主总建筑面积______%。

赞成××花园小区《业主大会议事规则》的____人，占参与表决人数的____%，赞成业主专有面积______m^2，占参与表决业主总建筑面积____%。反对____人，占参与表决人数的______%，反对业主专有面积______m^2，占参与表决业主总建筑面积________%。

赞成××花园首届业主委员会名单的____人，占参与表决人数的____%，赞成业主专有面积________m^2，占参与表决业主总建筑面积______%。反对____人，占参与表决人数的______%，反对业主专有面积____ m^2，占参与表决业主总建筑面积________%。

赞成××花园首届业主监督委员会名单的______人，占参与表决人数的____%，赞成业主专有面积______m^2，占参与表决业主总建筑面积____%。反对____人，占参与表决人数的____%，反对业主专有面积____m^2，占参与表决业主总建筑面积______%。

十五、首次业主大会决定公告

××街道××花园全体业主：

根据《民法典》《物业管理条例》《温州市业主大会和业主委员会指导规则》《××花园首次业主大会选举办法》的规定，小区首次业主大会于2022年7月××日召开，会议通过了《××花园业主大会议事规则》《××花园管理规约》，并投票选出了园区首届业主委员会成员、监督委员会成员，名单如下（按姓氏首字母排序）：

××花园首届业主委员会成员名单

序号	姓名	性别	出生年月	工作单位	政治面貌	楼栋号	备注
1	×××		×××××－××				正式委员
2	×××		×××××－××				正式委员
3	×××		×××××－××				正式委员
4	×××		×××××－××				正式委员
5	×××		×××××－××				正式委员
6	×××		×××××－××				正式委员
7	×××		×××××－××				正式委员
8	×××		×××××－××				正式委员
9	×××		×××××－××				正式委员
10	×××		×××××－××				正式委员
11	×××		×××××－××				正式委员
12	×××		×××××－××				候补委员
13	×××		×××××－××				候补委员
14	×××		×××××－××				候补委员
15	×××		×××××－××				候补委员

××花园首届业主监督委员会成员名单

序号	姓名	性别	出生年月	工作单位	政治面貌	楼栋号
1	×××		×××××－××			
2	×××		×××××－××			
3	×××		×××××－××			
4	×××		×××××－××			
5	×××		×××××－××			
6	×××		×××××－××			
7	×××		×××××－××			

表决结果已经通过《××花园首次业主大会会议决议》公示。如有异议，请在公示期间内向××街道办、××社区提出书面建议意见。

本公告公示期为:2022 年 7 月××日起至 2022 年 8 月××日止。

特此公告

××花园首次业主大会筹备组

二〇二二年××月××日

十六、业主大会延期申请书

乐清市××街道办事处:

自 2022 年××月×日由乐清市××街道××社区居民委员会发布《关于××花园首次业主大会会议筹备组和成员名单的公告》以来，××花园小区首次业主大会会议筹备组已经成立 90 日。因小区专有部分面积大、户数多、综合情况复杂，筹备组未能在 90 日内完成小区首次业主大会的筹备工作，特向贵办申请:延期 60 日召开××花园首次业主大会。

××花园首次业主大会会议筹备组

二〇二二年××月××日

十七、业主行使权利指南

（仅供参考）

◈ 日常的事，授权业主委员会代为行使:

（一）确定物业服务内容、标准以及物业服务收费方案;

（二）确定物业管理区域停车管理方案、业主共有车位停车收费标准;

（三）决定业主共有资金、收益用途（30 万元以下）;

（四）有关共有和共同管理权利的其他日常事项。

※ 必要且重大的事，授权业主代表行使：

（一）依法改建、重建建筑物及其附属设施（50 万元以内）；

（二）依法确定共用部位和共用设施设备用途；

（三）决定业主共有资金、收益用途（30 万～50 万元）；

（四）修改业主大会议事规则；

（五）修改管理规约；

（六）改变或撤销业主委员会、监督委员会的不当决定；

（七）候补业主委员会、监督委员会成员；

（八）审查业主委员会、监督委员会和物业服务企业年度工作报告、财务工作报告、专项维修资金管理使用情况报告、业主共有资金和收益使用报告等小区重大事项；

（九）有关共有和共同管理权利的其他重大事项。

※ 特别重大事项，由本人亲自行使或专项书面授权业主代表行使：

（一）筹集、使用专项维修资金；

（二）决定业主共有资金、收益用途（50 万元以上）；

（三）更换由监督委员会提出罢免的业主委员会成员；

（四）选聘和解聘物业服务企业；

（五）对于物业服务企业的满意度调查。

说明：本指南仅供业主授权业主代表时参考，具体以业主大会表决通过的《××花园议事规则》为准。

乐清市××花园首次业主大会筹备组

二〇二二年五月

第二十八章　业委会换届的流程与实用文书

业委会换届的流程分多种情况，各有不同。本章将基于×××（乐清）律师事务所基层治理团队在乐清各个小区指导业委会换届的经验，提供换届流程与文书范本。

第一节　业委会换届的流程

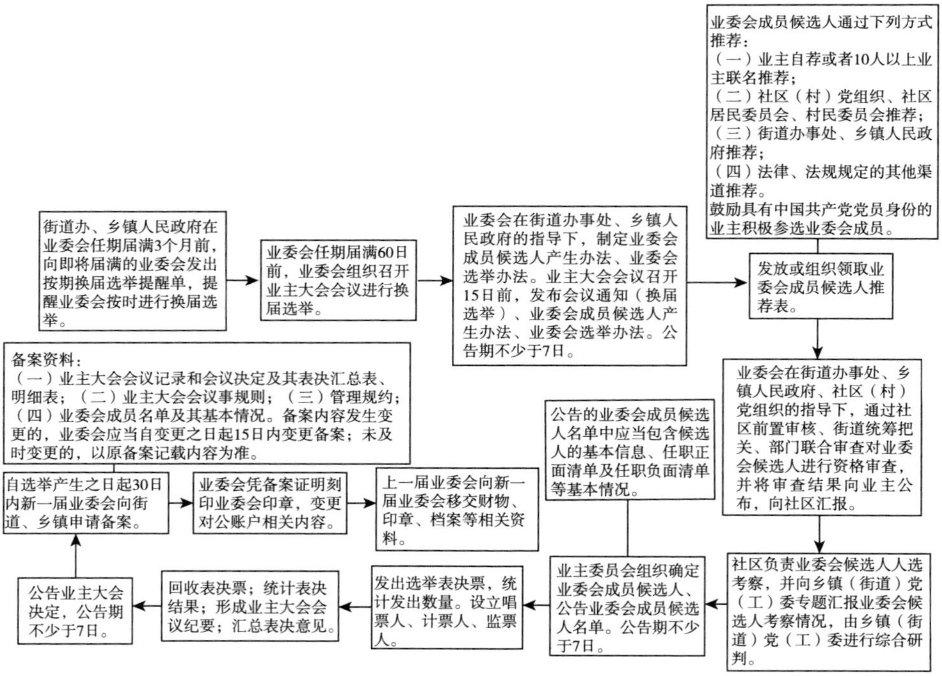

图9　业委会正常换届流程

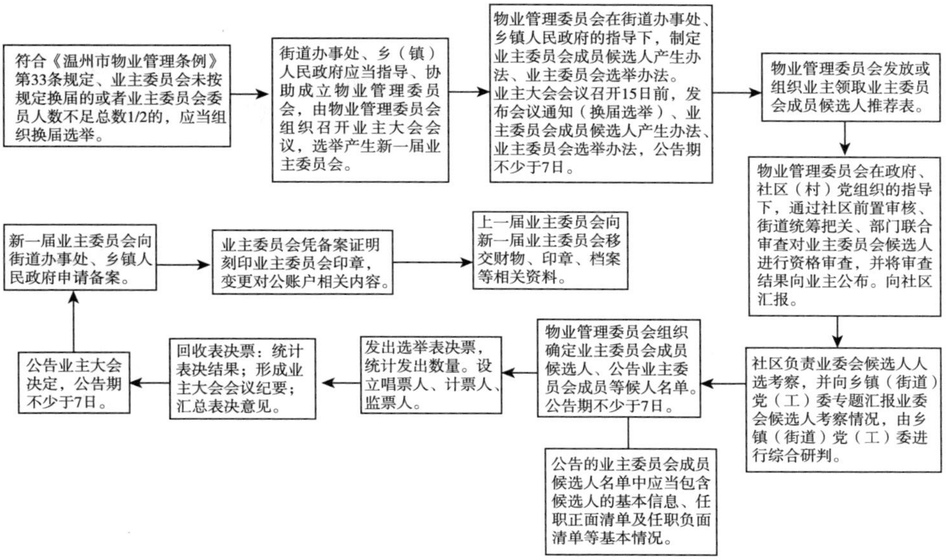

图 10　业委会非正常换届流程

第二节　业委会换届的实用文书

一、关于召开第×次业主大会会议组织业主委员会换届选举的通知（正常换届）

××× 小区全体业主：

本届业主委员会将于____年__月__日任期届满。根据《浙江省物业管理条例》《温州市物业管理条例》《温州市业主大会和业主委员会指导规则》《业主大会议事规则》的规定，经研究决定，于 2022 年××月××日召开业主大会会议，对业主委员会进行换届，选举产生第____届业主委员会。

此次业主大会会议采取集中投票为主、网络手段为辅的形式。地点设在____。

请全体业主积极参加会议，本着实事求是的原则，提出本人的真实意见。如果业主本人因故不能参加会议，执行业主大会议事规则规定。

业主大会（签章）　　　　　业主委员会（盖章）

年　月　日

二、关于召开第×次业主大会会议组织业主委员会换届选举的通知
（委员缺额人数超过业主委员会委员总人数1/2）

小区（大厦、________）全体业主：

因本届业主委员会委员缺额__人，在职人数已不足业主委员会委员总人数的1/2，根据《温州市物业管理条例》《温州市业主大会和业主委员会指导规则》《业主大会议事规则》的规定，经研究，决定于__年__月__日（自委员缺额人数超过委员总数1/2之日起60日内完成换届，业主大会会议召开15日前发布通知）召开业主大会会议，对业主委员会进行换届，选举产生第____届业主委员会。

此次业主大会会议采取______（①集中讨论；②书面征求意见；③______）的形式。采取①的地点设在________；采取②的投票箱设在____、______、______；采取③其他形式的依照《业主大会议事规则》规定。

请全体业主积极参加会议，本着实事求是的原则，提出本人的真实意见。如果业主本人因故不能参加会议，执行《业主大会议事规则》规定。

业主大会（签章）　　　　　业主委员会（盖章）

年　　月　　日

三、小区（大厦、________）第__届业主委员会换届选举表决票

编号：　　　　　　　　　　　　　　　　业主委员会或者换届小组（签章）

候选人姓名	表决意见	
	同意	反对
……		
说明	1. 在“同意”“反对”表决意见栏画“√”或“O”符号；一个表决事项只能选“赞成”“反对”意见之一，多选无效；涂改的，业主应当在涂改处签名确认。 2. 此表决票可由业主本人填写，或根据《业主大会议事规则》规定委托代理表决。 3. 业主大会采取书面征求意见形式的，请于____年__月__日__时前，将该表决票投入会议设立的投票箱。	

业主签名________；楼幢、室号________、专有部分面积______平方米。

业主代表签名____；楼幢、室号______；共代表（含业主代表的，下同）专有部分面积____平方米、共代表业主人数______人。（注：根据《业主大会议事规则》规定已经成立业主代表大会）

业主全权委托的代理人签名______；业主的楼幢、室号______、专有部分面积________平方米。（附：业主授权委托书）

年　　月　　日

四、关于____街道(乡镇)____小区(大厦、________)业主大会会议业主投票权数的公示

小区(大厦、________)全体业主:

根据《民法典》《温州市物业管理条例》《业主大会议事规则》相关规定,对本______小区(大厦、________)业主身份及其在业主大会会议上投票权数进行了核实,现予公示。

一、______________(建设单位)为业主的人数______人、专有部分建筑物面积为________平方米。

二、物业买受人为业主的人数_____________人、专有部分建筑面积为____平方米。

三、经认定,本物业管理区域的业主总人数为______人、建筑物总面积为__________平方米。

附表:________小区(大厦、________)业主投票权数统计表

公示时间: 月 日 时至 月 日 时。(不少于7日)

特此公示

业主委员会(盖章)或物管会(签章)

年 月 日

五、关于××花园第二届业主大会选举异议

××花园第二届业主大会会议筹备组:

针对2022年7月15号公告的文件,提出如下异议:

一、7月15日出示的公告,经律师查阅视为无效文件,任何公告时间是不允许逆推的。

以上名单作为第二届业主大会业主委员会委员候选人名单。

公告时间自2022年7月15日起至2021年7月30日止。

2022 年 7 月 15 日至 2021 年 7 月 22 日为异议期，在此期间，如对公告内容有异议。请及时以书面形式实名向筹备组提出。

联系人：郑××　联系电话：××××××

聊天记录显示：业主代表 6 位，其中业委会 2 位，筹备组 1 位。

但流程是先进入业主代表然后从业主代表里面再选业委会成员，所以说叠排上报业主代表 6 名应该都是在候选人里面。筹备组第一次公告业主代表共 27 位，叠排上报 6 位，最后进入只有 2 位我们提出异议！

二、业委会属于自治组织，所以不归属于任何部门管辖。而业主委员会的管理人员都是该小区业主共同选举出来的该小区成员，是会受到全体业主监督的，并且有权罢免。现在筹备组出了一个告示直接公布 15 名为候选人名单（11 位业主代表 4 位候补人员）。请问我们业主选举什么？我们提出异议！

三、我们全体业主代表强烈强烈要求二期需要二位业委会人员。

四、因骂人事件 5 月 12 日发生，二期叠墅二位业主退出，事件筹备组是否有出来主持公道，对于骂人的代表他们是如何通过资格审核？这样的素质为什么还能进去业委会？（难道筹备组觉得素养不重要?）现因 5 月 20 日重新递交。筹备组以 5 月 18 日截止时间为由视为无效，我们提出异议！（多一位邻居不是多一份力量多分摊一点工作量吗?）

以下为我们整理的时间表

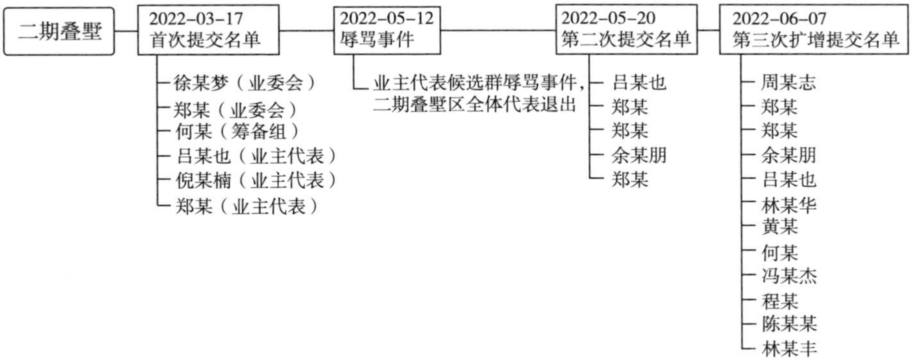

二期全体业主

2022 年 7 月 26 日

六、关于业主对业主委员会委员候选人名单提出异议的答复

致×期叠墅全体提出异议业主(详见接龙名单):

首先感谢你们对小区公益事务的主动关心与积极参与!

关于你们对××花园第二届业主委员会委员候选人名单所提出的书面异议,筹备组已经收悉。经筹备组核实,答复如下:

一、公示截止时间2022年错打成2021年问题。

诚如你们的异议书中所言,错误形成时间逆推,一般人均会认为系打字错误所致,明显属于有瑕疵但不至于引起误解,不会产生歧义情形,已咨询律师团队,不影响文件的效力。

二、关于业主委员会委员候选人从业主代表中产生的问题。

业主委员会委员候选人优先从业主代表中产生,但不局限于业主代表,所有符合条件的业主均可在公告的期限内自荐或被推荐。

三、业主代表候选人推荐人数与入选人数关系问题。

业主代表入选需经过资格审查、其他业主的授权等程序,在×期叠墅推选业主代表和业主授权过程中,筹备组从程序上充分保障了业主的选举权和被选举权,各位业主授权的资料在案可查。

四、关于业主委员会委员候选人人数确定流程问题。

根据《温州市业主大会和业主委员会指导规则》相关规定,筹备组制定并公告了《××花园第二届业主委员会候选人产生办法》《××花园第二届业主委员会选举办法》等文件,其中明确××花园第二届业主委员会委员人数为11人,业主委员会及监督委员会选举办法为等额选举。在上述文件公示期间,并未有业主对其提出异议。本次业主委员会委员自荐/推荐人数共计16人,其中有1人为物业费未交,不符合参选业主委员会委员的条件,遂取消其报名资格,剩余15人经筹备组讨论,推荐11人为委员候选人,4人为候补委员候选人。至于候选人能否当选,还需要包括你们在内的广大业主投票表决。

五、关于×期业主参选业主委员会委员人数问题。

根据已公告的业主委员会委员候选人名单,一期业主人数为6人,×期业

主人数为5人，基本可以涵盖整个小区。

六、你们3月20日聊天记录中所提及的资料效力问题。

该时间点筹备组尚未成立，整个筹备流程尚未确定，推荐业主代表或业主委员会委员候选人的条件、文件依据尚未出台。筹备组成立后，已经将业主代表或业主委员会委员候选人报名时间段内（业主代表报名时间4月23日至4月30日、业主委员会委员候选人报名时间5月4日至5月18日、业主代表增补报名时间5月24日至6月6日）收到的所有文件审核并归档（包含增补业主代表程序），流程符合法律法规及筹备程序要求，并未出现遗漏。

七、关于个别业主代表不文明言论问题。

筹备组已安排专人对相关人员进行口头批评教育。

综上所述，本次业主大会会议召开及业主委员会、监督委员会选举等流程符合法律法规、政策性文件的要求。

此复

××花园第二届业主大会会议筹备组

二〇二二年××月××日

七、微信群内的回复两则

筹备组的各位成员、各位业主代表候选人：

大家晚上好！

我们已经注意到群里讨论的业主代表是否可以增选的问题，现一并回应如下：

（1）业主代表候选人名单已经公示，如此前开会所说，业主代表候选人并不等于业主代表，只有在至少有另一个业主（非本人）授权以后才能成为业主代表。因此，从理论上讲，现有的业主代表候选人如果没有取得其他业主至少一张的授权票，就还不能称为真正意义上的业主代表。

（2）原则上，应当尽量维持现有业主代表候选人名单的稳定性，因为××的业主都是各界精英，现有的候选人都是精英中挑选出来的精英，这一点，我相信,相关各方是没有争议的。群里的几位业主代表发表一些反对候选人名单公布以后增补业主代表人数的言论,从情理上可以理解,从法律上的论述详见下文。

(3)同时,我们需要注意业主代表会议与村民代表会议的几点区别:一是业主代表会议的组成是“业主代表+亲自投票的业主”,换句话说,参加业主代表会议的人员并不局限于业主代表;而村民代表会议是全部由村民代表组成的。二是每个业主代表的投票权数是不一样的,具体某个业主代表的投票权数要以授权给该代表的业主人数和面积而定,而村民代表每个人的投票权数是相同的。假如28个代表权数没有达到人数与面积的“双三分之二”,则仅有业主代表参加和形成的决议依法应当认定为“不成立”。三是业主代表获得授权以后,在业主大会存续期间,如果原来授权的业主撤回授权的,该代表的投票权数相应减少,直至丧失代表资格,仅能以业主身份参加业主代表会议。

(4)为了体现业主代表的广泛性,各位业主代表候选人需要去争取得到更多的业主授权,不为个人,而是为了整个××花园的未来。从法律上讲,任何一个业主都可以委托其他业主代为行使自己的业主权利,因此,在业主大会存续期间,业主撤回对业主代表的授权或者授权新的业主代表参加业主代表会议,法律上是不禁止的。当然,为了维护业主代表身份和履职的严肃性,新获授权的业主代表需要满足一定的条件:一是符合《业主代表候选人产生办法》中规定的条件;二是进行身份信息公示;三是在正式召开业主(代表)大会前公示计票依据(每个代表的代表权数)。

(5)业主代表候选人产生办法中公布的提名截止时间,主要是因为整个筹备换届工作有法定要求时限,因此筹备组与律师团队商定的对提名所做的阶段性工作时间节点安排,而不是法律上强制规定的除权时间。

作为律师团队,我们“希望××花园成为标杆式的和谐家园”初心不改,因此,我们期待着各位业主代表候选人积极自荐成为业主委员会委员候选人,期待着各位理性发言讨论,期待着所有业主代表候选人汇总能拿到“双三分之二”的授权票。如果这样,我们就可以理直气壮地说——我们业主代表会议具有代表的广泛性,不会辜负小区大多数业主的信任与重托!谢谢!(×××业主委员会律师团队)

各位业主代表候选人：

大家晚上好！

今天晚上大家在群里讨论很热烈，这是好事，说明大家对××花园的事情很热心，很认真！经过这样的坦率交流，作为邻居，彼此也更熟络起来。

有关业主授权业主代表期限的问题，大家尽量理性地看待。

授权期限长，好处在于：业主代表会议就是名副其实的代表机构，是受业主委托行使小区决策权的机构，今后小区重大事项的决策效率高，解决公共性的问题更容易一些。弊端在于：说服业主信任和授权给不太熟悉的业主代表候选人难度大。

一次授权的好处在于：容易说服业主签字授权。弊端在于：业主代表会议成立不起来，所谓的业主代表会议就是临时代行投票的过渡性组织，今后小区要解决一些重大事项不得不每次召开1600多户的业主大会，决策效率慢。每次召开业主大会组织成本高，最终也会分摊到每户业主。

本次设立了业主监督委员会，这是引导和说服业主的理由之一。业主代表候选人自身也是业主，对业主监督委员会也要有信心，同时鼓励各位参选业主委员会委员和监督委员会委员。

为了解决业主的顾虑，考虑到已经有一些楼栋摸排结果显示，可以拿到相当数量的长期授权，因此，建议在原来的(1)长期授权+个别书面撤回；(2)承诺亲自投票两种模式基础上，增加第三种模式，即(3)一次授权+承诺今后亲自投票。模板附后。

虽然我个人没有居住在××花园，但我们团队真诚地希望××花园能成为一个和谐家园的标杆，今后的业主代表大会能成立起来，而且还能够高效运行，业主委员会和监督委员会能够有所作为。

据我所知，附近的××湖滨、××园、总部经济园都是采取的(1)长期授权+书面撤回；(2)承诺亲自投票两种模式，当然，每个小区有每个小区的特点，××花园也需要自己的治理模式和特色。

作为顾问机构，我们认为，有必要把我们所知所想与各位分享，供各位参考。谢谢！（×××业主委员会律师团队）

第二十九章　选聘（更换）物业企业的流程与实用文书

服务质量高的物业服务企业让小区生活舒适惬意，而服务质量不佳的物业服务企业只会给小区添堵，业主、业委会很多时候难以直接辨别好坏，但是业主的利益永远是第一位的。因此，在小区之中更换物业是常有的事情，本章将带来选聘（更换）物业企业的流程与实用文书。

第一节　选聘（更换）物业企业的基本流程

选聘流程：

第一步，召开业主大会去表决：(1)是否解聘/不再续聘原物业。(2)是否启动物业选聘流程。

第二步，根据业主大会的表决结果，由业委会草拟物业企业选聘方案，物业选聘方案一般包括物业选聘主体，物业服务企业的基本要求，信用、业绩要求等，物业服务标准、物业服务内容、物业收费方案，候选服务企业产生办法等。业委会草拟后，在物业管理区域进行公示，公开征求业主意见，征求的时间一般为 7 ~ 15 天。

第三步，若选聘方案业主无异议则根据选聘方案制定选聘文件，这个可以委托第三方来做，选聘文件一般包含《竞聘公告》《竞聘须知》《竞聘文件编制要求》等内容。

这个过程中大部分小区也会单独成立选聘小组，选聘小组组成一般包含业委会委员、业主代表、社区代表、律师等。成立选聘小组的目的是可以适当地规避物业服务企业选哪家仅由业委会说了算。

第四步,制定选聘标准、评标办法,成立评标小组。评标小组由业委会委员×人(业委会内部推选产生)、业主代表×人组成评标小组。业主代表由业主在规定时间内报名产生。

第五步,发布竞聘公告。通过小区公告、登报和网络等方式向社会公开发布竞聘公告,内容主要是拟定竞选单位条件、报名截止日期、报送竞选文件截止日期、联系地址、电话等。

第六步,组织物业服务企业报名。这个可以委托第三方负责代为报名、代为登报、代为发布、代为组织评标、代为评分统计,代为出中标通知书;同时可向当前的物业公司发送终止物业服务函;报名阶段即可要求物业服务企业缴纳保证金。

第七步,开标与标书评阅(初评)。在规定的时间、地点收取标书后,在规定的时间、地点开标。参加人员为评标小组,启封竞聘文件,并唱读其报价,开标后应将竞聘文件书发给评标成员,由各成员独立详细阅读、审查竞聘文件,就竞聘文件给出评分。此阶段将物业服务企业筛选3~4家。

第八步,评标定标(二评)。阅标后召开答辩会,按抽签顺序,各竞聘单位负责人(一般为授权代表人及拟派驻本小区的项目经理)参加答辩。就公司介绍及选聘小组成员提出的问题予以解答,选聘评标小组成员评分汇总后按定标原则与办法确定两家物业服务企业为候选单位(如出现第二名与第三名排名一致时,则由评标小组对两家同名次物业企业再行评定,得分高者为第二名)。

第九步,出具评标结果,选出两家候选单位。采用实地调查的方式推选出一家或两家企业供大会表决。

第十步,业主大会表决。组织召开业主大会,以书面表决形式,从两家候选单位中选出一家,经“双三分之二”参与,“双过半”通过为最终中标物业服务企业。

第十一步,公布表决结果。根据业主大会书面表决结果,宣布中标企业,并向中标企业发出中标通知书。

第十二步,签订物业服务合同。公示物业服务合同内容,业委会与物业服务企业签订本小区物业服务合同,安排好物业做好承收查验工作。

以上是小区更换物业的完整流程,整个周期预计需要 2~3 个月。

第二节　选聘(更换)物业企业的实用文书

一、××小区召开小区业主(代表)大会的通知

××小区全体业主:

××小区业主(代表)大会将于____月____日____时在______________(地点)召开,此次业主(代表)大会会议采取集中投票为主、电话沟通 + 短信(微信)为辅的形式进行。

此次会议将对①解除小区前期物业服务合同;②启动小区物业选聘流程等事项表决投票。

请广大业主代表及承诺亲自到场参加投票的业主积极参加会议,根据本人的真实意思表示填写选票。

××小区业委会

2022 年××月××日

二、关于××小区启动物业服务企业选聘流程的公告

××小区全体业主:

依据 202×年××月××日召开的园区业主大会的决议,本小区将启动物业服务企业选聘流程,现将小区物业服务企业选聘实施方案公布如下:

××小区物业服务企业选聘实施方案

根据《××小区业主大会议事规则》《××小区管理规约》的规定,制定本办法。

一、选聘/招标工作实施主体

1. 物业服务企业的选聘/招标工作,主体资格归属于业主大会。具体工作事宜由业主大会授权小区业主委员会牵头的物业选聘/招标工作小组实施。

2. 物业选聘/招标工作小组成员共 9 人,其中业主委员会成员 3 人,业主楼栋代表成员 2 人,普通业主成员 2 人,律师团队成员 2 人。(具体名单详见附件)其中有物业管理方面从业经验的人员优先选择。

二、选聘/招标工作总安排

1. 经过业主委员会广泛征求业主意见,并与现任物业的友好协商,拟终止与××物业服务集团有限公司的前期物业服务协议。

2. 竞聘/投标流程

业主大会决定采取公开竞聘/投标方式,业主大会授权业主委员会组织物业竞聘/投标。参与竞聘/投标的物业服务企业需经过①报名并提交书面竞聘/投标文件;②资格审查与竞聘/投标文件初审;③服务楼盘考察;④现场交流与答辩;⑤物业选聘/招标工作小组讨论初定;⑥合同谈判预签及业主大会表决等竞聘/投标程序。

3. 物业服务企业候选人确定过程

资格预审和竞聘/投标文件初审后,初选不少于 4 家符合条件的物业服务企业参与到后续的竞聘/投标阶段;服务楼盘考察后,确定不少于 3 家物业服务企业参与后续竞聘/投标程序;现场交流与答辩以后,确定不少于两家物业服务企业参与后续竞聘/投标程序并与之预签物业服务合同;物业选聘/招标工作小组讨论初定 1 家物业服务企业,交付业主大会表决通过后预签合同生效。如果符合条件的报名物业服务企业少于 3 家,物业选聘/招标工作小组根据本选聘/招标方案、竞聘/投标公告和竞聘/投标文件与符合条件的报名企业通过竞争性谈判初定物业服务企业候选人。

4. 业主大会表决

小区业主委员会物业选聘/招标工作小组按照竞聘/投标文件规定的竞聘/投标标准和评审方法,最终推荐 1 家合格的竞聘/投标单位作为小区物业服务企业候选人。候选人与预签合同文本一并交付业主大会表决。

5. 签约与交接

业主委员会与业主大会表决通过的物业服务企业签订物业服务合同，并按规定公布。业主委员会负责协调新、老物业交接。

三、参与公开竞聘/投标的企业资格要求

(1)依法注册登记、具有独立法人资格，并有一级物业服务企业资质；

(2)从事物业管理3年以上；

(3)具有经营管理住宅物业累计建筑面积15万平方米以上并且有单项建筑面积3万以上平方米高层综合住宅小区(包括会所、住宅、商铺等)的管理经验，享有较高的信誉；

(4)拟担任小区物业经理须具有2年以上管理类似综合住宅小区的经验和能力，熟练使用计算机进行管理，无不良执业记录，持有小区经理上岗证书，具有大专以上学历或者中级以上技术职称。

四、本小区对物业服务收费标准

本小区当前所有建筑物都为高层住宅统一收费标准(包括商铺)不得高于××元每平方米，地下停车场车位管理费不得高于××元每月，能耗费另算，投标者自行定价。

五、物业服务合同期限

拟定为3年，2021年××月1日至2024年××月30日，具体以交接为准。

六、竞聘/投标技术方案要求

1. 物业服务费的结算方式为包干____制结算。专项维修基金使用依法审批，按实结算。

2. 竞聘/投标企业应该在竞聘/投标技术方案中具体确定综合管理服务、公共区域秩序维护服务、公共区域的清洁卫生服务、公共区域绿化日常养护、共用部位、共用设备设施日常运行、保养、维修服务等涉及项目的服务承诺和服务方案。明确提出本企业对物业服务质量的监管办法以及业主、业主委员会对物业服务质量监督管理办法。除了日常的物业服务，另外需要包含的服务项目：

①外墙清洗(包含玻璃清洗)每年1次；

②快递驿站(包括为有需求的业主送上门)；

③泳池的日常维护(全年维护)、运营(3个月左右,包括××豚计划);

④每个管家匹配户数小于150户(南、北会所配接待,端茶送水);

⑤童年学堂专人运营。

3. 竞聘/投标技术方案应当包含小区物业管理处岗位设置、服务人员编制数量、年龄结构以及工资福利标准方案。

4. 竞聘/投标技术方案中应当明确相关违约责任,履约保证金金额(不低于××万元)和违约扣除办法。

七、本物业选聘/招标方案的实施

本选聘/招标办理办法经向全体业主公示后,授权业主委员会组织物业选聘/招标工作小组实施。

附件:1.《××小区物业服务企业选聘/招标工作小组成员》

乐清市××街道××业主委员会

2021年××月××日

三、关于选聘物业服务企业的公告

××小区坐落于乐清市,建筑面积×××平方米。其中,住宅×××平方米(×××套)、非住宅(商铺××套)×××平方米、物业用房及配套×××平方米、架空层面积×××平方米。

经小区业主大会投票决定,小区已与××物业服务有限公司解除了前期物业服务合同。现为进一步加强小区建设,提升小区服务和管理水平,决定启动公开新聘物业服务企业程序。

报名时间:即日起至2021年××月××日×时止。

联系人:

详情请见本物业管理区域南、北会所宣传栏,或向联系人索取相关信息。

××业主委员会

2021年××月××日

四、××小区物业企业竞聘初选合格名单

公　示

根据《××小区物业服务企业选聘/招标实施方案》《××小区业主大会议事规则》《××小区管理规约》的规定，物业选聘小组对报名竞聘的各物业服务企业进行了初步筛选。以下企业符合小组研究制定的初选标准进入到物业选聘的第二阶段（按公司名称拼音首字母顺序排列）：

◎××服务集团有限公司温州分公司

◎××物业管理有限公司

◎××物业管理有限公司

◎温州×××物业管理有限公司

公示期：202×年××月××日至202×年××月××日止。

如对以上公示企业有更多的信息，请在公示期内通过拨打电话或向业主委员会提交书面意见的方式进行反馈。

××小区业主委员会

202×年××月××日

附件：初选标准

1. 满足要求：商务技术标或服务方案中承诺做到《实施方案》中的全部基本要求与额外要求，视为合格。

2. 禁止挂靠：挂靠企业全部不予考虑，认定为不合格。

3. 企业实力：投标企业本身或其××、控股股东实缴资本不低于2000万元。

4. 本土经验：要在浙江地区有10万平方米以上高端楼盘的物业服务经验。

5. 态度认真：区域副总及以上职级对接负责本小区物业服务运营，消息直

达,认定为合格。

6. 核证合规:需要企业营业执照复印件并加盖公章,备案时出示原件核实。各部门证件齐全,尤其是消控证需要复印件核查。

五、××小区物业企业竞聘答辩阶段入围

公　示

根据《××小区物业服务企业选聘/招标实施方案》《××小区业主大会议事规则》《××小区管理规约》的规定,物业选聘小组利用假期时间,组织了针对进入物业选聘第二阶段的物业服务企业的实地考察。综合小区环境、物业服务、服务年限等多方面因素,决定由以下公司进入物业选聘答辩阶段(按公司名称拼音首字母顺序排列):

◎××物业服务集团有限公司温州分公司

◎上海××物业管理有限公司

◎温州××物业管理有限公司

公示期:2021年××月××日至2021年××月××日止。

如对以上公示企业有更多的信息,请在公示期内通过拨打电话或向业主委员会提交书面意见的方式进行反馈。

××小区业主委员会

2021年××月××日

六、××小区公示拟交付表决物业服务企业及召开小区业主(代表)大会的通知

××全体业主:

根据《××小区物业服务企业选聘/招标实施方案》《××小区业主(代表)大会议事规则》《××小区管理规约》的规定,物业选聘小组于××月9日

×时在业主委员会会议室，组织了对竞聘物业服务企业的入场答辩。综合三家竞聘物业服务企业在自我介绍、回答问题、补充交流三个环节的表现，经选聘小组无记名投票决定将以下两家公司作为拟交付表决物业服务企业（按公司名称拼音首字母顺序排列）：

◎××物业服务有限公司

◎温州××物业管理有限公司

××小区业主（代表）大会将于10月__日__时在__________（地点）__召开，此次业主（代表）大会会议采取集中投票为主、电话沟通+短信（微信）为辅的形式进行。

此次会议将对确定小区后期物业服务企业等事项表决投票。

请广大业主代表及承诺亲自到场参加投票的业主积极参加会议，根据本人的真实意思表示填写选票。

××小区业主委员会

2021年××月××日

有关业主大会决议如何作出、如何公告请参考本书其他章节的有关内容，本章内容不再赘述。

第三十章　业委会日常管理制度

没有业委会的小区业主都在呼唤业委会来让业主真正当家作主，但是又有很多小区业主状告业委会滥用职权。一个好的业委会是需要制度管理和约束的。本章给大家带来的是业委会的日常管理制度。

第一节　业主委员会工作档案管理制度

第一条　业主委员会应根据国家、浙江省以及温州市《物业管理条例》等相关规定和××××花园小区业主大会议事规则的规定，建立物业管理工作档案资料，并指定一名委员或聘请的专职秘书负责保管。

第二条　工作档案资料一般包括以下内容：

（一）物业管理区域划分资料；

（二）房屋及建筑物面积清册；

（三）建筑规划总平面图；

（四）共用设施设备的交接资料；

（五）物业管理用房配置确认资料；

（六）会议的音像与录音资料；

（七）业主大会、业主委员会的会议记录和决定；

（八）业主大会、业主委员会印章使用登记簿；

（九）业主大会、业主委员会公示情况的照片资料等证明材料；

（十）业主大会议事规则、管理规约和物业服务合同；

（十一）历届业主委员会选举及备案、交接等资料；

（十二）业主及业主代表的名册；

（十三）业主意见建议登记簿；

（十四）有关业务往来文件；

（十五）物业专项维修资金筹集及使用账目；

（十六）利用物业经营用房以及共用部位、设施设备经营的合同、协议；物业经营性收支相关账目、材料；

（十七）业主大会、业主委员会运作经费收支情况账目；

（十八）其他涉及物业管理工作的有关档案资料。

第三条 档案资料管理人员应对档案资料编号造册，做好档案资料收集、整理、归档等工作。

第四条 业主委员会委员在工作当中收到的各类文件资料，应及时移交档案资料管理人员存档。

第五条 业主委员会应建立档案资料查阅登记制度，登记簿由档案资料管理人员负责保管，登记内容一般包括查阅日期、查阅事由、查阅内容（事项）、查阅人、审批人等。

第六条 外借档案资料需借阅人书面申请，并经业主委员会主任或副主任签字同意。

第七条 业主可以查阅与自身直接相关的档案资料，业主委员会应及时予以答复。

第八条 档案资料管理人员因辞职或委员资格终止等原因不再保管档案的，应当在3日内将所保管的档案资料移交给业主委员会指定的档案资料管理人员，并填写移交清单。

第九条 业主委员会任期届满的，应在10日内向新一届业主委员会完成档案资料移交工作，并填写移交清单。

业主委员会集体辞职、任期届满仍未选举产生新一届业主委员会或委员人数不足1/2的，原业主委员会应在10日内将其保管的档案资料移交社区暂时保管，并填写移交清单，待新一届业主委员会产生后，由社区与其进行移交。

本工作档案管理制度须经过业主委员会会议按议事规则制度表决通过之

后实施。

××花园业主委员会
签发人：
日期：　　年　月　日

第二节　业主委员会财务管理制度

第一条　业主委员会应在银行仅开设一个账户，不得多头开户，也不得以其他组织或个人名义开户。

第二条　财务管理人员可以由具备财务专业知识的业主委员会委员担任，也可以聘请专业的财务人员或委托专业机构代理记账。出纳与会计不得由一人同时兼任，业主委员会主任不得担任财务管理人员。财务管理人员离任或不能履职时，应与接管人员办妥交接手续后方可离任。

第三条　出纳应及时登记现金和银行存款日记账，并保管好财务印章（包括主任私章、发票专用章）、相关票据等。月末应进行现金盘点并核对现金日记账，同时与银行核对存款余额。发现不一致的，应查明原因；有未达账项的，要编制银行存款余额调节表，做到账实相符，并及时向会计报送结报单及银行存款对账单。

会计负责管理日常收支核算，及时编制财务报表，保管财务专用章和账目档案，做到会计信息真实、完整、准确。

第四条　严格实行现金备用金制度，库存现金限额一般在____元以内，超过限额应及时存入开户银行。银行结算起点以上的支付，一般要求用支票付款。基本建设项目工程款一律以转账支票付款，禁止用现金支付工程款。严格遵守财经纪律，各项收入要及时入账。不得挪用公款，不得公款私存，不得设账外账以及“小金库”。

第五条　业主委员会所有支出，均应取得真实、合法、有效的原始凭证，须写明用途并由经办人、审核人签字，做到手续齐全。大额资金的支出应遵循管理规约或有关会议决定等，报销时应附相关会议纪要等证明资料。对违反规定的开支，财务人员应拒绝给予报销。

业主委员会委员因工作需预领支票、备用金的，应办理支票预领手续，由业主委员会主任审批。工作结束后，应在一周内结清该笔领款项，不得借故拖欠占用。

第六条 业主委员会管理的资金一律不得外借，在经济往来中发生的应收款应及时收回。对于发生的应收款，每季度末由会计列出清单交予业主委员会，由业主委员会明确专人负责催收。业主大会、业主委员会不得向任何单位及个人借款或为第三方提供担保。

第七条 业主委员会应定期委托专业机构对各项收支情况进行审计。业主委员会任期届满或集体辞职，或业主委员会负责人离职的，应于届满或离职前开展任期内财务审计。相关审计结果须在物业管理区域内显著位置公布不少于15日，接受业主监督。

第八条 业主委员会任期届满的，应在10日内向新一届业主委员会完成财务档案和公章的移交工作，并填写移交清单。

业主委员会集体辞职、任期届满仍未选举产生新一届业主委员会或委员人数不足1/2的，原业主委员会应在10日内将其保管的财务档案和公章移交社区暂时保管，并填写移交清单，待新一届业主委员会产生后，由社区与其进行移交。

第九条 会计人员负责财务档案保管，对各类档案及时整理立卷，并按规定的保管年限统一管理。档案如需查阅、外借的，须严格履行登记手续，并及时归还。

本财务管理制度须经过业主委员会会议按议事规则制度表决通过之后实施。

××花园业主委员会

签发人：

日期：　　年　月　日

第三节　业主委员会重大事项党先议制度

第一条　业主委员会应在法律法规规定和业主大会授权的范围内规范议事,自觉接受党组织的领导,在街道社区指导监督下开展履职工作。

第二条　研究下列重大事项,应先召开业主委员会党组织或党员委员会议讨论,并邀请社区党支部派员列席,达成共识后再提交业主委员会会议或业主大会会议决定:

(一)制定或修改管理规约、业主大会议事规则;

(二)选举业主委员会或者更换业主委员会委员;

(三)制定物业服务内容、标准以及物业服务收费方案,调整物业服务费标准;

(四)选聘或解聘物业服务企业;

(五)筹集、使用物业专项维修资金;

(六)改建、重建建筑物及其附属设施,改变共有部分的用途;

(七)物业管理经营用房、共用部位、共用设施设备使用和经营方案及其收益的分配使用制度;

(八)动用__万元以上物业经营性收益或实施预算__万元以上的维修、更新、改造工程;

(九)物业管理区域内除公共道路以外道路设置临时停车位,制定车辆行驶、停放及收费等管理制度;

(十)应提交业主大会决定的其他重大事项。

第三条　业主委员会党支部会议坚持民主集中制原则,实行集体领导和个人分工相结合,凡属重大事项都要按照集体领导、民主集中、个别酝酿、会议决定的原则,由会议集体讨论决定。

第四条　任何个人或少数人无权决定重大事项。党员在集体讨论决定问题时,应畅所欲言,充分发表意见。党员个人对集体作出的决定有不同意见的,在坚决执行的前提下可以保留意见,并可以向上一级党组织报告,但不得随意对外散布不同意见。

第五条 党组织会议应由专人负责记录并保管,会议记录应做到规范、完整。经党组织研究决定后,应以党组织名义书面向业主委员会提出召开业主委员会会议或业主大会会议的建议,同时报社区党组织备案。

本重大事项党组织先议制度须经过业主委员会会议按议事规则制度表决通过之后实施。

××花园业主委员会
签发人:
日期: 年 月 日

第四节 业主委员会会议制度

第一条 业主委员会首次会议一般应当自业主委员会选举产生之日起7日内召开。

第二条 业主委员会会议分定期会议和临时会议。

定期会议按照业主大会议事规则规定的次数和时间召开,每年至少召开6次。

有下列情形之一的,业主委员会应当在7日内召开临时会议:

(一)经1/3以上业主委员会委员提议召开的;

(二)业主大会决定召开业主委员会会议的;

(三)业主委员会主任或党支部书记认为有必要召开的;

(四)街道、社区要求召开的。

第三条 业主委员会会议不得作出与物业管理无关的决定,不得从事与物业管理无关的活动。

第四条 业主委员会会议内容涉及物业管理活动重大事项的,应先召开业主委员会党组织会议或党员委员会议进行讨论,并邀请社区党组织派员列席,达成共识后再提交业主委员会会议决定。

第五条 业主委员会会议由主任负责召集和主持。主任因故不能召集和主持的,由副主任负责召集和主持。主任、副主任均因故不能召集和主持,或无正当理由拒不召集和主持的，可以由街道或社区指定一名委员召集和主持。

第六条 业主委员会会议召集人应提前7日将会议内容、议程及有关材料送达每位委员。

第七条 业主委员会会议的内容和议程应提前在本物业管理区域内公告并报告社区，并根据内容邀请社区、监督小组成员、热心业主列席，听取业主、非业主使用人和社区的意见建议。

第八条 业主委员会会议应有过半数的委员出席，作出的决定须经全体委员半数以上同意。

第九条 业主委员会委员因故不能参加会议的，应提前向会议召集人请假并说明原因，无故不参加会议的按照小区《议事规则》处理。

第十条 业主委员会委员不得委托代理人参加会议，候补委员可以列席会议，但不具有表决权。

第十一条 业主委员会会议内容须进行书面记录，由出席会议的委员签字并加盖业主委员会印章后存档。

第十二条 业主委员会会议形成的决定，将视会议内容决定是否公布。若决定公布则由业主委员会发布，决定作出之日起3日内在物业管理区域内向全体业主公告，并书面报告社区。

本会议制度须经过业主委员会会议按议事规则制度表决通过之后实施。

××花园业主委员会
签发人：
日期： 年 月 日

第五节 业主委员会事务公开制度

第一条 业主委员会应根据法律法规、政策规定和本小区管理规约、业主大会议事规则等规定，主动及时向业主公开有关信息和资料。

第二条 业主委员会应当主动向业主公布下列信息和资料：

（一）管理规约、业主大会议事规则；

（二）业主大会和业主委员会的决定；

（三）物业服务合同；

（四）物业管理经营用房和共用部位、设施设备经营出租的合同；

（五）物业经营性收益的收支及审计等情况；

（六）物业专项维修资金的筹集、使用情况；

（七）共用部位、设施设备的维修、更新、改造工程情况；

（八）业主大会和业主委员会运作经费的收支情况；

（九）业主委员会委员名单、职责分工；

（十）定期接待业主的时间、地点以及咨询投诉电话；

（十一）其他应当向业主公开的信息和资料。

第三条 公布内容涉及第二条第一、二、三、四、七、九项的，应当在审议通过、决定作出或合同签订等之日起3日内予以公布；公布内容涉及第二条第六项的，按维修资金管理的有关规定执行；公布内容涉及第二条第五、八项的，应当至少每半年公布一次收支情况，审计情况根据实际审计次数进行公布。

第四条 书面张贴公布地点一般为物业管理区域的出入口、宣传栏等不少于3处的显著位置公布。

第五条 重要资料或资料原件较少的，业主委员会可采用复印件加盖业主委员会印章的方式予以公布。

第六条 每届业主委员会都应对第二条所列内容进行公布，任期内相关信息和资料发生变化的，应重新公布。

第七条 业主对公布的信息和资料提出异议的，业主委员会应及时予以答复。

本事务公开制度须经过业主委员会会议按议事规则制度表决通过之后实施。

××花园业主委员会

签发人：

日期：　　年　月　日

第六节　业主委员会日常接待制度

第一条　业主委员会日常应通过现场接待、设立意见箱、网络载体、热线电话、上门走访等多种途径听取业主、非业主使用人的意见建议，接受咨询、监督和投诉。

第二条　业主委员会主任或副主任应每月定期现场接待业主、非业主使用人，地点一般为业主委员会办公场所或小区主出入口。

第三条　业主委员会意见箱一般设在业主委员会办公场所门口、主出入口保安室或小区公示栏等便于业主投放信件的位置。业主委员会每周收集一次意见。

第四条　业主委员会应向业主、非业主使用人公布热线电话，接受咨询和反映情况。

第五条　业主委员会委员每季度应安排一次上门走访，听取业主、非业主使用人的意见、建议和要求。

第六条　业主委员会应对日常收集到的业主、非业主使用人的意见、建议、投诉和要求等情况建立登记簿。登记簿内容一般应包括反映日期、反映人、反映内容、登记人、处理结果等。

第七条　业主委员会对收集到的意见、建议、投诉和要求，如不能当场或及时解答处理的，一般应在 15 日内给予答复处理，并在登记簿上进行记载。

第八条　对业主、非业主使用人提出的合理意见、建议，业主委员会应当认真研究讨论并积极吸收采纳。

本日常接待制度须经过业主委员会会议按议事规则制度表决通过之后实施。

××花园业主委员会

签发人：

日期：　　年　月　日

第七节　业主委员会物业经营性收益管理制度

第一条　业主委员会可以利用物业管理经营用房以及物业管理区域内的共用部位、共用设施设备进行经营。业主委员会可以自行经营管理，也可以根据管理规约或经业主大会同意，委托物业服务企业代为经营管理。委托物业服务企业代为经营管理的，业主委员会应当做好监督工作。

第二条　业主委员会自行经营管理的，在涉及合同洽谈时须有两名及以上委员参与，经业主委员会会议或业主大会讨论通过后，方可对外正式签订合同。委托物业服务企业代为经营管理的，物业服务企业应将洽谈结果与业主委员会商定后，方可对外正式签订合同。

第三条　经营所得扣除合理经营成本后，收益归全体业主所有。原则上物业经营性收益的50%以上应当用于物业共用部位、共用设施设备的维修、更新、改造或者补充物业专项维修资金，其余部分可用于业主大会、业主委员会的运作经费或补充物业服务费用不足，不得用于与物业管理活动无关的事项。

第四条　物业经营性收益由业主委员会自行管理的，应以业主委员会名义开设一个银行账户，不得以其他组织或个人名义开户。

第五条　业主对物业经营性收支情况提出异议的，业主委员会应当及时予以答复。业主对答复仍有异议并向属地街道、社区反映的，业主委员会应当接受并配合街道、社区的核查处理。

第六条　业主委员会应根据管理规约和财务管理制度规定，委托专业机构开展对经营性收支情况的定期审计、业主委员会负责人离任审计、业主委员会换届审计等。

委托物业服务企业代为经营管理的，业主委员会应定期对物业经营性收支情况进行监督检查，并定期委托专业机构进行审计。物业服务企业因服务期限届满等原因不再经营管理的，业主委员会应当提前委托专业机构进行审计。

相关审计结果应在物业管理区域内的公告栏、每幢房屋门栋公告不少于15 日。

本物业经营性收益管理制度须经过业主委员会会议按议事规则制度表决通过之后实施。

××花园业主委员会

签发人：

日期：　　年　月　日

第八节　业主大会、业主委员会运作经费管理制度

第一条　业主大会、业主委员会的运作经费由全体业主共同承担，可以在物业经营性收益中列支，具体额度、标准由管理规约、业主大会议事规则规定或业主大会决定。

第二条　业主委员会应及时掌握运作经费来源和使用情况，既要保障正常工作需要，又要公开透明，节约开支。

第三条　运作经费主要包括以下开支：

（一）业主大会、业主委员会会议经费，包括会议场地租用，会议材料印刷、邮寄，通讯联络，聘请会务人员等费用；

（二）业主委员会日常办公所需经费，包括办公家具、电脑网络设备、文具、日常接待等费用；

（三）组织业主开展各类活动所需经费，包括社区生活、民俗活动、文体活动等费用；

（四）聘请工作人员经费，包括财务人员、专职秘书等；

（五）业主委员会委员履职工作补贴，包括交通费、通讯费、误工费、误餐费以及相关劳务费用等；

（六）管理规约、业主大会议事规则规定的其他从运作经费列支或经业主大会同意列支的费用。

第四条　运作经费应单独设立财务科目，实行业主委员会主任审批负责制，经费使用须经业主委员会主任审批同意方可支取，相关的开支凭证须由经办人、审核人签字。

第五条 业主委员会委员履职工作补贴的具体标准，根据经营性收益情况以及委员工作分工和履职情况，由业主大会议事规则规定或业主大会决定。

第六条 业主委员会聘请财务人员、专职秘书等工作人员的经费标准，应根据其工作内容和市场行情由业主委员会会议或业主大会讨论决定。

第七条 因会议次数增多、人员经费标准调整等原因，运作经费预计超出管理规约、业主大会议事规则规定的额度的，业主委员会应根据实际情况提前召开业主委员会会议讨论增加预算额度后，再提交业主大会会议决定。

第八条 业主委员会应当在每年定期公布上一年度运作经费的收支情况，接受业主的查询和监督，并报社区备案存档。运作经费收支情况应在物业管理区域内的公告栏、每幢房屋门栋公告不少于15日。

本运作经费管理制度须经过业主委员会会议按议事规则制度表决通过之后实施。

××花园业主委员会

签发人：

日期：　　年　月　日

第九节 业主委员会及其成员工作职责

第一条 业主委员会是业主大会的执行机构，主要履行以下职责：

（一）执行业主大会的决定和决议；

（二）召集业主大会会议，报告物业管理实施情况；

（三）拟定选聘物业服务企业的方案并报业主大会决定；

（四）拟定物业服务合同的内容；

（五）与业主大会选聘的物业服务企业签订物业服务合同，监督和协助物业服务企业履行物业服务合同；

（六）倡导业主文明居住，及时了解业主、非业主使用人的意见和建议；

（七）组织开展共用部位、共用设施设备的维修、更新、改造；

（八）拟定物业管理用房等物业共用部位、共用设施设备的使用和经营方案以及收益分配使用制度；

（九）组织和监督物业专项维修资金的筹集和使用；

（十）监督管理规约的实施；

（十一）督促业主交纳物业服务费及其他相关费用；

（十二）调解业主之间因物业使用、维护和管理产生的纠纷；

（十三）对侵害业主共同利益的行为依法向有关部门反映或提起诉讼；

（十四）积极配合有关部门和街道、社区做好涉及公共安全、环境整治、扫黑除恶等小区管理相关工作；

（十五）业主大会授权业主委员会决定或实施的其他事项。

第二条　业主委员会主任职责一般包括：

（一）主持业主委员会工作；

（二）负责召集主持业主大会会议和业主委员会会议，代表业主委员会向业主大会和街道、社区报告工作；

（三）代表业主委员会对外签订各类合同、协议等文件；

（四）代表业主委员会与物业服务企业、街道、社区及有关职能部门协调小区物业管理的相关事务工作；

（五）监督业主委员会其他委员履行工作职责；

（六）审核和签批业主委员会工作文件、财务收支等；

（七）拟定业主委员会内部工作制度、方案、计划等；

（八）根据业主大会或业主委员会会议决定应当履行的其他职责。

第三条　业主委员会副主任职责一般包括：

（一）协助主任做好业主委员会日常工作，根据主任委托授权代行主任有关职责；

（二）承担落实各自分工的专项工作；

（三）参与拟定制定业主委员会各项工作制度、方案计划等；

（四）密切联系业主、非业主使用人，广泛了解本小区物业管理动态和问题，及时向主任报告情况；

（五）根据业主大会或业主委员会会议决定应当履行的其他职责。

第四条　业主委员会其他委员职责一般包括：

(一)参加业主委员会会议及各项活动,参与业主委员会各项事务的决策;

(二)承担落实各自分工的专项工作;

(三)参与拟定制定业主委员会各项工作制度、方案计划等;

(四)密切联系业主、非业主使用人,广泛了解本小区物业管理动态和问题,及时向主任和副主任报告情况;

(五)业主大会或业主委员会会议决定应当履行的其他职责。

第五条 业主委员会应明确各委员的职责分工,各委员工作中应相互配合、互相监督,具体职责分工由业主委员会会议确定,并于确定后3日内,在物业管理区内向全体业主公告,同时报社区备案。

本职责制度须经过业主委员会会议按议事规则制度表决通过之后实施。

××花园业主委员会

签发人:

日期:　　年　月　日

第十节　业主委员会印章管理制度

第一条 业主委员会应根据乐清市××街道出具的业委会备案证明刻制业主委员会印章。

第二条 业主大会印章用于业主大会议事规则规定或业主大会会议决定的事项。业主委员会印章用于业主委员会会议决定的事项,并由半数以上委员签字同意后使用。

第三条 业主委员会应指定由主任以外的其他委员或聘请的专职秘书负责保管印章。

第四条 业主委员会应建立印章使用登记制度,登记簿由印章保管人负责保管,登记内容一般包括用印日期、用印事由、用印数量、用印人(经办人)、用印审批人、盖章人等。

第五条 印章保管人因辞职或委员资格终止等原因不再保管印章的,应当在3日内将印章、用印登记簿和其他相关材料一并移交给业主委员会指定的保管人员，并填写移交清单。

第六条　业主委员会任期届满的，应在10日内向新一届业主委员会完成印章、用印登记簿和其他相关材料的移交工作，并填写移交清单。

业主委员会集体辞职、任期届满仍未选举产生新一届业主委员会或委员人数不足1/2的，原业主委员会应在10日内将其保管的印章、用印登记簿和其他相关材料移交社区暂时保管，并填写移交清单，待新一届业主委员会产生后，由社区与其进行移交。

第七条　印章遗失的，保管人应及时报告业主委员会主任。业主委员会应当及时向全体业主公告，书面报告街道、社区，通知物业服务企业、开户银行等相关单位，并按规定重新刻制印章。

第八条　业主委员会主任应每月检查印章使用登记情况及相关材料，确保印章使用符合相关规定和程序。

本印章管理制度须经过业主委员会会议按议事规则制度表决通过之后实施。

××花园业主委员会

签发人：

日期：　　年　月　日

第十一节　业主委员会委员值班制度

为保障××花园业主在小区日常管理中投诉和建议的权利，规范业主委员会受理及处理的方式，保证小区日常管理事务能及时解决，特制定本业主委员会值班制度。

一、值班安排

1. 业委会实行每日值班制度，每日（法定休假日也需要）由一名业主委员会委员值班，值班人员应按时到岗，处理业主委员会日常事务，倾听业主的建议、意见或投诉，填写值班记录表并向业主委员会反馈。

值班电话：

2. 工作日值班时间:8:30 至 17:00;双休日、节假日值班时间为当日 9:00 至 18:00。

3. 值班地点:值班人员在物业二楼业主委员会办公室值班。

一个值班周期为 30 天,每位业主委员会委员在一个周期内应至少值班 1 日。业主委员会应在每个周期开始 3 日前发布新周期值班表。

二、投诉和建议受理、处理原则

(一)涉及受聘物业公司履行合同不到位的问题,由业主委员会书面转交物业公司处理,要求物业公司整改并加强监督。

(二)涉及业主或非业主违反《议事规则》《管理规约》的问题,由业主委员会依照相关规定进行处理。

(三)涉及业主共同利益的重大事项,经业主委员会研究决定后召开业主大会表决决定。

(四)涉及业主委员会自身存在的问题,由业主委员会研究改进解决。

(五)不属于业主大会、业主委员会职责范围内管辖的问题,告知业主通过其他渠道反映解决。

(六)业主委员会专门设置业主意见登记簿,登记簿内容包括反映日期、反映人、反映内容、登记人、处理结果等。由接待人员进行书面记录和登记。能够当即回复的问题,当即回复;不能当即回复的问题,在 10 日内以微信、短信等形式回复,并在登记簿上进行详细记录。

三、换岗

业主委员会委员允许交换值班时间或临时代替值班,但应当及时向业主委员会备案并保障在值班时间内有人在岗。若出现业主委员会无人值班的状况,根据备案情况追究对应业主委员会委员的责任。

四、惩罚制度

1. 未坚守岗位,导致值班期间出现空岗、脱岗或缺岗情况超过一小时的,视为业主委员会委员本日未值班。

2. 未执行值班登记制度,漏填、毁坏、涂抹、删改《值班日志》的,视为业主委员会委员本日未值班。

3. 业主委员会委员的值班天数将作为业主委员会年度奖金分配的重要依

据。业主委员会委员每年值班天数不超过 12 天的，取消业主委员会年度奖金分配资格。

××花园业主委员会

签发人：

日期：　　年　月　日

××花园业主委员会委员值班登记表

值班日期：　　年　　月　　日

<table>
<tr><td rowspan="4">值班人员
登记</td><td colspan="2">姓名</td><td colspan="4">签到时间</td><td colspan="2">签退时间</td></tr>
<tr><td colspan="2"></td><td colspan="4"></td><td colspan="2"></td></tr>
<tr><td>是否换岗</td><td colspan="3"></td><td colspan="3">联系电话</td><td></td></tr>
<tr><td>业主委员会
内部职务</td><td colspan="2"></td><td colspan="2">备注</td><td colspan="3"></td></tr>
<tr><td>早上值班
情况记录</td><td colspan="8"></td></tr>
<tr><td>下午值班
情况记录</td><td colspan="8"></td></tr>
<tr><td>尚未解决
的问题</td><td colspan="8"></td></tr>
</table>

第三十一章　物业服务满意度评价实务

前面我们提到了如何更换服务质量差的物业，现在就需要甄别物业服务的质量好坏。众口难调，个别业主的意见不能决定集体的意志，针对小区全体业主开展的满意度调查是最直观展现物业服务质量的行为。

物业满意度调查的基本步骤分为：

第一步：确定调查内容

业主满意度调查应涉及物业服务的各个方面。

第二步：发布调查通知

为了使业主对调查工作提前做好准备，物业经理应在调查工作之前发布调查通知，可张贴在小区公告栏中。

第三步：设计调查问卷

第四步：发放和收集问卷

第五步：问卷复核

第六步：数据处理

第七步：结果分析并形成初步的调查报告

第一节　关于开展××物业2022年度满意度调查的通知

尊敬的业主，您好！

浙江××物业管理有限公司于2020年××月8日进入××小区为业主提供物业服务，至2022年××月7日即将合同期满。根据物业服务合同约定现开展年度业主满意度调查并将其作为是否续聘的重要依据。

满意度调查结果在 80 分（含 80 分）以上的合同自动续约；60 分（含 60 分）至 80 分需要整改，整改合格后续约；60 分以下自动解除合同。为了使调查活动顺利开展，现将有关事项通知如下：

一、调查方式。实行一户一票实名征求意见。采取上门投票和电话（短信、微信）咨询两种方式进行，以上门投票为主，对不在现场或其他原因不能现场投票的业主，通过电话或信息征询意见。为确保调查过程的真实性和统计结果的完整性，业主委员会委托浙江×××（乐清）律师事务所派工作人员全程参与监督调查过程并对投票结果进行统计。

二、调查时间。从 2022 年××月 16 日开始至 2022 年××月 15 日结束。

三、调查内容。业主对××物业一年来的服务项目满意度分别开展调查。每个项目分为四种意见，非常满意（100 分），满意（80 分），基本满意（60 分），不满意（40 分），没有表达意见的视为弃权，所有项目的平均分为最终得分。

请广大业主积极配合调查，根据自己的意愿独立参与投票。为了能真实反映××物业的服务质量，请大家本着客观、公正、负责任的态度参与调查，反对刻意拔高或贬低对××物业的评价，同时为了不影响他人独立表达意见，请大家不要在物业服务群里展开讨论，更不能搞接龙、建群等方式干扰调查，否则业主委员会将按照《××业主大会议事规则》《××管理规约》的有关规定予以处理。

特此通知

××业主委员会

2022 年　月　日

物业服务满意度调查表

业主房号			企业/单位名称				
授权人姓名			职务		联系电话		
序号	测评要点			非常满意	满意	基本满意	不满意
1	××物业工作人员工作状态						
1.1	服务态度、工作效率			□	□	□	□
1.2	服务中心礼貌礼节、仪容仪表			□	□	□	□
1.3	服务需求处理的及时率及结果			□	□	□	□
1.4	意见建议投诉处理			□	□	□	□
2	保安服务						
2.1	秩序维护人员的礼节礼貌、仪容仪表			□	□	□	□
2.2	进出人员登记管理工作			□	□	□	□
2.3	需要秩序维护人员协助时,保安的到达效率			□	□	□	□
3	车辆管理服务(地下室服务2月28日截止)						
3.1	车流进出的秩序管理			□	□	□	□
3.2	车辆停放的秩序管理			□	□	□	□
4	工程维修维护服务						
4.1	维修人员仪容仪表			□	□	□	□
4.2	维修人员的服务态度及时性			□	□	□	□
4.3	供水、供电公用设备运行			□	□	□	□
4.4	电梯等公用部位维护			□	□	□	□
4.5	户内维修及时性和维修质量			□	□	□	□
5	环境管理						
5.1	保洁人员仪容仪表			□	□	□	□
5.2	保洁人员服务态度			□	□	□	□
5.3	公共区域环境卫生			□	□	□	□
5.4	公共区域树木、草坪养护效果			□	□	□	□
6	您对××物业的总体评价			□	□	□	□
7	您对物业服务项目机构的工作有何建议:(本项不计分) 请签名/日期:						

调查单位:浙江×××(乐清)律师事务所

调查人:　　　　　　　　　　　　日期:2022年　月　日

第二节　××物业2022年度业主满意度调查结果统计

××花园业主委员会：

根据《××花园小区物业服务合同》《××花园小区物业服务标准考核细则》《××物业服务质量监督及业主遵规守约考核办法》，小区业主委员会及××物业服务有限公司（以下简称××公司）共同委托×××（乐清）律师事务所监督2022年度小区业主对物业的满意度调查活动，在律所工作人员全程参与下，于2022年××月1日至××月31日通过上门和电话两种方式向业主征询意见并对数据进行统计。现将调查结果公示如下：

调查结束经统计，本小区业主总户数为1×××户，参与本次满意度调查的业主共1310户，参与率为××%。在参与调查的业主中，有82户业主弃权，发表意见的业主1228户，其中安全秩序服务：非常满意404票，满意529票，基本满意236票，不满意59票；保洁服务：非常满意402票，满意496票，基本满意271票，不满意59票；绿化养护服务（弃权1票）：非常满意375票，满意543票，基本满意244票，不满意65票；客服及其他服务（弃权2票）：非常满意437票，满意549票，基本满意210票，不满意30票。按照《关于开展对××物业满意度调查的通知》规定，非常满意为100分，满意为90分，基本满意为70分，不满意为50分，××物业2022年度最终得分为87.64分。

浙江×××（乐清）律师事务所

二〇二二年××月××日

第三节　小区治理中的物业企业满意度调查

随着中国的城镇化进程的不断加快，小区生活成为现代人的生活常态，与物业服务企业算是低头不见抬头见。好的物业服务企业为小区生活带来便利，但是也有一些“黑物业”给小区、业主们带来了巨大的伤害。评价一个物业是好是坏，外人显然无从置喙，只有住在其中的业主才有资格作出评价。小区业主在特定一段时间内集中对物业服务企业的各项服务内容做出评价，这就是我们本节讨论的主题——小区物业企业满意度调查。

一、物业满意度调查的主体

在谈论物业企业满意度调查的类型之前，我们首先要了解物业企业满意度调查中的四大主体——业主、业委会、物业服务企业和第三方见证人。

首先说业主，如同开篇提到的那样，业主（广义上的业主也包括其他物业使用人）是唯一有资格评价小区物业的主体。但是有资格不一定代表能做好，"甲之砒霜、乙之蜜糖"，业主们对于物业服务评价的标准不确定是物业服务满意度调查面临的重大问题之一，下文"如何进行物业企业满意度调查"将对此详细说明。

其次说业委会，业主大会不常开而业委会常在，业委会代表小区全体业主意志的属性决定了它与物业服务企业之间的关系必定是分分合合的。在小区的物业企业满意度调查中，业委会起到了"风向标"的作用。举办一次满意度调查即使有了业委会的支持尚且会遇到诸多麻烦，若无业委会的支持甚至遭到业委会的公开反对，显然这些调查更不会理想。

作为被评对象，物业服务企业势必会使出浑身解数来提高业主的满意度。有个玩笑话这般讲："小区最近地面很干净、保安天天冲你微笑打招呼。那肯定是要开展满意度调查了。"当然仅仅是这样也还算合理，一个物业服务企业能在一方立足自然在满意度调查上采用一些其他方式，对业主极为不利。

最后是第三方见证人，主要有三类：商业满意度调查公司、公证处、律师。一是商业满意度调查公司，这是最不被推荐的，商业这个词不管在哪个行业都意味着高价。对于小区满意度调查而言，杀鸡焉用宰牛刀。无论是业委会还是物业服务企业都不会愿意为此付出数万元乃至十几万元的价格，毕竟人家往往是给大型企业做产品满意度调查的。二是公证处，在以前公证处管理没有收紧之前，满意度调查委托公证处确实是不错的选择。如今公证处规则收紧，业务范围缩限严重，基本只有法律规定的事项才能找公证处。此外，公证处尤为擅长切割，免责条款较多，有时不一定能达到物业满意度调查的真实目的。三是律师，对于物业服务满意度调查而言，律师见证兼具性价比高和灵活的优点。

二、如何进行物业企业满意度调查

物业满意度调查依照时间的特定性可以分为:年度(半年度)满意度调查、月度满意度调查、日常检查。本节将以年度(半年度)满意度调查为例。

要成功举行一次物业满意度调查最重要的两个主体是物业服务企业和业委会。因为一次物业满意度调查的结果必须经由这两个主体确认有效、真实,并且联合发布公告,这才能让业主信服。任意一方尤其是物业服务企业擅自在小区内开展的小区物业服务满意度调查往往不能服众,因此在谋划的初期就必须是由双方共同参与。特别是有些小区已经在物业服务合同上说明"物业满意度评价的发起方为甲方业主委员会"。

物业满意度调查的调查对象是什么呢?可能大家的第一个反应就是老四样——保安、保洁、绿化、客服。这当然没错,这四项是小区物业服务的基础,没了它们就"缺胳膊少腿"了。但是物业服务与时俱进,这个问题的答案早已不在业委会手里,反而是物业公司早早地就"抢答"了。没错,物业满意度调查的调查对象就在物业服务合同中。物业服务企业在合同中做出的有关服务对象、服务内容、人员配比、资金投入等内容的一切承诺都可以成为物业满意度调查的调查对象。"承诺三年内建成示范小区""小区内建成四点半儿童学堂""管理泳池,每年至少开放三个月"……甚至包括保安、保洁的年龄,物业向小区的资金投入……只要合同上有,就能作为满意度调查的对象。

前文说到了业主们对于物业服务评价的标准不确定是物业服务满意度调查面临的重大问题之一,那是否意味着物业服务满意度调查就需要一套翔实落地的规则来减少这种状况呢?不一定,这得看业委会和物业服务企业想要通过物业服务满意度调查达到何种目的。一般而言越是详细的描述、越是细分的打分选项就越会让物业服务满意度调查的结果更加接近真实情况,更能反映出小区中物业服务企业的真实服务水平。反之,越模糊、模棱两可的标准则越会掩盖物业服务企业的真实水平。然而,太过详细的标准和调查占用业主大量的时间,业主容易不认真填写,就会出现极端选项——全打 100 分或者全打 0 分,一样不能反映真实的情况。此外,很多时候业主们并不一定需要一个完全真实的答案。一个新的物业和小区之间总是有磨合期的,新物业入驻小区第一年光是调查业主的需求、完全掌握小区的基础设施设备就需要3~5个月的时间,通常而言第一年度的物业评价不会太好,而满意度调查往往会和物业费的收取甚至物业服务企业的去留产生直接联系,这就非常考验标准制定者的智慧了。

有了标准和人员,下面就是执行。物业满意度调查就两种方式:电话调查和上门调查。当然现在也有微信调查,但是全小区的每一户都包含在内的实名微信群,其实并不容易建立,更不容易管理,只要亲身参与过就明白其中的成本远高于在需要的时候直接打个电话。在调查过程中最需要的就是第三方见证人员的监督——绝对不允许的三件事是:吹牛皮、苦肉计、扰作息。所谓吹牛皮就是给予业主不切实际的承诺,物业工作人员特别喜欢许诺一些根本做不到的事情,这也许和物业从业人员流动性大有关,只顾眼前不管未来,往往在未来造成更大的麻烦。第二个苦肉计,当物业服务处的小姑娘说:"哎呀,李先生你要是这边分太低我会被扣工资的、业绩很难看的、又要加班了……"业主往往就这么被忽悠过去了,这是把企业自身的风险转接到员工身上,是绝对不允许的。也有狠心的业主直接给了60分甚至更低,物业服务企业晚上十点多临睡前打电话来要求改分数,早上九点多忙工作时打电话来要求改分数,下午一点多休息时还来要求改分数,这种侵害业主权利的行为严重的话是可以起诉的,也是物业服务满意度调查中绝对需要禁止的事项。

三、物业企业满意度调查的作用

物业企业满意度调查的作用是什么?换句话说,为什么需要物业满意度调查?

对于物业服务企业而言,这是在小区扎根的根本。在小区中,物业服务企业做得再好也不可能满足全部业主的需求,两者甲方乙方的天然属性,意味着业主就是会对物业服务企业提出非议和刁难。在面对业主的不合理要求和指责时,物业满意度调查的结果是物业最好的傍身武器。"大家都说我做得好,这位业主请你找找自己的问题。"同时这也是物业能够开启自查的契机。当样本足够多时,问题总会暴露,物业服务企业借此可以找到自己的不足,查漏补缺。

对于业委会而言物业企业满意度调查是给全体业主的交代。业委会负有监督物业服务企业的职责,但是业委会是个兼职项目,绝大多数业委会成员是无法做到全身心投入其中的,这就要求有一个可以让全小区共同见证的项目,物业企业满意度调查就很合适。更不用说这个项目背后连接着物业服务企业的收费和去留,能够让业主们获得被服务、被尊重的感觉。

对于全体业主而言,如果想要更换物业服务企业,物业企业满意度调查是比业主大会更加便利可操作的事项。业主大会繁杂的启动流程和公告通知程序,往往会使业主们错过最为团结的时间,让“黑物业”像牛皮糖一样赖在小区,而物业企业满意度调查迅猛、方便,有组织力的小区 3 ~5 日就能走完整个流程。

物业企业满意度调查作为一个新兴事物势必会随着小区管理的不断深入变得越来越规范、复杂甚至可能会被立法规制。我们唯一要做的事情就是引导它成为小区生活的新工具、新助力。

第三十二章　物业费、公摊能耗、代收代支水费管理实务

一、缴费提醒

（房号：×××××）

尊敬的________先生/女士：

您好！浙江×××（乐清）律师事务所接受客户××物业服务有限公司（以下简称××公司）的委托，代为催收乐清××小区物业服务费、能耗费、水费。我是刚才与您通话的承办律师陈某，为避免疑义特向您发送短信予以书面确认和通知。

依据《物业服务合同》的约定以及××公司的统计数据，截至目前，您尚欠××公司××××年××月××日至××××年××月××日期间物业服务费、能耗费、水费合计2754元（如有异议请与××公司核对）。请您在收到本通知之日起7日内移步小区×幢1楼物业办公室当面缴纳前述费用，或通过扫描二维码、银行转账等方式线上缴纳前述费用。

若您逾期仍未缴纳的，将会继续产生违约金，同时本所可能会采取进一步的法律措施以维护我所客户合法权益，如诉讼、财产保全（包括但不限于查封银行、支付宝、微信账户等保全方式）等方式，请惠予理解和担待。

2022年××月××日

二、温馨提醒

亲爱的××××花园业主：

您好，感谢您在最近这段时间对业委会和新物业工作的大力支持与配合。

浙江××物业管理有限公司已于7月退出本小区，是时候告别过去的不愉快了。距离浙江××物业有限公司与小区业委会达成的物业费优惠缴纳期限还有一个月(28天)，在此业委会提醒：请拖欠浙江××物业管理有限公司物业服务费的业主尽快到××××花园物业服务处缴纳。

感谢您的理解与配合。

××××业委会

2021年9月8日

亲爱的××××花园业主：

浙江××物业管理有限公司已经退场。过去的三年里，虽然物业与小区摩擦不断，总归要好聚好散。请拖欠浙江××物业管理有限公司物业服务费的业主尽快到××××花园物业服务处缴纳。

感谢广大业主的积极配合。

××××业委会

2021年9月15日

××××花园业主：

距离浙江××物业有限公司与小区业委会达成的物业费优惠最后期限还有15天，请拖欠浙江××物业管理有限公司物业服务费的业主尽快到××××花园物业服务处缴纳。

××××业委会

2021年9月22日

×××业主：

据统计，您目前累计欠缴的浙江××物业管理有限公司物业服务费共______元，请在10月3日之前到××××花园物业服务处全额缴纳。

如若不然，浙江××物业管理有限公司有权对您采取包括诉讼在内一切合法途径催收物业服务费用，请您做好应诉准备。业委会将不会为您提供任何援助，并将被诉名单张贴于小区公告栏以儆效尤。

××××业委会

2021年××月××日

三、律　师　函

________（女士/先生）：

你好！浙江×××（乐清）律师事务所受客户××管理有限公司乐清分公司（以下简称××物业）的委托，就你拖欠物业费、能耗费等事宜，特致函如下：

你作为××××小区××幢××××室业主，根据××××小区业委会2017年3月24日与××物业签订的《×××××物业管理合同》约定，××物业已经为你提供物业服务。据我所初步核实，截至发函之日，你尚欠××物业2018年2月1日至2021年6月30日的物业费、能耗费等合计22,779元未交（具体金额以双方核对的数据为准）。

经前期电话与短信催收，你均以种种理由推诿拒付。

为维护委托人的合法权益，现正式致函于你，望你在收到此函后5个工作日内到××××物业服务中心××物业办公室付清欠费。逾期，我们将进一步采取诉讼、财产保全（含查封银行账户、支付宝、微信钱包等方式）等法律措施。届时，你不仅需要支付前述款项，还需依法承担违约金、保全费、诉讼费等，名利俱损，勿谓言之不预。

特此函告

浙江×××(乐清)律师事务所

________律师

________律师

联系电话:××××××

2022年××月××日

案　例　篇

——业委会运行典型案例

第三十三章　TR 物业管理公司与业主陈某羽、郑某/林某物业服务合同纠纷案

"纸上得来终觉浅,绝知此事要躬行。"律师催收物业费的具体流程到底是什么样的呢?让我们借由一个真实的案例,从头到尾地了解物业费催收工作。

××花园小区是乐清地标性小区之一,有面积大、入住率高、入住人群平均年龄大、社会身份复杂、交房时间早、基础设施老化严重等特征。对小区物业情况稍有了解的人就会明白,这样的小区物业企业是很难做的。老小区物业费基础提不上来,业主们有头有脸不好惹,设备自然老化每日修修补补却还是被投诉,业主投诉物业不作为拒交物业费……陷入死循环。2021 年 10 月,TR 物业从××花园退场后,小区业委会与物业企业经过多轮谈判仍未就 4 年多来业主欠付的物业费问题达成一致。凑巧的是,双方均找到了浙江×××(乐清)律师事务所寻求解决之道。×××社会治理团队本着服务为民、解决问题的态度开始了此次催收物业费项目的持久战。

本案分属为两起案件,但原告均为浙江省 TR 物业管理有限公司,分别为浙江省 TR 物业管理有限公司诉业主陈某羽、郑某案以及浙江省 TR 物业管理有限公司诉业主林某案,被告均为业主,原告诉求均为追讨物业费,被告申辩理由一致,具有较大相似性,故合并陈述。原告浙江省 TR 物业管理有限公司请求:(1)被告陈某羽、郑某立即支付原告物业费与公用水电费合计 18,463 元,被告林某立即支付原告物业费与公用水电费合计 29,878 元;(2)被告向原告支付违约金;(3)被告承担本案诉讼费用(含保全费和公告费)。被告陈某羽、林某作反对答辩。法院最终裁定原告胜诉。

一、双方当事人的基本情况

原告:浙江省 TR 物业管理有限公司。

被告:陈某羽,男,19××年3月1日出生,汉族,住浙江省乐清市××××,居民身份证号码××××。

被告:郑某,女,19××年6月28日出生,汉族,住北京市××××,居民身份证号码××××。陈某羽与郑某二人原系夫妻关系,分别为乐清××湖滨花园××幢1201室、1202室房屋所有权人,现仍共同使用××幢1201室、1202室。

被告:林某,男,19××年7月29日出生,汉族,住乐清市××××,居民身份证号码××××。

二、基本案情回顾

原告认为被告陈某羽、郑某的行为已严重损害了原告的合法权益。2017年3月24日,乐清市××湖滨花园业委会(甲方)与浙江省 TR 物业有限公司原告(乙方)签订《物业管理合同》,约定甲方将××湖滨花园委托给乙方实行统一、专业化物业管理。本合同委托管理期限为1年,自2017年4月1日起至2018年3月31日止,实际提供物业服务至2021年6月30日。物业合同签订后,原告依约为被告房屋所在小区提供了相应的物业服务,被告系该小区69幢1201室、1202室业主,未缴纳2017年4月1日至2021年6月30日期间的物业服务费、公用水电费合计18,463元(不含违约金)。原告于2022年2月28日向被告发书面催交短信,此后多次向被告催讨欠付款项,被告均不予理睬。原告因催讨无果,遂诉至法院,要求被告交纳2017年4月1日起至2021年6月30日间的物业费、公用水电费及滞纳金等。

被告认为,原告起诉状陈述与事实不符:(1)原告与业委会签订的是委托合同,原告在合同约定期限内,未履行合同约定,致使小区消防、绿化、设施设备、个人财产安全等管理服务水平与合同标准不一致,业委会多次要求整改,原告一直没有整改。(2)技术标里要求原告安排人数是81人,实际上人员未配齐,原告应提供81人的社保证据。(3)合同期内满意度调查未达成续约条件,业主意见未及时处理。(4)小区公用能耗、物业维修养护开支等费用从未公示过,公摊费用前应先扣除小区公共收入。(5)各业主没有违约。原告计算时间错误,起算时间为 2017 年 4 月合同签订时。(6)不认可原告违约金、滞纳金等请求。综上,要求减少合同期内物业费用、公用水电费用,要求原告出示审计财务报告后再另行支付。

三、具体流程及诉讼观点

(一)达成共识

退场物业的物业费难说是好收还是难收,好收是因为物业不用再和业主客气,电话、短信、律师函乃至委托诉讼都成了催收手段,比起求着业主交物业费,物业公司撤下面具做回自己,可谓底气十足。说退场物业费难收有各式各样的理由,其中一个非常关键的点在于业委会的反对。业委会是一个小区的风向标,业委会对退场物业的直接对抗很容易使得业主抱团,给物业费的催收造成诸多不便。业委会也会担心已经退场的物业为了收缴率而做出的事情给小区带来深远的影响。在律师的斡旋之下经多次三方谈判、双边谈话之后,物业方与业委会终于达成了共识:业委会支持物业公司向小区业主合理催讨物业费,但是有三个条件:不许打折催收物业费,引起业主内部矛盾;收来的物业费一部分打入小区对公账户成为业主共有资金,回馈业主;具体催收事务交由浙江×××(乐清)律师事务所执行。三方达成合意后在小区内张贴了关于催缴××花园物业费的通知,算是给物业费催收开了个好头。

(二)非诉讼催收

催收物业费确实是个辛苦活,小区共有几百户,总不能一上来就全部诉讼处理。就算律师有心思、有精力,为避免出现社会性新闻,也不宜这样做。于是诉讼前的非诉讼催收就成了不可或缺的一环。

500 余户欠费业主,光是一个个电话打下来就不是一个简单的事情,而律师做的也不仅仅是打电话而已。家家有本难念的经,家家不交物业费的理由也是千奇百怪。律师需要针对不同的原因,想好不同的沟通策略以及话术。

从与业主的沟通交流中筛选出可以继续沟通解决与沟通无效直接诉讼的。之后,就由律师汇集信息,进行核对之后启动诉讼。

关于缴纳拖欠××花园物业费的通知

尊敬的××花园业主:

由于××花园选聘了新的物业公司,TR 物业服务公司已于 2021 年 6 月 30 日终止了对××花园的服务。在 TR 物业服务期间,广大业主依据《物业服务合同》约定,主动缴纳了物业服务费用,使得 TR 物业能够持续提供物业服务,让小区所有业主得以享受安居环境,我们对已经主动缴费的业主表示深深的感谢。

自 TR 物业撤出××花园后,曾委托业委会协助催收物业服务费,TR 物业自愿将收取的物业费用按 25% 返还业委会用于小区公共设施建设,部分业主主动积极配合业委会收缴工作,缴纳了拖欠的物业服务费,既履行了缴纳物业费的应尽义务,也为小区建设做出了贡献,但遗憾的是——时至今日,仍有一些业主未能缴清物业服务费用。

TR 物业为了维护自身的合法权益,经与业委会协商,现已委托嘉瑞成律师团队通过法律途径催收业主欠缴的物业费、公摊费、二次水电费等费用。

为了尽可能不打扰各位业主的平静生活,维护全体业主的公共利益,特书面通知尚未缴清 TR 物业服务费用的业主,请您于本通知发布之日起 15 日内(××××年××月××日前)到小区物业服务处 TR 物业收费办公室缴清拖欠的物业费、二次水电费、公摊费等费用,联系人:________电话:__________。

若逾期未交且不能做出合理解释,嘉瑞成律师团队将根据 TR 物业的授权委托进一步采取法律手段,若因此给您造成不必要的信誉或信用损失,也请多担待!

希各知照,互相转告,积极行动,共创美好家园!

预祝全体业主春节快乐!阖家幸福!

浙江 TR 物业有限公司乐清分公司(盖章)

××花园业主委员会

（盖章）

浙江嘉瑞成（乐清）律师事务所

（盖章）

二〇二×年××月××日

（三）诉讼催收

诉讼催收物业费本身又分成两个部分，第一部分是抓典型，打样板。×××律师团队通过前期非诉讼阶段的筛选及调查，发现了部分在小区中欠费时间长、欠费金额高、态度恶劣的业主，将他们作为第一批诉讼的对象，以便形成有益效应。

在诉讼阶段，律师方面对业主的种种质疑提出了如下观点：

1. 被告关于原告未履行合同因而拒交物业费的主张与事实不符，缺乏法律依据。

依据《民事诉讼法》等的相关规定，当事人对自己提出的主张，有责任提供证据，否则承担不利后果。本案中，被告虽然主张原告未履行合同义务，但未能提供任何证据予以证明。即使被告主张的某个时间点存在某情况属实，并据此认为原告在物业服务中存在一定的瑕疵和不足，需要完善和改进，但是，物业服务合同作为履行期限较长的持续性合同，不应以某一特定时刻和特定地点存在些微瑕疵即全盘否定物业服务的全面性、客观性，而应从服务的整体质量进行综合考量。因此，被告主张的某个时间点存在某特定情况不足以证明原告履行物业服务存在根本违约，不足以证明个别瑕疵情形处于常态化，不宜就此认定原告服务不合格或未履行合同义务。

在目前证据尚不足以证明原告在提供物业服务过程中存在根本性违约行为的情况下，即使存在个别服务不到位或瑕疵，被告作为业主应经过业委会并通过合同约定或其他合法的方式主张权利，如按照《物业服务合同》约定可要求物业公司限期整改，而不能直接通过拒付物业服务费这一根本性违约的过激行为表示不满。况且，根据司法解释规定，只有在物业服务企业不履行或者不完全履行物业服务合同约定的或者法律、法规规定以及相关行业规范确定的维修、养护、管理和维护义务情况下，业主方可请求物业服务企业承担继续履行、采取补救措施或者赔偿损失等违约责任，并未赋予业主拒缴物业费的权利。

2. 事实上原告已经按约履行了服务义务，小区业主对于服务也是认可的。

其一，原告当庭提交的证据显示，原告一直在为提升小区品质而努力，而且根据《三方协议》显示，小区业委会也认可原告的服务期限及服务质量。

其二，小区大部分业主均已经足额缴纳了物业费及公共能耗费。原告此次就物业费催收事宜一共向乐清市人民法院提起 18 起诉讼，其中 13 户业主已经在开庭前与原告达成和解并足额支付物业费，另 1 户在第一次庭审后达成和解并足额支付了物业费，说明小区业主对于物业服务是认可的。

其三，法律赋予了业主依照法定程序共同决定解聘物业服务人、解除物业服务合同的权利，但本案中，原告自 2017 年入场一直服务至 2021 年 6 月 30 日，倘若确如被告所说没有任何服务或服务极差的话，业主大会早就选聘其他物业服务企业了，原告根本不可能有机会服务达 5 年之久。况且，根据建筑物区分所有权权利人行使权利的规则，包括被告在内的个别业主根本无权代表全体业主对原告的服务进行全盘否定。

3. 本案双方订立的物业服务合同是法定的典型合同之一，并非被告所认为的委托合同。

首先，根据《民法典》合同编显示，第二十三章是委托合同、第二十四章是物业服务合同，两合同类型是并列关系而非包含与被包含关系。况且，根据《民法典》第 919 条的规定，委托合同是委托人和受托人约定，由受托人处理委托人事务的合同，而《民法典》第 937 条规定，物业服务合同是物业服务人在物业服务区域内，为业主提供建筑物及其附属设施的维修养护、环境卫生和相关秩序的管理维护等物业服务，业主支付物业费的合同。显然存在明显差异。

其次，被告或者包括被告在内的个别业主无权单方面解除物业服务合同，选聘和解聘物业服务企业属于业主共同决定的重大事项，应当经过业主大会讨论、表决通过。即便是业委会，如果没有得到业主大会的授权，也无权通过所谓的公函、登报公示解除物业服务合同，更何况 4 户被告区区数人，单方面主张已解除物业服务合同，更是缺乏实体上和程序上的法律依据支持。

4. 关于物业服务合同到期后，物业服务企业是否应当立即撤场，以及实际提供了物业服务的，是否有权收取物业费的法律法规解读。

根据《民法典》第 948 条“物业服务期限届满后，业主没有依法作出续聘或者另聘物业服务人的决定，物业服务人继续提供物业服务的，原物业服务合同继续有效，但是服务期限为不定期。当事人可以随时解除不定期物业服务合同，但是应当提前六十日书面通知对方”，及第 950 条“物业服务合同终止后，在业主或者业主大会选聘的新物业服务人或者决定自行管理的业主接管之前，原物业服务人应当继续处理物业服务事项，并可以请求业主支付该期间的物业费”之规定，原告 TR 物业与 × × 湖滨业委会之间的物业服务合同于 2018 年 3 月到期以后，双方之间形成了不定期的物业服务合同关系，在 × × 湖滨业主大会（或者授权业委会）没有提前 60 天通知解除不定期物业服务合同，或者业主大会选聘的新物业服务人接管之前，原告 TR 应当继续处理物业服务事项，并可以请求业主支付该期间的物业费。换句话说，被告辩称一年的物业服务合同到期后，双方不再有物业服务关系，不用交物业费的说法，是与法律规定相悖的。

5. 关于被告主张物业费打折、减免的主张是否合法、合理的问题。

如果把全体业主都完全满意的物业服务定位为 100 分的话，TR 物业服务确实达不到 100 分，小区物业服务确实存在瑕疵，但瑕不掩瑜，总体服务质量得到了大多数业主的认可，1400 多户业主中，大约 1200 户主动缴纳物业费就能说明问题。《物业服务合同》中约定满意度评价在达到 90% 以上就自动续约，而不是约定满意度评价达到 100% 才可自动续约，也是考虑到了这个现实问题。众所周知，物业服务是一件众口难调的事情，青菜萝卜各有所爱，每个业主对物业服务的体验感也是有差异的，TR 物业愿意且乐意拿出 25% 返还给业委会并最终用于小区建设及品质的提升，也已经兼顾了这方面的因素，况且最终受益者仍然是包括被告在内的全体小区业主。因此，被告要求专门针对个别业主打折的说法于法无据，不合情理，对原告及其他业主均显失公平。

6. 关于 TR 物业为什么要将后期收取的物业费 25% 返还业委会的说明。

法庭调查阶段，原告向法庭提交了 TR 物业、× × 湖滨业委会、× × × 律所三方签订的物业费催收合作协议。

××湖滨小区原本是乐清最高端的小区之一,刚刚开盘的时候,很多想买房的人,不找关系都买不到房。可是,小区业主入住以后,××湖滨因为部分业主不交物业费,物业企业连生存都难以为继,工资差点儿发不出来,几次主动向主管部门申请撤场,因为没有业主大会的决定,没有新的物业公司接手,无法撤出。当时的第二届业委会因为委员辞职,无法召开业委会,社区组织换届,报名参加业委会的候选人只有6人,不够法定的11人。后来是城南街道办委托×××律师团队参与,与街道办、社区、筹备小组一道,历经艰难,方才成立由黄某某主任牵头的第三届业委会。今天,坐在被告席上的业主,振振有词地代表全体业主指责TR,可是,第二届业委会瘫痪,无人与物业企业对接时,这些业主在哪里?第三届业委会委员候选人报名的时候,这些业主又在哪里?享受了物业服务,需要交费时才开始主动代表全体业主说话。从三方合作协议的签署过程来看,在业主应当依据法律、依照合同缴纳物业费这件事情上,业主大会选出来的业委会和原告TR物业的观点是完全一致的,行动也是一致的。

为什么要定25%的返还比例?TR物业最初打算委托温州的律师通过诉讼催款,律师费提成比例为15%。后来,××湖滨新一届业委会、×××律师团队、TR物业三方反复磋商,考虑到新一届业委会希望有所作为,对主动积极缴纳物业费的业主应当奖励,对不诚信、无故拖欠物业费的业主有所惩戒;考虑到×××律所愿意少收一定的律师费以支持××湖滨的发展;考虑到TR物业希望善始善终等因素,最后达成了返还25%物业费的机制安排。

返还比例25%是小区治理综合平衡的结果,具有重大的社会意义,达到了主动交费业主、拖欠物业费业主、业委会、原物业服务企业、现物业服务企业的多方利益平衡。小区的治理措施,以及法院对本案的判决结果,都是构成基层治理的不可或缺的一部分。如果本案被告享受了物业服务,拖欠物业费,而且最后通过诉讼还能享受打折的好处,也就意味着失信者反而得利,那么小区治理综合平衡的状态就被打破了。那些早早主动交费、积极支持小区物业服务、积极支持小区建设的人反而吃亏了。理论上讲,主动交费的业主也可以在看到判决结果以后,起诉要求物业费重新打折,要求退还已交的部分物业费,拒绝向新的物业公司交纳物业费,这样不利于小区的治理。

同时，按照25%的返还比例，被告也已经变相享受了折扣。25%的返还费用，大部分是归业委会，也就是归全体业主所有，被告作为业主中的一员，也根据专有面积和共有权利，分享到了该部分利益，变相享受了折扣。

被告提出的所谓物业服务不到位，如人员是否配齐、考勤纪律是否严格，仅仅是服务过程中个别瑕疵，并不能说明物业服务的结果不能满足合同要求。今天到庭业主提出的问题，真正与其自身相关的不多，一厢情愿地代表业主大会管的事情不少。这是一种错位，在错误的时间，假业主大会之名，谋个人利益之实，损害其他大多数业主利益，不应该得到道义上的声援，更不应该获得法律的支持。

7. 关于业主应当如何正确行使监督物业服务权利的问题。

业主依法享有监督物业服务的权利，但是应当依照法定的程序，采取正确的方式行权。为什么是业委会根据业主大会授权签署物业服务合同，而不是每个业主都在合同上签名，这是我们国家现行的小区治理法律制度安排的。业主的大多数权利要和其他业主共同行使，要通过业主大会，进而授权业委会行使物业服务合同中的权利。如果业主对物业服务有意见和建议，可以在服务期间要求物业企业整改，可以通过业主大会、业委会追究物业服务企业的违约责任，遗憾的是，本案中，我们没有看到被告陈某羽在物业服务期间监督物业服务的记录，也没有看到被告要求第二届业委会追究物业企业违约责任的记录。相反，我们了解到的事实是，本案被告不仅没有向 TR 交纳物业费，连小区全体业主满意度达到87.64分且提供了一年多的物业服务的 LJ 物业，被告陈某羽也没有向其交纳物业费。因此，即使本案被告指出了原告 TR 服务的个别瑕疵，也应当在服务的期间里，通过合法的程序提出来，而不能作为诉讼程序中拒交物业费、公共能耗费的抗辩事由。

综上，代理人认为，作为个别业主的本案被告拒绝交纳物业费的理由，于法无据，于理不合，应当不予采信。请求合议庭依法支持原告的诉讼请求。

四、法院意见及判决

本院认为，原告与业委会签订《物业管理合同》，对物业服务等予以约定，该合同约定对××湖滨花园各业主均有约束力。

虽然该合同约定委托管理期限为1年，即被告主张的2017年4月1日起至2018年3月31日止，但据原告提供的《关于乐清××湖滨花园物业管理移交事宜协议》来看，原告实际提供物业服务至2021年6月30日，故各业主应支付2021年6月30日前的各项费用。

被告提出原告存在未依约履行合同、管理服务水平与合同标准不一致、经业委会多次要求仍未整改、物业人员未配齐等问题，要求减少合同期内物业费用，原告认为自己已依约提供物业服务，不同意减少物业费用，虽然被告提供的证据显示原告在物业服务过程中存在一定的瑕疵和不足，需要完善和改进，但物业服务合同作为持续性合同，不应以某一特定时刻和地点存在瑕疵即全盘否定，并且，原告提供的《物业费催收合作协议书》显示，原告已与业委会达成将催收的物业服务费用分不同情况按不同比例返还业委会用于支持小区建设的协议，即小区全体业主均为受益方，故对被告提出减少物业费用的主张，本院不再支持，被告仍应按《物业管理合同》约定即高层住宅1.5元/平方米×月、多层排屋2.8元/平方米×月、商业用房2.5元/平方米×月的标准支付物业费。被告要求原告出示审计财务报告后再支付公用水电费用，本院根据原告提供的其与业委会对原告服务期间能耗费清算后形成的《TR物业能耗费清算情况》中有关“每平方每月应退费0.09元”的记载，确定公用水电费标准按清算价0.41元/平方米/月（0.5元/平方米/月-0.09元/平方米/月）计算。被告对其尚未交纳的相关费用起算时间即自2017年4月1日起计算没有异议，故计算至2021年6月30日，被告尚欠物业费为13,847元（1.5元/月/平方米×181.01平方米×51月）、公用水电费3785元（0.41元/平方米/月×181.01平方米×51月），合计17,632元。

因被告一直未交清物业费及公用水电费等费用，还应向原告支付违约金。《物业管理合同》第18条约定“业主和非业主使用人不按规定交纳各项物业管理费用，从逾期之日起按每天应缴额的1‰交纳滞纳金”，现原告要求按年利率36%计算滞纳金，该标准过高，本院酌情调整为按月利率1.5%计算违约金。《物业管理合同》中约定公用水电费为“预收取”，未约定物业费交纳时间，故公用水电费应于合同履行期开始前或上一年度12月31日前交纳，物业费于每自然年度结束即12月31日前交纳。被告应于2017年4月1日前支付

2017 年公用水电费 668 元(0.41 元/平方米/月 ×181.01 平方米 ×9 月),违约金计算至 2022 年 6 月 30 日为 631 元……以上合计 9106 元。自 2022 年 7 月 1 日起,以欠费总额 17,632 元为基数按月利率 1.5% 计算至被告实际履行之日止。被告郑某经合法传唤,无正当理由未到庭参加诉讼,法院依法予以缺席判决。

依照《民法典》第 502 条、第 509 条、第 577 条、第 585 条,《民事诉讼法》第 147 条规定,判决如下:

被告支付原告浙江 TR 物业管理有限公司物业服务费、公用水电费合计 17,632 元及违约金(计算至 2022 年 6 月 30 日为 9106 元,自 2022 年 7 月 1 日起,以 17,632 元为基数按月利率 1.5% 计算至被告实际履行之日止)。款限本判决生效之日起五日内交本院民事审判一庭转付。

如果未按本判决指定的期间履行给付金钱义务的,应当按照《民事诉讼法》第 260 条的规定,加倍支付迟延履行期间的债务利息。

可以看到的是法院几乎完全支持了律师提出的观点。后续的事情就是律师大批量地起诉小区业主要求缴纳物业费的事情,不再一一赘述。

五、律师意见

在这个案例中,除了双方观点的交锋之外,还有一个很关键的观点——小区退场物业费不应当打折收取。

其一,物业费打折默认服务也打折。许多业主要求打折原因就是:物业服务做得不到位,应该打折收取物业费。物业若轻而易举地就使用打折的手段,其实就是默认自己的服务做得确实有缺失。物业服务企业不应当为了眼前的一点收缴率丢了自己的名声。

其二,证明服务质量不到位的举证责任在于欠费业主。在庭审过程中,物业仅需初步举证自己已经完成了服务义务即可,而对于业主而言,举证责任更大。也就意味着,物业服务企业在催收过程中没必要追求收缴率主动打折。

其三,物业费打折收取后患无穷。一旦有此先例,往后的物业服务企业都会陷入此种死循环,即业主延迟交物业费以待打折,这对小区的发展是非常不利的。××小区业主委员会也正是考虑到这点才决定支持不打折收费,而是采用将部分物业费转入共有资金服务整个小区的做法。

六、业委会的角色与作用

1. 与业主大会选聘的物业服务企业签订物业服务合同

本案中，TR 物业管理有限公司与乐清市××湖滨花园业主委员会签订《××湖滨花园物业管理委托合同》，约定将××湖滨花园委托给物业管理公司实行统一、专业化物业管理，并对服务费用标准、公用水电费和违约金标准等作出了详细规定。

2021 年 7 月 5 日，业委会与 TR 物业管理有限公司、案外人 LJ 物业服务有限公司签订《关于乐清 TR 湖滨花园物业管理移交事宜协议》，内容为：经甲乙丙三方友好协商，于 2021 年 7 月 5 日就××湖滨交接事宜，乙方（TR 物业管理有限公司）将目前管理的××湖滨花园物业管理权限、责任移交给丙方（LJ 物业服务有限公司），并就服务的对接以及资金的归属达成共识。

2. 及时了解业主、物业使用人的意见和建议，监督和协助物业服务企业履行物业服务合同

本案中，针对 TR 物业管理有限公司在实际服务提供过程中未履行合同规定，致小区的消防、绿化、设施设备、个人财产安全等管理服务水平与合同标准不一致等问题，业委会多次向其提出整改意见，履行了监督职责。

3. 组织和监督专项资金的筹集和使用

本案中，业委会与物业管理公司通过协商，确定了物业管理公司将催收所得物业费用在不同情况下以不同比例返还给业委会用于支持小区建设，履行了资金的监督管理职能。

4. 督促业主交纳物业服务费及其他相关费用

本案中，业委会与 TR 物业管理有限公司于 2021 年 6 月 25 日签订了《合作协议书》，约定业委会接受物业管理公司委托代为催收小区业主欠缴的物业服务费用。第一轮委托催缴期限已经届满后，原告、业委会与浙江×××（乐清）律师事务所达成《物业费催收合作协议书》，决定从 2021 年 12 月 1 日开始，与×××律师事务所合作，通过法律途径进行催收，同时业委会在其催收物业费用期间给予必要的协助，并约定了不同情况下各方的资金分配比例。

第三十四章 ××物业服务有限公司与××小区第一届业主委员会合同纠纷案

一、案例基本情况回顾

本案系××物业服务有限公司诉××小区第一届业主委员会案。原告××物业服务有限公司向法院提出诉讼请求:(1)判令被告继续履行××小区物业管理服务项目成交通知书中关于服务期三年,合同一年一签,采用“1+1+1”形式之约定,并立即与原告续签××小区物业管理服务合同;(2)本案诉讼费用由被告承担。被告××小区第一届业主委员会作反对答辩。法院最终驳回原告上诉。

1. 双方当事人的基本情况

原告:××物业服务有限公司

被告:××小区第一届业主委员会

2. 基本案情回顾

原告××物业服务有限公司于2021年12月1日中标取得对××小区的物业管理服务,约定服务期限为三年,合同一年一签,采用“1+1+1”形式。中标当天,原、被告双方根据采购文件及成交通知书首签一年的《××小区物业管理服务合同》(以下简称合同),前述首签一年的合同期限至2022年6月30日止。首签一年合同届满后,被告不愿续签合同,并于2022年7月18日向原告发送了《关于××小区〈物业管理服务合同〉到期的解聘告知书》,认为合同已经到期且小区广大业主投票不满意票数占总投票人数2/3以上,不愿意续签合同。收到告知后,原告认为被告所发送的上述告知书所称的广大业主投票不满意不属于招标材料及合同中所约定的评分之规则,不具有法律效力。被告没有理睬原告,于 2022 年 8 月 9 日发布了××小区物业管理服务的公开招投标公告。原告认为,被告没有按照招投标文件续签合同之约定与原告续签物业服务管理合同,违反诚实信用原则,损害了原告及广大业主的合法权益,应当予以纠正,为此特提起诉讼。

被告××小区第一届业主委员会(以下简称业委会)认为:第一,小区业主单方面解除物业服务合同乃法定权利,被答辩人作为物业服务人依法只能享有损害赔偿请求权,能否得到法院支持还得看是否存在可归责于业主的事由。被答辩人不享有“续签物业服务合同”请求权,因此,被答辩人的诉请缺乏请求权基础。第二,双方间的《物业服务合同》并不是无条件自动续约的。一方面,从 2021 年 12 月到 2022 年 6 月,小区的保洁人员人数一直没有达到约定的 12 人,并且在这些人中大多数员工每月出勤天数不足,未能做好小区的物业服务工作,引发小区业主持续强烈的不满,属于严重违约;另一方面,业主委员会于 2022 年 10 月 21—23 日开展了物业满意度调查,××物业的综合得分为 37.25,满意度不足 40%,不满足续约条件,加之业委会本身不愿续约,因此不存在续约条件。

3. 法院意见及判决

虽然被告通过乐清市××建设咨询有限公司发送的招标公告《单一来源采购文件》中有约定“服务期三年,合同一年一签,采用‘1+1+1’形式”,但亦约定了前提条件,即“中标单位如无重大违约事项,综合考核满意度在 80% 以上,一年合同期满后,经业主委员会同意后可以续签下一年的合同。否则业主委员会可以拒签下一年合同。由业主委员会组织或业委会委托的第三方组织的对物业服务满意度测评,即为有效测评。”原、被告之间的《××小区物业管理服务合同》中也约定了续签合同的条件是“乙方(原告)年度考核得分和业主满意度调查得分在 80 分”,而若“年度考核得分或业主满意度调查得分在 60 分以下的,本合同自动解除”。在本案中,虽然原告在 2022 年 7 月 10 日自行组织对××小区业主进行了业主满意度调查,但该调查并未经被告同意或受被告委托,故无论该满意度调查结论如何,均不符合原、被告之间的合同约定，并不能约束被告。而被告在2022年7月初就已在小区业主微信群内就是否与原告续聘进行投票接龙，该投票结论亦可视为一种对于原告的年度考核或业主满意度调查，其结论是绝大多数业主均表示不同意与原告续聘。因此，被告于2022年7月18日向原告发送《关于××小区〈物业管理服务合同〉到期的解聘告知书》，符合合同约定。该物业服务满意度调查活动合乎法定程序，其结论合法有效。况且，在2022年10月，被告又组织了一次××小区业主对物业服务满意度调查活动，该活动已告知原告员工“芦某某”，在唱票时××小区所在的乐清市城东街道××社区书记吴某某亦到场监票，原告的员工“余某某”也到场进行监票，因此，该物业服务满意度调查活动合乎法定程序，其结论合法有效。

综上，被告解除其与原告之间的物业服务合同有事实与法律依据，原告的诉讼请求，缺乏事实与法律依据，法院不予支持，若原告认为被告解除合同对其造成损失的，可另案主张。

依照《民法典》第502条、第509条、第937条、第946条，《民事诉讼法》第67条之规定，判决如下：

驳回原告××物业服务有限公司的诉讼请求。

二、业委会的角色与作用

1. 与业主大会选聘的物业服务企业签订物业服务合同

本案中，业委会与物业服务公司首签一年的《××小区物业管理服务合同》，约定服务期限为三年，合同一年一签，采用“1+1+1”形式。

2. 组织和监督专项资金的筹集和使用

本案中，业委会与物业管理公司签订的采购文件及合同约定，物业管理公司应在合同履行期间给小区增设12米×6米×2米生活水箱。后因选址问题未落实，业委会发出《会议纪要》，将水箱费用用于园区跑道（塑胶跑道）改造使用，如有差额，由业委会进行补亏，盛全物业只需履行25万元费用支付义务。物业管理公司于2022年5月25日将25万元直接打入业委会账户，由业委会负责建设。业委会于2022年5月26日自行与仟×体育用品有限公司直接签订《××跑道及儿童乐园施工改造合同》。

3. 对业主负责，执行业主大会的决定和决议

本案中，业委会行事始终以对业主负责为原则。业委会于 2022 年 7 月 7 日在小区实名认证业主群内启动了是否同意续聘 × × 物业服务有限公司乐清分公司的投票，全体业主通过群内接龙的方式表达了自己的真实意愿，参加投票共 367 人中认为需要解聘的业主共 304 人。业委会于 2022 年 10 月 21—23 日开展了物业满意度调查，调查结果为：× × 物业的综合得分为 37.25，满意度不足 40%，不满足续约条件。

4. 及时了解业主、物业使用人的意见和建议，监督和协助物业服务企业履行物业服务合同

本案中，业委会与物业管理公司之间的《物业服务合同》并非无条件自动续约，而是带有附加条件，业委会则在物业管理公司提供日常服务的过程中发挥监督职能，以确认是否满足续约条件。业委会认为，从 2021 年 12 月至 2022 年 6 月，小区的保洁人员人数一直没有达到约定的 12 人，并且在这些人中大多数员工每月出勤天数不足，未能做好小区的物业服务工作，属于严重违约。同时物业管理公司在物业满意度调查中的满意度不足 40%，同样不满足续约条件，因此作出不予续约的决定。

第三十五章　广州××业委会诉××镇政府案

一、案例基本情况回顾

本案系广州××业委会诉××镇政府案。被告××镇政府以业委会备案需对业主的表决票据进行审查,但镇政府多次要求××业委会提供票据均遭拒绝为由不予通过备案;原告××业委会则认为,事后"验票"的行为没有依据,也缺少具体"验票"细则。因备案没有结果,××业委会起诉××镇政府,此案经过一审和二审,一、二审法院均认为,××镇政府已构成行政不作为,但双方至今未达成一致。

1. 双方当事人的基本情况

原告:广州××业委会

被告:××镇政府

2. 基本案情回顾

因想解决物业公司不管理、不作为等问题,2017年12月,××小区首次业主大会会议筹备组(以下简称筹备组)成立,同时计划成立业委会。2018年6月5~6日,筹备组召开了首次业主大会,讨论制定了《管理规约》《业主大会议事规则》,并选举了业委会委员和业主监事会监事。然而,同年6月11日,××镇政府作出《关于××首次业主大会筹备组自行解散的通知》称,由于该筹备组在6个月内未能召开首次业主大会会议,根据《广州市物业管理暂行办法》第33条的规定,筹备组于2018年6月8日起自行解散。

筹备组6名业主不服,起诉××镇政府,要求撤销上述解散筹备组的决定。2018年12月,广州铁路运输法院对此案作出一审判决,驳回了6名业主的诉讼请求。随后,6名业主上诉。2019年9月,广州铁路运输中级法院二审认为，筹备组是依法成立的组织，在符合法定条件的情况下可自行解散，× ×镇政府对设立业主大会和选举业委会委员具有指导和协助职责，但并没有被赋予解散筹备组的职权。本案中，× ×镇政府认为筹备组组织召开的业主大会为无效会议，属于未能在成立之日起6个月内召开首次业主大会的情形，作出宣告筹备组自行解散的通知，缺乏法律依据，依法予以撤销，一审法院未能正确理解和适用法律，驳回6名业主的诉讼请求，处理不当，该院予以纠正。

2019年10月，× ×业委会向× ×镇政府提交相关材料，申请备案。因备案迟迟没结果，× ×业委会认为，× ×镇政府已违法，于2019年10月再次起诉× ×镇政府，请求法院确认× ×镇政府对其提供的备案申请不予备案行为违法，并判令× ×镇政府对其备案申请进行备案。2020年11月，广州铁路运输法院作出一审判决：要求× ×镇政府在判决发生法律效力之日起5日内对× ×业主委员会提交的业主委员会备案申请作出处理。

× ×镇政府不服上述一审判决，提起上诉。2021年4月，广州铁路运输中级法院二审认为，× ×镇政府对该备案申请的处理期间已超过合理期限，存在明显的拖延处理的情况，一审判决认定× ×镇政府属于行政不作为，理据充分，予以支持。广州铁路运输中级法院维持原判。

3. 案件争议核心

广州铁路运输中级法院指出，具有行政备案职责的机关对于业委会备案的审查义务，不仅包括对相关资料是否齐备的形式审查，同时还应结合《物权法》[①]《物业管理条例》等相关法律法规规定的标准进行审慎审查。本案中，业主大会选票涉及对业主大会决议是否符合“双过半”条件的认定，应当属于业委会备案的审查范围。被告× ×镇政府提出，镇政府多次要求× ×业委会提供票据，均遭拒绝，因此无法进行审核备案。原告× ×小区业委会则答辩称，筹备组本身已有× ×镇政府的工作人员，在业主表决时，× ×镇政府工作人员没有出席。事后，× ×镇政府称要“验票”，但又拿不出“验票”的相关依据，同时也无“验票”的具体细则，因此业主无法同意。

① 因《民法典》的施行，《物权法》于2021年1月1日废止。

二、涉及业委会的相关情节

1. 成立审查

本案中，法院声明，具有行政备案职责的机关对于业委会备案的审查义务，不仅包括对相关资料是否齐备的形式审查，同时还应结合《物权法》《物业管理条例》等相关法律法规规定的标准进行审慎审查。本案中，业主大会选票涉及对业主大会决议是否符合“双过半”条件的认定，应当属于业委会备案的审查范围。

2. 成立备案

本案中，根据《广州市物业管理条例》[①]第39条规定，业主委员会应当自选举产生之日起30日内，向镇人民政府、街道办事处备案。报送资料齐全、符合法定条件的，镇人民政府、街道办事处应当自收到上述资料后5个工作日内发出备案回执，同时将备案的回执和资料抄送区房屋行政主管部门。根据相关规定，备案后，业主委员会凭备案回执向公安机关申请刻制印章，并对外从事活动。

3. 成立支持

本案中，广州铁路运输法院审理认为，镇政府对辖区内业主委员会的选举负有指导、协助的责任，对于××业委会提交的备案申请具有备案的职责和审查义务。××镇政府对备案申请的处理期间已超过合理期限，存在明显的拖延处理的情况，则可判定镇政府属于行政不作为。

---

① 该条例于2021年修正，但关于此条规定未做修改。

第三十六章　珠海市香洲区业委会矛盾典型案例

一、业主大会有效召开过程难案例

珠海市生态环境优美、气候冬暖夏凉，处于珠三角城市发展群西部核心位置。中国城市竞争力研究会以中国《宜居城市科学评价标准》为参考，从包括生态环境、健康指数、城市安全指数、生活便利指数、生活舒适指数、经济富裕度、社会文明指数、城市美誉度在内的 7 项一级指标和 48 项二级指标出发，评比发布了中国十佳宜居城市排名，2016 年至 2021 年珠海市均居第一名。珠海市的宜居环境，吸引了大量北方人购房，作为冬季度假、退休养老的居所。此外，随着粤港澳大湾区的发展，还有大量的港澳投资者在珠海市购房投资，导致了多个小区呈现"候鸟型"，这类业主大多将房屋闲置，部分用于出租收益，有一些住房甚至长年无法联系到业主。

联系业主投票成为业主大会有效召开的最大难题。依据《民法典》第 278 条规定，业主大会的表决，需要专有部分面积占比 2/3 以上的业主且人数占比 2/3 以上的业主参与表决，并且筹集资金、改建、改变用途等重大事项需要参与表决专有部分面积 3/4 以上的业主且参与表决人数 3/4 以上的业主同意，其他事项需要参与表决专有部分面积过半数的业主且参与表决人数过半数的业主同意。香洲区很多房屋闲置或者出租，在业主大会召开时，联系业主是一个非常困难的事情，因为很多业主不在本地居住，即使联系上业主，获得业主的投票也存在一定难度。业主大会召开期间不同阵营业主势力相互斗争。一方想召开业主大会，另一方势必会想办法阻挠业主大会的召开，有一些小区筹备业主大会几年都无法成功召开。

××国际中心于2011年开发建设,2014年5月,××国际中心竣工交付。2016年3月,××国际部分业主代表向社区居委会提交了小区首届业委会的书面申请。2016年8月9日,社区居委会发布筹备组成员招募公告。2016年10月18日,社区居委会对拟筹备组成员名单进行公示。2016年10月25日,部分业主代表提出对拟筹备组成员名单的书面异议,质疑该名单业主代表身份,质疑筹备组成员是否与开发商有利益关联等,矛盾纠纷较大,筹备组未能成立。2019年6月27日,××社区再次收到××国际部分业主代表要求成立小区首届业委会的书面申请,公示期内共有6人业主代表报名筹备组成员,仅剩下3名业主代表符合条件,但因人数低于成立筹备组的最低人数要求,导致第二次申请业主大会召开继续搁置。2022年9月9日,××国际部分业主第三次申请设立业主大会,通过报名和推荐,社区产生了××国际筹备组成员名单,共13名,筹备组名单公示期间,业主对筹备组候选人相互质疑,筹备组成员内两派业主都想将对方踢出筹备组,从各个方面相互投诉对方资格,街道办继续组织业主协商,但无法达成一致意见。

××名园2003年竣工,总建筑面积18万平方米,由力×物业服务企业负责管理。2021年8月小区发布《关于××小区成立业委会换届工作组的公告》,共有18名业主向社区提交业主委员会换届工作组成员推荐表、自荐表。此次换届有两大派系:一边是开发商派系,公司股东及亲属手上持有一些房产,这派业主的立场是反对成立业主委员会。另一边是筹备业委会派系,这类业主迫切参选业主委员会,积极性较高。开发商派系业主从业主大会流程方面找漏洞进行投诉,反对采用微信委托投票,目的是不希望业主大会成功召开,筹备业委会派系自发组织上门获取选票,在业主群内加大宣传和许诺承诺,甚至在小区进出口、楼道口设置桌椅,对进出来往的业主拦下进行宣传和获取业主签字。在业主大会发起表决过程中,双方产生激烈矛盾,筹备业委会派系投诉物业公司阻挠业主大会召开,开发商派系业主投诉对方存在业主身份不合格、有违建行为、物业服务费欠费、投票真实性等问题,希望政府能取消业委会候选人资格,这个阶段政府投诉平台和信访部门收到该小区的投诉量达到最高峰,以及各种抖音、微博等自媒体平台爆发多起该小区矛盾纠纷视频,随着业主大会的召开结束,该小区的投诉纠纷数量回落到正常。下一步,

××名园业主委员会将发起业主投票，表决是否解聘力×物业服务企业，新一轮的矛盾斗争将会爆发。

实际工作中，各乡镇（街道）和社区的物业管理工作人员因为业务不过关，导致业主大会召开流程存在许多漏洞，引发许多投诉和纠纷。此外，因召开业主大会需要向乡镇（街道）、社区居委会申请和审核，基层工作人员与物业服务企业之间的工作联系较多，形成了稳定的关系网络，召开业主大会将打破稳定关系，同时增加大量的工作量，业主大会能否顺利召开，以及会形成怎样的表决结果，很大程度上取决于基层乡镇（街道）和社区物业管理工作人员的态度，即是否支持业主大会召开。

二、业主发起追讨公共收益矛盾案例

业主委员会是由业主大会选举产生的群众自治组织，主要负责发起召开业主大会、执行业主大会的决定和决议等。公益心和责任心强的业委会可以较好监督物业服务，维护全体业主的利益，但是在实际工作中，业主委员会越权行使权力，侵占小区公共利益，滥用权力等现象较为普遍，引发业主对业委会的不满。

××广场于1996年竣工，总建筑面积达到26万平方米，2019年成立第二届业主委员会，2020年10月，业委会组织召开××广场业主大会，表决通过了《公共收益及业委会专兼职人员津贴发放管理办法》（以下简称《办法》），《办法》里面明确业委会主任津贴800元/月，副主任津贴500元/月，其他委员200元/月，专职工作人员3800元/月，法律顾问3000元/年，财务津贴200元/月，但是业委会主任肖某领取了800元/月的津贴，同时在未经业委会会议决定又私自领取了3800元/月的专职津贴，并且向物业公司索取了2019年至2020年的经费补贴13万元，用于发放《办法》通过之前的岗位补贴和节假日慰问补贴。业委会的越权行为受到业主的强烈反对，要求业委会公示经费收支账目，接受全体业主的监督，但是业委会主任肖某拒绝接受审计和公示账目。街道办向××广场业委会发出整改通知书，要求业委会返还2019年、2020年业委会津贴以及主任个人专职津贴，业委会不予执行，政府部门后续督促业委会执行的抓手不足。

× ×花园小区,2000 年竣工,总建筑面积达到 16 万平方米,× ×花园小区曾是珠海市高端住宅区之一,小区业主与物业公司因停车收益分配导致矛盾纠纷不断,最终第三届业委会起诉泳×物业公司追讨小区公共收益。经法院审理认定,《× ×花园业主大会议事规则》规定,业主大会已经概括性授权业委会对涉及全体业主共同利益的事项进行诉讼,× ×花园业委会作为全体业主授权对外代表业主进行民事活动的主体,是适格的原告。对于小区内地面 67 个停车位权属问题,停车场位于小区红线内,其中 22 个属于规划停车位,45 个是在原有绿地基础上改造新建的,因广场绿地属于全体业主共有,新建的停车位实际影响和压缩了业主共有和共同管理的范围,是通过牺牲全体业主的共有权益换来的,故应将 67 个车位认定为全体业主共有。关于 67 个停车位的收益认定,根据诉讼时效,仅支持业委会起诉前 3 年的停车收益,停车场的收益是利用全体业主共有部分和泳×物业公司的管理相结合的结果,泳×物业公司付出了一定的成本,通过专业审计公司核算出了 2016 年至 2019 年的(3 年)利润,最终判决泳×物业公司向× ×花园第三届业委会支付停车收益 35 万余元。

三、业主发起更换物业服务企业矛盾案例

地×花园于 2006 年 9 月开发建设,前期物业服务由开发商成立的豪×物业公司负责管理。2011 年 5 月,地×花园小区成立了第一届业主委员会,2012 年 4 月,地×花园业主委员会向豪×物业公司表示要解聘该物业公司,自行选聘了房产物业公司,经政府部门认定该小区业主委员会超出职权做出解聘选聘决定,应当召开业主大会进行投票表决。地×花园业主委员会不接受政府部门指导和监督,于 2012 年 7 月 1 日强行组织房产物业公司进驻,因豪×物业公司不退出,导致群体冲突的发生,地×花园业主委员会同意重新按程序对是否解聘豪×物业公司发起业主大会进行表决。2012 年 8 月 27 日至 11 月 14 日,地×花园召开业主大会,表决解聘了豪×物业公司,房产物业公司被选为新的物业服务企业。2012 年 11 月,地×花园业主委员会发《告知函》给豪×物业公司,要求该公司尽快与业主委员会进行交接,并于 15 日内撤出地×花园小区的管理区域,豪×物业公司以地×花园业主委员会选聘和解聘物业服

务企业的程序违法为由拒绝移交该小区的物业服务，同时豪×物业公司向政府部门投诉业主委员会成员违规装修。2012 年 12 月 5 日，街道办终止 3 名违建业主委员会委员的资格。2012 年 12 月 7 日，街道办责令豪×物业公司执行业主大会的决定，尽快做好交接工作，退出物业管理区域，豪×物业公司认为业主大会表决结果无效，不予理会。2013 年 1 月 12 日，房产物业公司再次组织人员进驻，豪×物业公司仍不退场，双方爆发激烈冲突，经政府协调，房产物业公司暂时撤出了地×花园。2013 年 3 月 26 日，街道办召开物业管理联席会议，各方达成通过香洲区人民法院诉讼解决争端的共识。2014 年 3 月 20 日，豪×物业公司就地×花园物业纠纷向法院提起诉讼，经过一审和二审，中级人民法院作出了终审判决，判决豪×物业公司并非小区业主，无权对属于小区内部自治范畴的事项确认，无权以业主大会决议程序违法为由要求继续履行物业服务合同。此后，政府继续督促豪×物业公司和房产物业公司应尊重与履行中级人民法院判决的相关事项，豪×物业公司依旧不肯退场，由于业主委员会于 2014 年 5 月 23 日任期届满，错失了向法院申请强制执行的有效时间。房产物业公司放弃了进驻地×花园小区，部分业主以物业公司没有管理权为由，拒交管理费，豪×物业公司因此拆了部分业主水表，业主因此事多次到市政府及区政府上访，经政府协调并督促豪×物业公司不能以拆除业主水表等违法形式要求业主缴费。2016 年 9 月，地×花园第二次业主大会会议召开，地×花园第二届业主委员会选举产生。2017 年 3 月 1 日，小区成立物业选聘工作小组启动选聘物业服务企业公开招标工作，2017 年 5 月，物业选聘工作小组对参与投标的 8 家物业服务企业进行资格审查，通过实地考察及召开评标会，确定了 3 家候选物业服务企业。2017 年 7 月，候选物业服务企业进入小区进行宣传，豪×物业公司保安阻止 3 家候选物业服务企业进入小区宣传，业委会成员把 3 家候选物业服务企业的宣传展板抬进小区时遭到豪×物业公司保安阻止并发生肢体冲突，派出所出警解决纠纷。2017 年 8 月，地×花园业委会选聘出新的物业服务企业，向市纪委送交《关于协助做好物业移交工作的告知函》，同时向法院申请强制执行。2018 年 8 月 2 日，人民法院执行局对豪×物业公司进行强制撤离，现场阻挠较大，人员复杂，秩序混乱，公安出动力量进行强制执行，新选聘的物业服务企业成功进驻小区管理，至此持续 7 年的地×花园更换物业服务企业的矛盾纠纷终于平静。

四、××小区群体暴力冲突案例

××小区,2004 年竣工,原物业服务人为开发商成立的圆×物业公司,2018 年 11 月,××小区召开业主大会,选举产生业主委员会,表决通过《管理规约》和《业主大会议事规则》,2020 年 7 月,××小区召开第二次业主大会,表决通过不再续聘圆×物业公司的决议。2020 年 12 月,圆×物业公司不愿退场,业主委员会与物业公司经理、保安发生激烈的冲突,个别业主受伤住院,公安出警进行处理。2020 年 12 月,××小区召开了第三次业主大会,决定公开招标物业服务企业。2021 年 4 月 13 日,康×物业公司向街道办事处提供业主委员会主任连续欠缴服务费 4 个月的情况说明,要求取消业主委员会主任资格。2021 年 5 月 21 日,街道办依法发出《关于对康×业主委员会主任作出委员资格终止的通知》,对杨某作出终止委员资格的决定。2021 年 7 月 27 日,××小区通过招投标方式选聘物业服务企业,智×物业公司中标。支持原物业公司业主派系立刻开展了多维度的投诉和信访,对业主委员会招投标的主体资格提出异议,认为杨某的业主委员会主任资格被撤销,业主委员会成员不足 5 人,主张中标结果无效。2021 年 10 月,圆×物业公司不愿退场,小区业主开始通过微信群有组织地鼓动业主采取拉横幅、聚集喊口号等非正常方式进行维权,业主与圆×物业公司经常发生冲突,政府不断组织业主委员会、圆×物业公司、智×物业公司三方进行协调。2021 年 12 月 3 日,新选聘的智×物业公司拟进场接管小区,圆×物业公司不肯退场,支持更换物业服务的业主委员会派系与支持原物业管理公司的回迁房业主派系双方爆发激烈的群体冲突,业委会组织人员冲进物业管理办公室,将圆×物业办公用品全部清理出来,支持圆×物业公司的回迁房业主不断阻挠,民警在场维持秩序,最后将办公室贴上封条,将涉案人员带回派出所处理。2021 年 12 月 6 日,业主委员会在该小区微信群内发表过激言论,激起业主不满情绪,煽动群内其他业主采取电话骚扰轰炸、乱扔垃圾等过激方式进行"维权";12 月 6 日晚间,该小区爆发了业主将生活垃圾丢弃在党群服务中心等恶性群体事件,造成不良社会影响。此后,××小区因新旧物业交接继续引发多起群体暴力事件,在街道办强力施压下,圆×物业公司同意退出小区路面管理区域，智×物业公司成功进驻小区路面管理，旧物业公司对地下人防停车场进行管理。2022年3月，××小区智×物业公司在业主委员会的授权下，在小区张贴了《外围商铺停车场管理实施细则》，拟对小区商铺外围停车场出入口安装车牌自动识别道闸系统，对车辆停放实施收费管理，并公示了各类型停车收费的标准，商铺业主认为小区内改变共有部分的用途或者利用共有部分从事经营活动，应当经业主大会来表决，要求撤销该行为，而业主委员会和智×物业公司向政府部门申请了经营性停车场的报备，继续推行停车场收费，双方矛盾依旧持续不断。

五、业主委员会缺乏追责机制案例

因存在一些权力和利益驱使，导致业主委员会容易"变质""变味"。《物业管理条例》规定当业主大会或者业委会的决定违反法律、法规规定，政府可以责令其限期改正或撤销决定；业主大会或者业委会的决定侵害业主合法权益，受侵害的业主可以依法请求法院予以撤销，业委会委员承担与其过错相应的责任。但是当业委会越权行使权力或者涉及违法行为时，若业委会委员马上就提出辞职，那么业委会委员不足5人将自动解散，此时因没有被行政处罚实施主体，业委会委员个人销声匿迹，甚至卖房搬家，将难以追责。

湾×新村，1998年竣工，物业服务收费0.7元/平方米，总建筑面积7.5万平方米，通过业主大会表决解聘了原物业服务企业，通过招投标方式选聘了一家新物业服务企业，但是通过招投标审核，原业委会青睐的物业服务企业在审核中存在违法行为失去投标资格，最终另外一家力×物业服务企业进驻，业委会成员7名中有4名集体辞职，导致业委会成员不足5人而自动主体失效，以此对抗招投标结果，没有主体与新中标的力中物业公司签订物业服务合同。当前法律法规对业委会成员个人的追责机制较少，取证较难、执行较难，香洲区对于业委会以及委员的行政处罚为零。

别有用心的业主成为业主委员会后，并不能真正作为业主的代表，也并没有真正为小区的自治管理发挥应有的作用，相反还造成许多不必要的矛盾纠纷。有些小区的业主委员会成立还不如不成立，原本社区居委会对接各物业公司，工作都比较顺畅，一旦成立了业主委员会，社区开展各项工作就不顺畅，任何事项都要先经业主委员会同意后才能开展，如果不顺业主委员会的意，他们就会发动一批业主围到社区居委会门口，阻挠社区开展工作。（富华社区肖书记，2022 年 11 月）

第三十七章　浙江×××(乐清)律师事务所关于××国际商城成立业主大会及业委会流程合规性审查

一、案例基本情况回顾

本案系浙江×××(乐清)律师事务所受××镇人民政府委托,对于××国际商城成立业主大会及业委会的整个选举流程资料进行核查,对选举工作的合法性进行评判。律师事务所经分析后出具法律意见书认为,虽本项目首次业主大会及业委会成立过程的基本步骤大致具备,但由于计票和票箱保管环节存在更换票箱和再次封存情形,未能有效排除操纵或篡改业主真实意思表示的可能性,故不建议批复同意业委会备案。

1. 案例各主体基本情况

委托人:浙江省乐清市××镇人民政府

受委托人:浙江×××(乐清)律师事务所

审查人:叶律师、周律师

2. 合规性审查中符合规定的情形:

①筹备工作的启动

根据温州市住建局发布的《温州市业主大会和业主委员会指导规则》第8条的规定,首次业主大会成立须符合以下条件:房屋出售并交付使用的建筑面积达到物业总建筑面积60%以上,或者首套房出售并交付使用已满2年且房屋出售并交付使用的建筑面积达到物业总建筑面积30%以上。本项目首次业主大会筹备工作的启动符合规范性文件的规定。

②筹备组的成立

本项目首次业主大会筹备组成立经历了如下关键时间节点,符合《温州市业主大会和业主委员会指导规则》的规定:

2022年5月23日,本项目业主大会发起人陈某、吴某、陈某等10名业主向××镇政府递交成立××国际商城业主大会筹备组的申请。

2022年5月24日,××镇政府回复同意成立××国际商城业主大会筹备组,并计划于2022年5月31日前拟定并发布《关于筹建××镇××国际商城首届业主委员会筹备组并推荐筹备组业主代表的公告》。

2022年6月2日,××镇北城社区发布《关于筹建××国际商城首次业主大会会议筹备组并推荐筹备组业主代表的公告》,开始征集筹备组业主代表。

2022年6月9日,北城社区管委会发布《关于首次业主大会会议筹备组和成员名单公告》。

2022年6月15日,筹备组成员名单公告期结束,本项目首次业主大会筹备组(以下简称筹备组)正式成立,各业主代表符合《温州市业主大会和业主委员会指导规则》第10条所规定的条件,社区与建设单位均已派员参与筹备组工作。

2022年6月20日,本项目筹备组发出《关于组织首次业主大会会议筹备工作的公告》,首次业主大会会议筹备时间为2022年6月15日至2022年9月15日。

③将C区与D区作为一个物业区域成立业主大会和业委会

本项目C、D区原本互相联通,功能互补,存在共用的基础设施,在建设单位至今未提供相反证明的前提下,本所承办律师认为,两区合并成立业主委员会并无不当。

④物业管理委员会代表公寓业主投票表决

考虑到《温州市业主大会和业主委员会指导规则》的相关规定并非法律和行政法规的强制性规定,物管会受托表达业主意愿的行为,不宜做无效法律行为处理。

⑤微信投票的合规性

鉴于本项目业主大会筹备组采用的方式,业主的真实意思表示表达在填写纸质选票的时刻,而并非上传微信或打印图片的时刻。因此筹备组公告采用书面征集意见的做法符合相关规定。

3. 合规性审查中不符合规定的情形:

①业主大会成立阶段

选举办法中要求公示选举票务人员的规定,筹备组并未落实。另外,筹备组未制定首次业主大会会议筹备经费开支预算方案,亦未对筹备过程中的财务票据进行整理归档。同时,北城社区负责人兼筹备组组长何某除参加第一次筹备组会议之外,并未深入参与本项目业主大会的筹备工作,没有召集和主持筹备组会议,没有制订筹备工作计划并组织实施,偏离了《温州市业主大会和业主委员会指导规则》中对于筹备组组长职责的要求。

②建设单位未按规定的时间和途径提交业主名册

③F19、F20、F21 公寓成立物业管理委员会(以下简称物管会)

由于 F19、F20、F21 公寓与其他商铺存在大量的共用设施和公共部位,物业管理也一直是一体化管理,且有 66 户业主既是商铺业主,又是公寓业主,因此,本所承办律师认为,不宜将 F19、F20、F21 认定为一个独立的物业管理区域,因此 F19、F20、F21 物管会成立的本身即不合规。

④业主大会投票阶段

唱票人、计票人、监票人未事先公示,以上人员未在大会会议纪要上签字,监票人何某未到场参与监票。

实际计票时间为两天,两段工作时间之间表决票及票箱置放于筹备组长办公室,未采取公开封箱、重新开箱等防止表决票被篡改风险的措施;保管过程中,存在更换票箱和再次封存的行为。

票箱封存时未录像,大会结束后票箱未移交至业委会,建设单位兼业主提出异议后也未及时移交社区、××镇政府保管,一直留在筹备组副组长陈某的手中。

⑤未移交材料

《温州市物业管理条例》①第 13 条规定:"建设单位应当自筹备组成立之日起七日内向筹备组提供下列资料:(一)竣工总平面图,单体建筑、结构、设备

① 该条例于 2023 年修订,现为第 17 条,部分文字有改动。

竣工图，分幢分层平面图和套型图，物业区域内道路、地下停车库、地下管网工程竣工图等竣工验收资料；（二）共用设施设备清单；（三）设施设备的安装、使用和维护保养等技术资料；（四）物业质量保修和物业使用说明文件；（五）业主名册；（六）物业管理需要的其他资料。建设单位已经注销的，由物业服务人按照前款规定提供相关资料。”住建部《业主大会和业主委员会指导规则》第8条规定：“物业管理区域内，已交付的专有部分面积超过建筑物总面积50%时，建设单位应当按照物业所在地的区、县房地产行政主管部门或者街道办事处、乡镇人民政府的要求，及时报送下列筹备首次业主大会会议所需的文件资料：（一）物业管理区域证明；（二）房屋及建筑物面积清册；（三）业主名册；（四）建筑规划总平面图；（五）交付使用共用设施设备的证明；（六）物业服务用房配置证明；（七）其他有关的文件资料。”

本项目中，虽经××镇政府2022年5月24日书面通知，建设单位××国际公司既未向××镇政府，也未向筹备组移交成立业主大会所必需的资料。

⑥承担首次业主大会会议的筹备经费

《温州市业主大会和业主委员会指导规则》第22条规定，首次业主大会会议的筹备经费由建设单位承担，建筑物面积20万平方米以上的，为8万元。建设单位应当在房屋竣工验收后30日内，按照前述标准将筹备经费存入街道办事处、乡（镇）人民政府指定的银行账户。本项目中，建设单位未履行支付筹备经费的义务，违反了相关规定。

4. 合规性审查结论性意见

从程序上来看，本项目首次业主大会及业委会成立过程，达到启动业主大会成立流程的条件，依法成立了筹备组，完成了业主大会各项筹备事务，召开了业主大会并做出决议，尽管程序上有些瑕疵，但基本步骤大致具备。唯计票和票箱保管环节存在更换票箱和再次封存情形，未能有效排除操纵或篡改业主真实意思表示的可能性，故不建议批复同意业委会备案。

二、涉及业委会的相关情节

1. 业委会的成立

本案中，C、D区域属于彼此独立的小区，对于其能否作为一个物业区域成立业委会存在争议。根据《物业管理条例》第9条第2款规定，“物业管理区域的划分应当考虑物业的共用设施设备、建筑物规模、社区建设等因素。具体办法由省、自治区、直辖市制定”。关于物业管理区域的划分标准，各地总体上都要求主管部门从便于管理服务和方便业主生活的角度出发来进行划分。在物业管理区域划分的实践中，物业项目规划许可证确定的用地红线并不是划分物业管理区域的唯一标准，建筑物规模、社区建设规划、业主合意等亦是确定物业管理区域的重要因素。本项目C、D区原本就互相联通，功能互补，存在共用的基础设施，在建设单位至今未提供相反证明的前提下，两区合并成立业委会并无不当。

2. 业委会与物管会的关系

物管会是在不得已的情况下成立的、临时性的、政府或社区主导的组织，其存在目的在于促进业委会成立或者管理不具备成立业委会条件的小区。物管会相较业委会是退而求其次的选择，如果业委会具备成立的条件或者具备正常履行的能力，那就不需要另行成立物管会。

3. 业委会委员资格

《全国人民代表大会常务委员会法制工作委员会关于2021年备案审查工作情况的报告》中明确表示：将“按时交纳物业费等相关费用”作为参选业主委员会成员的必要条件，缺乏上位法依据，不符合立法原意和法治精神。在适用过程中，应当考虑上位法的最新规定，不应再将物业费的交纳与否作为筹备组业主代表、业委会委员候选人的选定标准。

第三十八章　推进业委会法治选举，解锁小区治理难题[①]

一、创新背景——业主们的声音，谁来传递？

近年来，随着政府城镇化策略的推进，温州各区、县、城镇小区建设如雨后春笋般涌现，已经建成投用约2300个居民小区。其中，据不完全统计，前述小区仅成立业委会1134个，占比不到50%。随着《民法典》的出台，建筑物区分所有权人及市场主体法律意识普遍提高，围绕小区治理的房地产开发公司、物业管理公司、小区业主、业主大会及业委会（部分有）、居（村）委会、街道办，聚讼纷纭。细察之，现今的小区治理存在如下亟待解决的问题：

第一，各小区成立业委会缺乏指导，茫无头绪；业主维权各行其是，导致物业公司疲于应付。

第二，业委会筹备工作量大、专业性强、理论水平要求高。各街道办、居（村）委会有依法指导成立业委会之责，但各街道、居（村）委会对法律和政策的理解各有不同，造成业委会成立流程千差万别。而且，后续如何指导业委会工作缺乏规范的流程，缺乏更大范围的经验交流与互动。

第三，《民法典》合同编将物业服务合同增列为典型合同，物权编建筑物区分所有权更加明晰。若没有业委会的纽带和缓冲作用，业主与物业公司的矛盾将日益普遍化、琐碎化，大量司法资源消耗于此领域，与国家节约资源的法治理念不符。

因此，从一定程度上说，基层治理的热点与焦点，集中在居民小区。要做

---

① 该案例入选第三届“钱江智库论坛”基层社会治理创新案例。

好基层治理工作，需要系统思维，把握好平衡之度。小区的平衡就是业主、业主大会、业委会、物业公司、开发商等各方利益的平衡，平衡的最佳状态就是“和谐”。

××花园系城南街道辖区内的一个标志性楼盘，它以35万平方米的大体量、打造当地高端的水景及园林景观设计，成为当地高端住宅的典范之一。但长期以来，由于××花园业委会内部矛盾无法及时化解，导致小区内物业管理服务不到位，无人整治环境卫生、管理公共秩序等，进而使得房价多年来“原地踏步”，业主们怨声载道，故而亟须管理与协调。在小区第二届业委会瘫痪阶段，小区广大业主强烈要求××街道办介入管理，由于××街道办缺乏对业委会成立过程的专业指导能力，××街道办委托××律师事务所指导××湖滨花园在成立业委会过程中提供专业法律服务。

二、创新实施——业委会的成立，法来护航

伴随××市基层治理体系和治理能力法治化要求的不断提升，进一步推动业委会的建设和发展已经成为推进社区治理法治化的关键，合法合规是业委会自治的前提，只有合法合规才能有效激活业委会的自治优势，持续提升业委会的履职效能。为了促进业委会的合法治理，从业委会的设立、换届到后续工作开展，每个环节的程序都不容出错。

2021年2月，××街道办聘请××律师事务所组建专业的业委会法律服务小组，全程参与和指导第三届××花园业委会换届工作。

1. 通过组阁制，选聘业委会

××花园小区业委会换届之时，内部矛盾重重，无人再愿意出来主持业委会工作。街道办与法律服务小组为了推动第三届业委会的换届工作，多次深入小区内部，了解小区情况，通过组阁制的方式请出两位代表，组建自己的团队来进行较量，实现了民主集中、分工负责。在此次业主（代表）大会筹备过程中，在业委会专业法律服务团的指导下，××社区组织干部、筹备组人员、小区志愿者深入小区内部，挨家挨户进行走访，让每一户居民都参与到此次选举中，充分体现出“小区事由业主议，业委会由业主选”的合法性、公开性与公平性。

2. 量身定制《管理规约》和《议事规则》

××花园是××市的标杆性住宅之一，小区《管理规约》和《议事规则》没有采用模板，而是在深入小区了解情况后，制定了特属于该小区的《管理规约》和《议事规则》。对于小区内发生的事项和可能要发生的事项，在《管理规约》和《议事规则》中都有明确的处理办法。

3. 健全两委制，重大事项、共同决策

××市聚焦党建引领下城市基层治理的协调共治机制，全力推动形成以"街道党工委统领、社区党组织领导、小区党组织引领、业委会和物业为基础、党员群众互联互动"为目标的小区治理新格局。××花园组建了基层党组织，小区内重大事项都必须经过"小区双委"共同决策。

4. 业主代表动态制，高效决策小区共同事项

第三届业委会成立后，小区组织召开业主大会一般只需要200人参加，其中包括了90名左右的业主代表。每当小区内有一项需要全体业主共同决策的事项，若是业主发现该代表与自己的想法不一样，可以立马撤回委托，或委托其他人或由自己去投票。因此，业主代表动态制，可以起到对小区共同事项进行高效决策的作用。

5. 业委会补贴加奖金制，提升业委会积极性

在××花园小区内，业委会不仅有日常工作补贴，小区居民每年年底将会对业委会展开满意度调查，根据满意度，可能还会给予其相应的奖金。

2021年6月，××花园业委会换届后，召开业主大会，投票确定了小区新的物业服务企业。2022年8月，××花园物业服务到期1年后，法律服务小组又协助小区物业进行服务满意度调查，由小区业主对物业的安保秩序、保洁服务、绿化养护以及客户服务四个方面进行评价。现如今，××市××花园治理稳步推进，作为××市的老牌标志性小区，通过业委会的换届选举，成为现在"共享社、幸福里"的标杆。

三、创新成效——共享社、幸福里的标杆

××花园第三届业委会成立至今已有两年，在这两年内，小区整体面貌焕然一新。地下停车场问题通过业委会的努力以及政府部门的支持得到了解

决。2022 年 9 月 7 日下午，× ×花园业委会组织小区开展污水零直排工程，同时，排查单位、施工单位、监理单位、物业企业就污水零直排工程进行了交流。时至今日，污水零直排工程已完工。小区依靠业委会完成了居民自治，也成了× ×市小区治理的标杆。

2023 年，× ×花园成了浙江省红色物业小区，在党建引领下，开展对标建设，项目同仁始终保持“践行初心、担当使命、对党忠诚、不负人民”的工作激情，为持续推进项目的融合共治、家园共建、美好共享努力耕耘。在他们持之以恒的拼搏下，某某小区“红色物业”亮点突出、实绩显著，由于物业队伍“红”“专”“精”的服务，小区居民安全感、幸福感、获得感不断提升。

在小区业主大会和业委会的设立过程中，除法治服务外，充分发挥党建引领作用。针对不同治理形态的业委会，基层党组织通过组织赋能和双重机制，有机调试了业委会的组织能力和关系网络，形塑了业委会参与社区治理的不同行为模式，推动了业委会治理效能的充分释放。

四、推广价值

对于× ×街道办而言，业委会是业主自治的代表机构。街道办聘请专业律师团队，帮助小区通过合法程序选举出代表广大业主的业委会班子成员，使他们真正代表业主维护自身权益、对物业管理中的重大事项进行决策。业委会具有如下作用：能够协调物业管理公司的工作，监督其服务质量，从而提高物业管理效率；能够协调业主之间的矛盾，维护社区和谐稳定；能够代表业主参与社区建设，为社区发展提供资金和人力支持。

对于× ×律师事务所而言，受× ×街道办聘请，同时得到了广大业主信任。律师事务所在专业服务过程中，提升了业主法律意识，加强了业主自治和自我管理，促进了业主之间的沟通和交流，提高了物业管理水平，从而提高了业主的生活品质和满意度。同时，律师事务所可以提供专业的法律意见和建议，帮助业主解决法律问题，维护自身权益，促进业主和物业公司的良性互动。此外，律师事务所还可以协助业委会开展日常工作，提供必要的法律支持和服务，帮助业委会更好地履行职责。因此，律师事务所服务业委会成立，对于提高物业管理水平和业主自治具有重要意义，对辖区社会基层治理创新做出了相应贡献。

第三十九章　上海市徐汇区斜土街道“彤心”业委会联合会

一、案例背景

2023年3月，上海市徐汇区斜土街道“彤心”业委会联合会：让党员居民“同心”案例入选第五届中国(上海)社会治理创新实践优秀案例。

斜土街道是上海市中心城区典型的居住型社区，近年来斜土街道不断探索业委会工作，发挥党组织“红色引擎”作用，整合各方资源，建立和完善“彤心”业委会联合会。

作为党建引领基层治理工作的有力实践，斜土街道“彤心”业委会联合会秉持“党员三先”工作法理念，发挥业委会联合会平台功能，辐射5个片区、67个小区，提升片区治理效能；凝聚自治力量，统一思想、形成合力，使业委会不再是“一个人在战斗”，而是“一群人在战斗”“整个斜土在战斗”；汇集多方资源，整合各方力量，着力破解社区治理中的突出问题，业委会主任们在“三旧”变“三新”、满意物业、加装电梯、美丽楼道、文明创建、垃圾分类、物业费收缴、疫苗接种等工作上全面助力、成效显著。斜土街道党工委将不断优化党建引领“三驾马车”协同机制，将“彤心”业委会锻造为党建引领下的共建共治共享基层治理格局中的强劲力量。

二、创新策略

1. 党建引领，培训引航

徐汇区斜土街道坚持党建引领，凝聚思想共识，抓组织覆盖，通过成立业委会党的工作小组，设置街道党建工作指导员，以及居民区党组织代领业委会职能等方式抓组织覆盖，覆盖率达到100%；抓人员覆盖，鼓励居民区“两委”班子成员与业委会成员交叉任职，全面排摸业主中的党员骨干、老干部、青年力量等积极参加业委会选举。目前，已换届的业委会中党员占比和“交叉任职”占比均为50%以上；抓工作覆盖，明确居民区党总支书记为业委会组建换届改选小组组长，赋予“结构建议权、资格审查权、一票否决权”，严把业委会人选的推荐关、审核关和选举关。

通过“彤心”每季度的联合会理事会会议，建立健全联合会接待制度，调解业委会矛盾，参与业委会难点问题探讨。同时，五个块区每季度同步召开块区会议，传达理事会会议精神，收集块区业委会问题和建议。

开设“慧治家”小课堂培训，与辖区内业委会成员、居民区社工、志愿者共同探讨业委会工作中遇到的新问题，交流总结业委会在社区治理中发挥作用的典型案例，以点带面，推进斜土街道业委会规范化运作，增强业委会实务履职能力，更好地维护业主合法权益，提升人民群众居住的满意度。

将每周四下午定为“彤心”接待时间，接受各业委会、居委、物业、业主等主体的咨询与投诉。由自治办、房管所、汇枫物业指导中心、韩东萌工作室，组建业委会矛盾调处指导小组，参与换届难、组建难的业委会选举过程。做到让街道任何一个业委会遇到的问题，在“彤心”平台都能得到回应和帮助。

2. 规范引路，共商共议

完善各类制度，保障工作规范。以评估促规范，制定《斜土社区业主委员会测评反馈制度》，建立业委会规范化检查的“一册、两簿、三表”测评清单，每年开展全覆盖测评，推动业委会规范履职；以专业促规范，以专业的记账、法律及社会服务为重要支撑，引导业委会各项事务公开，确保业主的知情权、参与权，制定《斜土社区业主委员会测评反馈制度》，每年开展全覆盖测评，推动业委会规范履职；以公开促规范，督促业委会事前通报重大事项，切实保障业主知情权、参与权。引导监督业委会及时公开各类规则和收支情况，确保业委会权力在阳光下运行。

斜土街道星级业委会创建指标体系是重要的业委会工作成效评估衡量标准。2021年，为了搜集更广泛的意见，统一共性问题，汇总良好的思路，“彤心”业委会联合会在斜土街道自治办的指导下，与每家业委会经常进行指标体系内容的沟通，对于一些设计思路上反应不合理的条款进行修改补充，仔细调整指标的创建标准和评分细则，还根据大部分业委会的建议增设了激励条款，历经多次修订，最终形成了基础运行指标、社区治理指标、综合评价指标等3大指标，42项条例、评分标准，3个星级分类的健全星级业委会创建指标体系，获得了各业委会的好评。

随后的工作中，斜土街道构建了数据库，组织人手把67个业委会的信息全面录入校对归纳，目前都已形成电子文档，既便于街道、各业委会对自身的信息进行补充和查询，也使得今后的工作中能有效协同，配合好“彤心”业委会的发展策略。同时，深入各个业委会调研，从业委会过往的成绩、新的进展中发掘在社区治理方面的优秀经验和典型人物事迹，通过信息汇总、上门采访、图文拍摄、场景回顾等方式，归纳有代表性的宣传案例12件，为形成“彤心”宣传册奠定了扎实的基础。

3. 平台引导，“彤心”协力

全面整合资源，优化组织力量。将67个已成立业委会的小区分成5个块区，形成“1+5+67”的“社区—块区—小区”的“彤心”业委会联合会平台。整合小区业委会、块区联合会、社区联合会以及“慧治家”小课堂，形成“三会一课”体系，推进业委会联合会工作手册、全区业委会问题清单、工作案例集“一册一单一集”等工作成果及时共享更新，实现成果运用的联通，提高工作效率。加强对业委会主任及业委会的系统培训，全面优化业委会力量。

2021年，“彤心”业委会协助相关小区业委会开展加梯意见征询等工作，在此过程中打造协商平台、集聚社区力量，形成工作合力，有效推进了14个小区43台电梯的加装工作。

2021年，在小区车棚综合安全配套建设完成后，“彤心”业委会指导业委会制定车棚管理规定、车主协议、志愿者管理办法、物业管理规定和财务保障制度等，挂牌“我家车棚”自治标识（logo），规范智能车棚的日常管理，让小区的车棚旧貌换新颜，让车棚管理更加高效有序。

“彤心”业委会与各业委会主任保持密切沟通，及时听取街道自治办对“彤心”工作的意见，使得“彤心”业委会理事会与各业委会的纽带越来越牢固，为后续的工作延展、今后更高质量的工作成效打下了坚实的基础。

第四十章　北京市丰台区新村街道怡海花园社区怡海花园小区业委会

一、案例背景

怡海花园社区隶属于丰台区新村街道，是北京市政府1992年第一届中国香港招商引资项目，始建于1995年，建成于2006年，现有建筑面积140万平方米，居民楼42栋，6700户常住居民、1.5万人口，其中侨界人口2000余人，是丰台地区面积最大、人口数量最多、侨界人口最多的社区，社区治理难度大。

在各级党组织的高度重视和大力支持下，怡海花园社区党委迎难而上，通过多年积极探索和创新实践，走出一条党建引领社区居委会、社会组织、社会企业、社会单位、社区居民"五社联动"的超大型社区治理模式，形成共建共治共享的社区治理格局。社区党委作为"五社联动"的领导核心，充分发挥区域化"大党委"统筹领导的作用，突出政治引领、组织引领、能力引领、机制引领和文化引领五大引领，把"五社"力量凝聚成"一股绳"，聚焦"七有""五性"，创新"接诉即办""双平台"工作机制，高效办理居民诉求，打通了服务社区的"最后一公里"，打造出首都"七有""五性"社区建设的示范样本。同时，社区党委坚持"以党建带侨建促社建"，2019年创建"侨之家"怡海社区，这是北京市首家"侨之家"社区，也是全国侨联系统中第一个成立的"侨之家"社区，成为社区一大特色。怡海花园社区为此荣获北京市先进社区党组织、首都花园式社区、全国文明单位等多项荣誉称号，被居民和侨胞誉为"温馨家园"，被住房和城乡建设部评为"宜居小区"。

二、治理策略

1. 充分发挥党建引领作用

市—区—街道—社区四级书记共同关注，大力推进怡海花园小区业委会组建工作。丰台区委书记亲自调度，新村街道工委、社区党组织充分发挥党建引领作用，深入贯彻市区领导指示精神，坚持以人为本、共建共治。新村街道、区房管局、怡海花园社区、物业企业、建设单位每周调度，结合方案推进充分研讨，全程严把筹备组成员筛选、业委会候选人推荐、资格联审等关键环节，确保委员候选人文化水平、年龄分布、行业多样性均匀平衡，在党员过半的前提下，充分调动党外代表、群众团队带头人等社区骨干积极参与，进一步凸显新一届业委会的引领作用和广泛代表性。

2. 积极探索“党务、服务”深度融合，“三驾马车”合力共治

怡海花园社区党委积极探索“党务、服务”深度融合，引领居委会、业委会和物业“三驾马车”合力共治，进一步提升怡海花园社区现代化治理水平。社区党委统筹领导，各方组织实现交叉任职，怡海集团副总兼职社区党委副书记，居委会业主委员为业委会成员，社区党委副书记任社区侨联秘书长。2020年5月1日，新版《北京市生活垃圾管理条例》正式实施后，怡海花园社区党委坚持党建引领，充分发挥社区居委会、业委会和物业三平台联动作用，推动“三驾马车”合力共治，积极全面落实垃圾分类行动，带领全体业主一起“让垃圾变资源，让分类成习惯”，构建起怡海绿色生活。同时，社区居委会、业委会和物业三方联合破解社区治理难题，通过召开业主大会修改了小区管理公约和议事规则，与物业服务企业签订了物业服务合同，催缴了富泽园7号楼、8号楼的公共维修基金，解决房屋漏雨问题。

3. 坚持党建引领“接诉即办”，创新“双平台”工作机制

怡海花园社区党委每月召开协商会，引导物业企业积极参与社区治理，社区党委建立“掌上微信12345接诉平台”、物业企业建立“24小时接诉平台”，双平台同步接诉办理居民诉求，快速、高效解决居民的操心事、烦心事、揪心事。通过“双平台”形成心往一处想、劲往一处使的强大合力，打造齐抓共管、整体推进的良好格局，真正做到俯下身去与老百姓沟通，直奔现场、直面问题，

切实做到民呼我应、民盼我为，把群众工作做得更有温度。

4. 坚持以党建带侨建促社建，创建“侨之家”怡海社区

怡海花园社区党委立足本社区侨胞数量较多的特点，于 2019 年 10 月创建怡海社区“侨之家”，这是北京市首家“侨之家”社区，也是全国侨联系统中第一个成立的“侨之家”社区。“侨之家”怡海社区在开展工作的过程中，始终贯彻“以人为本、为侨服务，开门办侨、多方发力”的建设原则，以阵地联建、工作联动、活动联办、服务联享“四联”为抓手，构建起“市—区—街—社区”四级联动工作机制，引导侨界群众在“七有”“五性”社区建设中发挥作用，树立了为侨服务和基层侨联组织参与社区治理服务的工作典范。

三、治理成效

1. 打造出党建引领“五社联动”超大型社区精细化治理模式

怡海花园社区党委利用本社区侨胞数量较多的特点，坚持“党建带侨建促社建”的指导思想，贯彻“以人为本、为侨服务，开门办侨、多方发力”的建设原则，以打造“七有”“五性”幸福社区为平台，建立起“市—区—街—社区”四级联动工作机制，形成“运行组织化、合作契约化、服务项目化、活动品牌化、参与志愿化”的“五化”工作机制，构建起党建引领社区居委会、社会组织、社会企业、社会单位、社区居民“五社联动”的超大型社区精细化治理模式，极大提高了社区居民的获得感、幸福感、安全感。

2. 成为首都“七有”“五性”社区建设示范样本

聚焦社区“七有”要求、“五性”需求，社区充分发挥党建引领“五社”联动力量，协调各方齐抓共管，补足社区发展短板。一是“幼有善育、学有优教、老有所学”，为社区居民提供终身式教育服务体系。怡海花园社区不断完善教育服务体系，建立了从幼儿园、小学、中学直至老年大学的教育服务体系，让社区居民不出怡海，就能完成终身式教育。二是“劳有厚得”，让更多的居民在社区就业。社区中的很多业主都在社区内学校、商铺等从业，更有许多人在社区物业集团工作。社区还打造了侨创空间，积极扶持“家门口创业”，使居民足不出社区就可以“劳有厚得”。三是“病有良医”，开通便民绿色就医通道。社区内设立了社区卫生服务站和 999 南四环急救站，小病在社区内即可实现“病有所

医”。为解决社区居民看病难的问题，社区卫生服务站与附近的天坛医院新院、北京丰台医院建成紧密型“医联体”，居民大病不出“一刻钟服务圈”就可医治。四是“老有颐养”，满足社区老年人养老需求。怡海花园社区按照“机构养老、日间照料、居家养老”三位一体的综合性养老服务模式，创办怡海优佳养老中心，使得怡海社区成为“老有颐养”的老年人生活乐园。五是“住有宜居”，社区便民利民服务应有尽有。怡海花园社区便民服务设施齐全，各类商业店铺、各种文体设施、各种便利服务项目一应俱全，打造北京市生活性服务业示范街区。六是“弱有众扶”，为社区提供精细化服务。怡海花园社区“扶弱”，精细到了扶“弱项”，可以提供全方位的便民服务。怡海达丰物业有很多经过专业培训的维修工人，他们均具备专业技能，可以为业主提供门窗、空调维修及水工、电工等服务。

3. 形成了怡海花园社区特有的社区文化

怡海花园社区坚持文化为根，形成了特有的社区文化，核心是 5 句话、10 个字的怡海花园社区精神，即“爱心、激情、认真、创新、坚持”。在大灾大难面前，总有怡海人的爱心传递。目前，怡海社区已连续 14 年举办“大爱行天下”大型慈善公益活动，弘扬社会正气，凝聚社区民心。激情澎湃融入群体。怡海集团董事长王琳达要求怡海工作人员对每个人、每件事、每个细节都要认真，努力做到精心、精准、精细、精致。坚持把创新发展贯穿始终。在城乡接合部砂石坑上建成现代化花园式社区，是创新。地产商亲自办社区，是创新。在社区办终身教育，是创新。以“党建带侨建促社建”，更是创新。怡海花园社区近 30 年的发展模式本身，就是社区治理的系统性创新。

第四十一章　北京市××小区业委会的由乱到治

一、基本情况

××小区是一个低密度、高品质的花园式高档住宅，属于纯商品房社区。小区占地面积约4万平方米，其中绿化面积约1.2万平方米，常住人口近两千人，小区居民主要以上班族为主。

原有物业公司为开发商指定的物业服务公司，即DL物业管理有限公司。在DL担任物业公司期间，出现绿化无人管理、树木无人修剪等维护问题，设备维修迟缓、安全设备老化等安全问题，与业主沟通不畅甚至诉诸暴力等日常管理问题。前期出现了多台设备老旧、无法正常使用的问题，使小区存在很大的安全隐患，这影响了业主对物业费缴纳的态度，导致物业费难以收缴齐全。这进而影响了物业公司提供服务，随之小区物业服务水平下降，进一步加大了物业服务费收取的难度，形成了“服务下降—物业费收取困难—服务缺位”的恶性循环。

由于原有物业服务的缺位，小区大部分业主产生了更换物业的想法。因此，在2016年11月，××小区业主程某某、成某某、高某某成立了业委会筹备委员会，着手开展相关事宜。同时，××社区在党建引领下，召开党委会研究××小区出现的问题，并与业委会筹备委员会沟通。在社区党组织引领下，回应业主的呼声，召开业主大会，终止了物业服务合同。为选取小区新的物业公司，2019年1月，该小区正式成立业委会，同时成立了临时党支部。在小区新物业公司招标期间，街道、社区多次召开协调会，指导监督依法进行更换物业，××小区业委会各委员积极寻求街道和社区的指导和帮助，依法按时组织业主大会和公开招标工作。2021年11月7日，JM物业管理有限公司成功当选

××小区新的物业公司。

JM 物业入驻后，坚持发挥物业服务作用，以居民为中心，加强对设施、制度的管理，严谨认真、优质高效地履行服务职责。在党建引领和多元主体的共同努力下，小区推出“三新三变”的治理新思路，探索出自治新体系、服务新体系和共商新体系，实现了小区管理由无章向有序转变，实现了服务由缺位向补位转变，实现了各方关系由紧张向和谐转变。在与业委会协调合作下，JM 物业在小区服务上赢得了业主和社区的认可，也在“中秋游园会”等多项社区活动中为社区高质量发展贡献了物业力量。在党建组织、社区街道、业主、业委会和物业的共同努力下，××小区环境不断改善、物业服务质量得到了提高，小区居民的获得感、幸福感和满意度不断提升。业委会积极发挥桥梁纽带作用，协助社区做好相关事务。同时，聚焦“协商会”诉求，解决好居民烦心、操心、揪心的事，带动其他业主行动起来，实现了小区管理人人参与、小区环境人人共享，助力实现资源共享、发展共商、事务共治、成果共赢。

二、业委会的基本情况

在××小区建成之初，小区内部没有组建正规的业委会，只有以程某某、成某某等为代表的业主自发作为志愿者为小区进行服务，但部分业主自主维权意识的觉醒和自发服务小区的责任感为××小区日后成立业委会提供了可能。

后来，业主与物业矛盾频发，业主更换物业的呼声强烈，更换物业事宜被提上议程。2016 年 11 月，××小区的业主程某某、成某某、高某某成立了业委会筹备委员会并着手开展筹备业委会和更换物业等相关事宜。

2019 年 1 月，××小区正式成立业委会，业委会成员包括主任 1 名，副主任 1 名，委员 5 名。业委会中有 5 名党员，故成立了临时党支部。业委会成员普遍学历高、有一定社会认可度，同时具有极强的责任感和社会公益心。目前，××小区的业委会有安全卫生、审计财务、基本服务和基础设施共四个分委会，他们共同参与小区的日常管理。

业委会的日常工作按照程序规范开展。业委会主动告知社区等部门其相关情况，并在半年召开一次的业主大会上定期公示小区情况。同时，积极参与由物业、社区等多方组成的协商会议。

三、原业委会无为:业主与物业、业委会矛盾频发

××小区建成之后开发商将小区物业管理权交给了 DL 物业管理有限公司,××小区物业费一直是酬金制。酬金制是指在预收的物业服务资金中按约定比例或者约定数额提取酬金支付给物业服务企业,其余全部用于物业服务合同约定的支出,结余或者不足均由业主享有或者承担的物业服务计费方式。物业服务企业以提取酬金的方式获得双方认可的合理报酬,同时接受业主的监督,提供优质服务;业主可以提出各种合理的要求,同时可以监管资金,拥有知情权,体现了业主自治的原则。

在 DL 为××小区进行物业服务初期,由于小区设备设施都是新建成投入使用的,不存在设备维修等情况,故向业主收取的物业费一般用于服务居民、小区环境保洁和绿化维护等。小区在成立之初,没有组建正规的业委会,只有几名小区业主自发组成的志愿者为小区服务。从 2017 年开始,小区逐渐出现水管漏水、消防设备瘫痪,地下车库安防、门禁等设备老旧,小区绿化养护、墙体破损等无人处理的问题,原 DL 物业公司的服务无法满足小区业主的需要。业主与物业矛盾频发,甚至出现了暴力冲突,以至于形成了"服务下降—物业费收取困难—服务缺位"的恶性循环。

当时××小区物业费收缴率和收缴数额均有限,存在部分很多年无法取得联系的业主,大部分能够取得联系的业主缴纳物业费的意愿也不强;虽然有部分出于邻里情怀自掏腰包为小区提供服务的业主,但是小区缺乏基本的安全设施且部分已有物业设施(停车场等)荒废,使得居民居住面临很大的安全隐患,而原有物业能力有限,业主无法享受相应的物业服务。因此,大部分业主产生了更换物业的想法,借助此契机,××小区成立了业委会。

四、社区介入协同:业主"更换物业"呼声强烈

2020 年,在广大业主的强烈要求下,××小区召开了业主大会,终止了与 DL 的物业服务合同。此外,街道、社区多次召开协调会,指导监督××小区依法更换物业公司。

社区介入小区进行协同治理期间，意识到了成立业委会的重要性，也反映出随着业主需求的变化，居民业主身份意识在不断觉醒。面对小区持续发展难题，社区呼吁在党建引领下实现“社区、业委会和物业”三角关系的正向循环，发挥业委会和物业在小区事务服务中的积极作用，实现业主自治。

由于业主们更换物业的积极性很高，所以大部分业主非常支持业委会的工作，包括请“公益律师”、走司法程序等。最终，××小区选定了 JM 物业，这为小区后来“翻天覆地的变化”奠定了基础。

五、物业选换启动：招标小组成立

在 DL 担任物业公司期间，××小区出现了维护、安全、沟通等问题，甚至发生了暴力冲突。××社区在党建引领下，召开党委会研究××小区出现的问题，通过党委讨论研究和与业委会进行开会沟通，决定与原 DL 物业解除合同关系、更换物业公司。自此，选换物业工作启动，历时 9 个月后业主大会选取了 JM 物业为新的小区物业。

2021 年 2 月 27 日，业主大会会议决定终止与 DL 之间的物业服务合同，通过招标的方式公平选聘物业服务人。2021 年 3 月 8～9 日，业委会在微信群发起成立招标小组，邀请业主报名，有 20 余名业主报名参与招标，最终确定招标人为 17 人。2021 年 3 月 13 日，物业招标服务小组与北京 XJ 咨询有限公司、QY 国际招标有限公司两家公司沟通后，建议业委会聘用北京 XJ 咨询有限公司负责招标代理。2021 年 4 月下旬至 5 月底，招标小组编制形成小区物业服务招标文件。2021 年 5 月 31 日，××小区发布招标公告，相关链接在业主群公布，有 11 家公司投标。2021 年 7 月 4 日，由专家、业委会代表、业主代表组成的评委会，评议出北京 JD 物业管理有限公司、JM 物业管理有限公司、LS 有限公司三家公司。业委会在业主群里发布了公司委托合同及附件、补充协议、物业维护费预算的电子版，业主可以查阅。2021 年 7 月 21 日，业委会通过视频会议向全体业主通报了物业公司招标工作的进展。2021 年 10 月 1 日，业委会主任程某某主动联系街道社办，要求暂停二次业主大会投票，有业主反映业委会相关公示不明确，业委会表示要再补充相关的公示。2021 年 10 月中旬，恢复二次业主大会投票。2021 年 11 月 7 日，投票完毕，JM 物业成功当选。

社区党组织以党建引领业委会为切入点，提高政治站位，指导监督××小区依法进行更换物业。

六、新业委会有为：金牌业委会赢得业主认可

2021 年 12 月 31 日，新老物业换届之际产生矛盾。原物业不能按量按质提供关于小区现有情况的资料，并和开发商之间互相推卸责任，这影响了新物业和社区的安全排查等工作。此外，原物业收取了部分业主新一年的物业费没有返还，使得新的物业公司难以开展部分工作。这些事由导致业主的情绪波浪式爆发。在这过程中社区工作人员不断帮忙调停，安抚业主们的情绪。

在新老业委会换届期间和 JM 物业入驻后，面对冲突、矛盾和质疑，业委会及其委员始终发挥着重要作用。程某某从 2016 年参与业委会工作至今，一直秉承着一颗公心、不图私利、积极奉献。多少个夜晚和休息日程某某放弃休息时间和业委会相关人员一起做预算，一起审计核对每一笔进出账目，并对物业人员进行考核。在物业的更换工作中，程某某根据法律政策的要求，组织志愿者引导好业主，让广大业主了解优秀物业管理小区所带来的便利与服务，同时积极寻求政府的指导和帮助，依法按时组织业主大会和公开招标工作，使得优秀物业可以顺利地入驻小区。此外，程某某认真收集业主的需求和建议，并动员业委会成员与××社区志愿者团队、JM 物业，共同策划和组织社区的各类建设活动。

JM 物业作为国有企业，对业主来说具有稳定性和保障性，物业服务能力较强。目前，业委会成员是 7 位，全部是上班族，虽然他们参与小区事务时间有限，但是业委会成立了包含专职秘书、律师的团队来管理小区日常事务。在专业化和职业化的态势下，业委会与社区形成了“有事沟通、尽力而为、及时反馈”的良性关系。

目前，××小区在党建引领下，推出“三新三变”的小区治理新思路，探索出自治新体系、服务新体系和共商新体系，在“三驾马车”共同驱动下，实现了小区管理由无章向有序转变、服务由缺位向补位转变和各方关系由紧张向和谐转变。

(一)健全自治体系:实现小区管理由无章向有序转变

JM 物业入驻后,在××社区党委的提议下建立了小区新的管理制度,加强与业委会相关政策法律的宣传与学习。同时,进行流程化、规范化的管理,充分发挥物业服务优质化的作用,以居民为中心,加强小区设施、制度的管理,做到认真负责、优质高效地履行服务职责。

社区党组织加强对居民知识的普及,强化居民的自我管理意识,建议 JM 物业将社会监督体系纳入小区自治体系,促进小区良性发展。JM 物业通过改善小区环境、制定《居民公约》《小区邻里公约》《社区服务公约》,调动居民主动参与小区治理的积极性,使居民的主体作用得到充分发挥。此外,社区党组织还多次联合业委会、JM 物业共同举办垃圾分类、反诈骗、植树节、宽带进小区、春节庙会、灯谜会等多种居民喜闻乐见的活动。以上措施使得业主、业委会和物业三者之间的关系得到大幅度的缓解,提升了小区居民的归属感、幸福感。

(二)创新服务体系:实现服务由缺位向补位转变

社区党组织以业委会为切入点,加强思想教育、提高政治站位,监督老旧设备的更换、提高小区安全水平。社区、业委会、物业三方通力合作,全面整合资源、优化组织力量,搭建了"共建、共治、共享"的小区治理模式。

针对公共服务缺位走样等问题,社区党委整合辖区各方资源,主动延伸服务触角,将各领域优势资源向小区集中,以精细化、精准化的标准完善公共服务,拉近民心、缩短服务半径。JM 物业于 2022 年 1 月 1 日入驻小区后,启动公共维修基金对小区进行消防设施的修复等诸多维修维护工作。绿植的更换和养护、楼道的堆物堆料清理、地下车库设备的更新、停车制度的出台等一系列举措,使小区在环境和服务上有了新的变化,让居民从"发牢骚"转变成"理性求共识"。通过两年的努力,召开协商会议 10 余次,使得××小区逐步呈现出和谐、友爱、互助的良好局面。

(三)完善共商体系:实现各方关系由紧张向和谐转变

社区与物业、业委会联合检查,排除安全隐患,及时解决居民急、难、愁、盼问题。社区党委创新协商共议治理方式,健全党组织领导下的议事协商机制,定期召开协商会议,每月召开一次“碰头会”并召集物业和业委会相关人员参加,汇集居民需求,确保小事不出小区,大事不出社区,难事街道吹哨。截至2022年,物业收缴率达95%以上,满意率达93%。

七、业委会何以正名:启示与思考

伴随着“党建引领、小区治理”工作模式的逐步推进,实现了业委会和物业公司运行的规范化、公开化。业委会积极发挥桥梁纽带作用,协助社区做好相关事务。同时,聚焦“协商会”诉求,解决好居民烦心、操心、揪心的事,带动其他业主行动起来,实现小区管理人人参与,小区环境人人共享,实现了资源共享、发展共商、事务共治、成果共赢,奏响了社区治理新乐章。

附件1　温州市物业管理条例

（2016年12月23日温州市第十二届人民代表大会常务委员会第三十九次会议通过　2017年3月30日浙江省第十二届人民代表大会常务委员会第三十九次会议批准　2022年12月20日温州市第十四届人民代表大会常务委员会第八次会议修订　2023年3月31日浙江省第十四届人民代表大会常务委员会第二次会议批准）

目　　录

第一章　总　　则

第一条　为了规范物业管理活动，维护物业管理各方的合法权益，根据《中华人民共和国民法典》等有关法律、法规，结合本市实际，制定本条例。

第二条 本市行政区域内物业管理活动及其监督管理，适用本条例。

第三条 物业管理应当遵循业主自治与政府依法监管相结合的原则。

第四条 市、县（市、区）人民政府应当将物业管理纳入现代服务业发展规划、社区建设和社区治理体系，建立和完善物业管理综合协调机制和社会化、市场化的物业管理机制，推进物业管理与基层治理有机融合。

本市建立健全人民调解、行政调解、司法调解等衔接联动工作机制，加强物业管理纠纷源头治理。

鼓励采用数字化等新技术、新方法提高物业管理和服务水平。

第五条 市、县（市、区）住房和城乡建设管理部门是物业管理主管部门，负责本行政区域内物业管理的监督管理工作。其他相关行政管理部门按照各自职责，依法做好物业管理相关的监督管理工作。

街道办事处、乡镇人民政府负责指导本辖区业主大会的成立和业主委员会等业主组织的选举，监督业主组织的日常活动，调解处理物业管理纠纷，协调物业管理与社区管理、社区服务的关系。

社区居民委员会、村民委员会协助街道办事处、乡镇人民政府开展物业管理相关工作。

第六条 本市建立健全社区（村）党组织领导下，社区居民委员会、村民委员会、业主组织、物业服务人等共同参与、协调运行的物业管理治理架构。

在物业管理区域内，根据中国共产党章程的规定，设立党的基层组织，开展党的活动，发挥党建引领作用。

第七条 突发事件应对期间，街道办事处、乡镇人民政府依法履行应急处置职责，指导物业服务人及时有序开展相应级别的应对工作，并给予必要的物资和资金支持。

物业服务人应当服从政府统一指挥，执行政府依法实施的应急处置措施和其他管理措施，积极配合社区居民委员会、村民委员会开展工作。

业主以及非业主使用人、业主组织应当依法落实政府的各项应急处置措施和其他管理措施，积极配合物业服务人开展前款规定的工作，做好避险、自救、互助。

第八条 市、县（市、区）物业管理主管部门和相关行政管理部门，应当按照各自职责受理对物业管理活动的投诉、举报,依法调查处理违法行为。

第九条 物业管理行业协会和业主委员会协会依法制定和组织实施自律性规范,组织业务培训,协助调解处理物业管理纠纷。

第十条 业主组织、物业服务人、建设单位以及街道办事处、乡镇人民政府等依照本条例的规定向业主负有信息公开义务的,应当以书面形式在物业管理区域主要出入口、公示栏、物业服务用房等显著位置公示,或者按照业主大会议事规则、管理规约规定的其他方式公开。

鼓励同步通过市、县(市、区)物业管理主管部门建立的物业管理信息系统或者业主互联网群组等数字化手段公开前款规定的信息。

第二章 业主和业主组织

第一节 业主和业主大会

第十一条 本条例所称的业主,是指建筑物专有部分的所有权人。因房屋征收补偿、与建设单位之间的商品房买卖等法律行为,已经合法占有建筑物专有部分,但尚未依法办理所有权登记的人,可以认定为业主。

第十二条 业主人数按照建筑物专有部分的数量计算,一个专有部分按一人计算。建设单位尚未出售和虽已出售但尚未交付的部分,按一人计算;同一业主拥有一个以上专有部分的,按一人计算。

专有部分面积,以不动产登记簿记载为准;尚未进行不动产登记的,按测绘机构的实测面积计算;尚未进行实测的,按商品房买卖合同或者房屋征收补偿协议记载的面积计算。

第十三条 物业管理区域内的全体业主组成业主大会,一个物业管理区域设立一个业主大会。

业主大会会议可以采用集体讨论、书面征求意见或者其他形式。

业主共同决定事项可以采取纸质投票、电子投票等方式进行表决。采用电子投票表决的,鼓励通过物业管理信息系统进行。

第十四条 业主大会通过的议事规则规定成立业主代表大会,并明确授权事项的,可以成立业主代表大会。业主代表大会在业主大会授权范围内履行职责。

业主代表大会由业主推选的业主代表和未推选业主代表的业主组成。业主代表根据业主的授权事项行使业主权利。业主代表的投票权数按其所代表的业主的投票权数计算。业主撤销对所推选的业主代表授权的,应当书面通知业主委员会。

第十五条 符合成立业主大会条件的,街道办事处、乡镇人民政府应当在收到建设单位或者十人以上的业主联名提出筹备业主大会的书面申请之日起六十日内,指导业主成立业主大会筹备组。筹备组具体负责下列工作:

(一)确认业主身份、人数及所拥有的专有部分面积;

(二)确定首次业主大会会议召开时间、地点、方式和议题;

(三)拟订业主大会议事规则和管理规约草案;

(四)制定业主委员会成员候选人产生办法,确定候选人名单;

(五)拟定首届业主委员会选举办法;

(六)召开首次业主大会会议的其他准备工作。

前款所列内容应当在首次业主大会会议召开十五日前公示。业主对公示内容有异议的,筹备组应当自收到异议之日起五日内答复。

划分为一个物业管理区域的分期开发的建设项目,先期开发部分符合业主大会成立条件的,可以按照本条第一款规定成立筹备组;首次业主大会会议应当在业主大会议事规则中明确增补业主委员会成员的办法。

第十六条 筹备组由业主代表和街道办事处或者乡镇人民政府、社区居民委员会或者村民委员会、建设单位的代表组成,一般为五至九人单数。其中业主代表人数比例不得低于总人数的二分之一,具体由街道办事处、乡镇人民政府在民主推荐的基础上从业主中确定。建设单位经书面通知后未派员参加的,不影响筹备组成立。筹备组组长由街道办事处、乡镇人民政府指定。

筹备组应当自成立之日起三日内公示成员名单。业主对筹备组成员有异议的,由街道办事处、乡镇人民政府协调解决。

筹备组成员中的业主代表依据本条例第二十二条规定被推荐为业主委员会成员候选人的,应当退出筹备组。

第十七条 建设单位应当自筹备组成立之日起七日内向筹备组提供下列

资料：

（一）竣工总平面图，单体建筑、结构、设备竣工图，分幢分层平面图和套型图，物业区域内道路、地下停车库、地下管网工程竣工图等竣工验收资料；

（二）共用设施设备清单；

（三）业主名册。

建设单位已经注销的，由物业服务人按照前款规定提供相关资料。

第十八条　筹备组应当自成立之日起九十日内召开首次业主大会会议。逾期未能召开首次业主大会会议的，可以向街道办事处、乡镇人民政府申请延期，延期最长不得超过六十日。

有下列情形之一的，街道办事处、乡镇人民政府应当公告筹备组解散：

（一）首届业主委员会已经依法备案的；

（二）首次业主大会会议未能选举产生业主委员会的；

（三）未能在本条第一款规定期限内召开首次业主大会会议的；

（四）街道办事处、乡镇人民政府认为应当解散的其他情形。

第十九条　首次业主大会会议的筹备经费由建设单位承担，具体标准由市物业管理主管部门根据业主人数、专有部分面积等因素确定并向社会公布。

建设单位应当在房屋竣工验收后三十日内，将筹备经费存入街道办事处、乡镇人民政府指定的银行账户。筹备经费应当专款专用。

筹备组应当制定筹备经费开支预算方案报街道办事处、乡镇人民政府。

筹备组应当在首次业主大会会议上向全体业主公布筹备经费的使用情况。筹备经费的结余部分应当根据业主大会的决定用于物业管理。

第二十条　业主大会应当根据法律、法规或者业主大会议事规则的规定召开定期会议和临时会议。

召开业主大会会议，会议组织者应当于定期会议召开十五日前或者临时会议召开七日前通知全体业主，将会议议题及其具体内容、时间、地点、方式等信息公示，同时告知社区（村）党组织、社区居民委员会、村民委员会。业主大会会议不得就未公示议题进行表决。

街道办事处、乡镇人民政府、社区（村）党组织、社区居民委员会、村民委员会可以派代表列席业主大会会议。

业主大会的决定应当予以公布并同时报送社区(村)党组织、社区居民委员会、村民委员会。

第二节 业主委员会

第二十一条 业主委员会是业主大会选举产生的自治组织,执行业主大会的决定,履行法定职责和业主大会赋予的其他职责。

对于依法应当由业主共同决定的事项,业主大会不得授权业主委员会决定,根据业主共同决定或者业主大会议事规则、管理规约规定,授权较小额度内使用业主共有收入用于物业管理的除外。

鼓励通过业主共同决定或者业主大会议事规则、管理规约规定,选聘物业服务人、业主共有资产租赁或者选聘施工单位维修、改建、重建建筑物及其附属设施等事项采用公开招投标方式进行。

第二十二条 业主委员会成员候选人通过下列方式推荐:

(一)业主自荐或者十人以上业主联名推荐;

(二)社区(村)党组织、社区居民委员会、村民委员会推荐;

(三)街道办事处、乡镇人民政府推荐;

(四)法律、法规规定的其他渠道推荐。

鼓励具有中国共产党党员身份的业主积极参选业主委员会成员。

筹备组、即将届满的业主委员会、物业管理委员会应当在街道办事处、乡镇人民政府、社区(村)党组织的指导下,根据法律、法规和业主大会议事规则、管理规约的规定,对被推荐人的资格进行审查,确认候选人名单。

业主委员会成员候选人名单应当公示,公示期不少于七日。业主对候选人有异议的,应当在公示期间书面提出;筹备组、即将届满的业主委员会或者物业管理委员会应当自收到异议之日起五日内答复。

第二十三条 业主委员会一般由五至十一人单数组成,每届任期三年至五年。业主委员会成员可以连选连任,具体人数、任期以及成员能否任职两个以上的物业管理区域,由业主大会议事规则规定。

业主委员会应当自选举产生之日起七日内召开首次会议,在业主委员会成员中推选业主委员会主任和副主任。

第二十四条　业主大会可以决定设立业主委员会候补成员，候补成员人数不得超过业主委员会成员总人数的二分之一。候补成员职务终止规则与业主委员会成员相同。候补成员可以列席业主委员会会议，但是没有表决权。

业主委员会任期内成员空缺的，由候补成员按照得票多少依次递补，并由业主委员会予以公示。

第二十五条　业主委员会自选举产生之日起三十日内，持下列资料向街道办事处、乡镇人民政府备案：

（一）业主大会会议记录和会议决定及其表决汇总表、明细表；

（二）业主大会议事规则；

（三）管理规约；

（四）业主委员会成员名单及其基本情况。

备案内容发生变更的，业主委员会应当自变更之日起十五日内变更备案；未及时变更的，以原备案记载内容为准。

业主委员会应当对报送备案资料的真实性负责。

第二十六条　街道办事处、乡镇人民政府对于备案资料齐全的，应当在三个工作日内在报送的业主大会议事规则和管理规约文本上加盖备案印章并出具由街道办事处、乡镇人民政府盖章的书面备案证明，业主大会议事规则、管理规约以及业主委员会选举的表决结果不符合法定条件的除外。

业主可以向街道办事处、乡镇人民政府申请查询业主委员会备案事项，街道办事处、乡镇人民政府应当提供查询服务。

第二十七条　业主委员会应当按照国家和省有关规定向经公安机关批准设立的公章刻制企业刻制公章。

第二十八条　业主委员会应当持备案证明向金融机构申请开立账户。属于业主共有的资金和经营性收益，不得以任何个人的名义进行存储和管理。

业主委员会应当建立规范的财务管理制度。业主委员会可以根据业主大会的决定或者业主大会议事规则、管理规约的规定，委托专业机构进行财务管理。

第二十九条　业主委员会应当向全体业主公布下列事项：

（一）业主大会议事规则、管理规约；

（二）业主大会和业主委员会的决定；

（三）物业服务合同；

（四）物业专项维修资金的筹集、使用情况；

（五）物业共用部位、共用设施设备的使用和所得收益的收支情况；

（六）业主大会和业主委员会工作经费的收支情况；

（七）其他应当向业主公开的事项。

前款第四项至第六项规定的内容，应当每年至少公布一次。

第三十条 业主委员会会议由主任或者其委托的副主任按照业主大会的决定或者业主大会议事规则的规定组织召开。经三分之一以上业主委员会成员提议召开业主委员会会议的，由提议的成员按照业主大会议事规则的规定组织召开。

业主委员会召开会议，应当提前告知社区（村）党组织、社区居民委员会、村民委员会。街道办事处、乡镇人民政府、社区（村）党组织、社区居民委员会、村民委员会可以派代表列席业主委员会会议。

业主委员会会议应当有过半数的成员出席，作出的决定应当经全体成员过半数同意并签字确认。业主委员会成员不得委托他人参加会议。业主委员会应当自作出决定之日起三日内将决定内容向全体业主公布。

业主委员会会议应当制作会议记录，并由出席的成员签字确认。业主委员会会议记录应当妥善保存，保存时间按照业主大会的决定或者业主大会议事规则的规定确定。

第三十一条 业主委员会成员有下列情形之一的，其成员职务自行终止，由业主委员会确认并向全体业主公布：

（一）不再是本物业管理区域业主的；

（二）因健康或者其他原因丧失履行职责能力的；

（三）以书面形式向业主大会提出辞职的；

（四）法律、法规、业主大会议事规则、管理规约规定的其他情形。

第三十二条 业主委员会等业主组织及其成员不得有下列行为：

（一）骗取、侵占、挪用业主共有财物；

（二）利用职务之便，非法索取或者收受物业服务人、有利害关系的业主的财物、报酬，或者谋取可能妨碍公正履行职务的其他利益；

（三）向物业服务人销售商品、承揽业务；

（四）向他人出售或者提供业主资料用于与物业管理无关的活动；

（五）阻挠、抗拒业主组织行使职权；

（六）审计期间弄虚作假，隐瞒事实真相，转移、隐匿、篡改、毁弃或者拒绝、拖延提供有关文件、资料；

（七）违规使用业主大会或者业主委员会公章；

（八）打击、报复、诽谤、陷害有关举报人；

（九）怠于履行职责，导致物业管理活动无法正常进行；

（十）其他侵害业主合法权益的行为。

业主委员会及其成员有前款规定行为之一的，业主可以根据法律、法规、业主大会议事规则的规定提请业主共同决定终止业主委员会或者其成员职务，并及时选举产生新的业主委员会或者补选、递补成员缺额。

第三十三条　业主委员会任期届满六十日前，应当组织召开业主大会会议进行换届选举。

业主委员会任期届满前六十日内，不得就选聘、解聘物业服务人组织召开业主大会会议。

即将届满的业主委员会未在规定期限内组织换届选举的，或者业主委员会成员人数不足成员总数二分之一的，街道办事处、乡镇人民政府应当指导开展换届工作。

第三十四条　业主委员会应当在任期届满或者终止之日起十日内，将其保管的属于全体业主所有的财产、印章和账簿、文书等资料移交新一届业主委员会。新一届业主委员会尚未选举产生的，应当移交给街道办事处、乡镇人民政府保管。

业主大会、业主委员会、物业管理委员会依法需要使用前款规定的财产、印章和账簿、文书等资料的，街道办事处、乡镇人民政府应当及时提供。街道办事处、乡镇人民政府应当在新一届业主委员会选举产生并办理备案手续后十日内移交新一届业主委员会；成立物业管理委员会的，街道办事处、乡镇人民政府可以在物业管理委员会成立之日起十日内移交物业管理委员会。

业主委员会成员资格终止的,应当自终止之日起三日内将其保管的属于全体业主所有的财产、印章和账簿、文书等资料移交业主委员会。

第三十五条 有条件的物业管理区域,业主大会可以决定给予业主委员会成员一定的津贴,也可以决定聘请业主委员会专职工作人员。

第三节 物业管理委员会

第三十六条 有下列情形之一的,街道办事处、乡镇人民政府应当及时组建物业管理委员会,县(市、区)物业管理主管部门应当予以指导:

(一)具备成立业主大会条件,未能召开首届业主大会会议的;

(二)业主大会成立后,未能选举产生业主委员会的;

(三)业主委员会任期届满或者任期届满前依法需要重新选举,但是未能选举产生新的业主委员会的。

第三十七条 物业管理委员会由业主代表和街道办事处或者乡镇人民政府、社区居民委员会或者村民委员会的代表等五至九人单数组成。其中业主代表人数比例不得低于总人数的二分之一,具体由街道办事处、乡镇人民政府在民主推荐的基础上从业主中确定。物业管理委员会主任由街道办事处、乡镇人民政府指定。

物业管理委员会应当自成立之日起三日内公示成员名单。业主对物业管理委员会成员有异议的,由街道办事处、乡镇人民政府协调解决。

物业管理委员会可以凭街道办事处、乡镇人民政府开具的证明,按照国家和省有关规定向经公安机关批准设立的公章刻制企业刻制公章,向金融机构申请开立账户或者变更账户。

第三十八条 物业管理委员会组织业主共同决定物业管理事项,代行业主委员会职责,推动符合条件的物业管理区域成立业主大会、选举产生业主委员会。

物业管理委员会应当维护业主合法权益,不得作出与物业管理无关的决定,不得从事与物业管理无关的活动。

街道办事处、乡镇人民政府应当自业主委员会依法备案之日起,公告解散物业管理委员会。被公告解散的物业管理委员会应当自公告之日起十日内将其保管的属于全体业主所有的财产、印章和账簿、文书等资料移交业主委员会。

物业管理委员会自成立之日起两年内未能推动成立业主大会、选举产生业主委员会的，街道办事处、乡镇人民政府应当重新组建物业管理委员会。

第三章 前期物业管理

第三十九条 市物业管理主管部门建立全市统一的物业服务项目招投标专家库，为建设单位选聘物业服务人提供服务。

市、县（市、区）物业管理主管部门监督管理本辖区的物业服务项目招投标活动。

第四十条 建设单位应当在商品房销售或者安置房交付前制定临时管理规约，并向商品房买受人或者安置房认购人明示、作出说明。

建设单位应当将临时管理规约作为商品房买卖合同的附件或者安置房交付的附随材料。

第四十一条 建设单位应当在取得商品房预售证前或者安置房交付前选聘前期物业服务人，签订前期物业服务合同。

前期物业服务合同应当对物业服务内容、服务标准、收费标准、合同解除和违约责任等事项作出约定。

建设单位应当将前期物业服务合同作为商品房买卖合同的附件或者安置房交付的附随材料。

第四十二条 前期物业服务期间，建设单位、物业服务人、专有部分面积占比百分之二十以上的业主且人数占比百分之二十以上的业主可以提出调整前期物业服务收费标准。

调整前期物业服务收费标准的，应当遵循下列程序并协商变更前期物业服务合同：

（一）委托专业机构对上一年度物业项目经营情况进行审计；

（二）在举行业主表决的三十日前，公示审计报告、拟定的新收费标准和表决方式；

（三）新收费标准应当经专有部分面积占比三分之二以上的业主且人数占

比三分之二以上的业主参与表决，并经参与表决专有部分面积过半数的业主且参与表决人数过半数的业主同意；

（四）新收费标准应当公示且公示时间不得少于七日。

对依法实施政府指导价的前期物业服务，收费标准的调整不得违反国家和省、市的规定。市人民政府及其价格主管部门应当根据经济社会发展情况对前期物业服务政府指导价适时组织评估和调整。

第四章　物业管理服务

第四十三条　物业服务人将物业服务区域内的部分专项服务事项委托给专业性服务组织或者其他第三人的，应当告知业主委员会并向全体业主公示。

第四十四条　鼓励物业服务与养老、托幼、托育、家政等社区生活服务相结合。支持有条件的物业服务人为业主提供家政、购物等服务，为老年人、婴幼儿开展助餐、助浴、助洁、助急、助行、助医、照料看护、定期巡访等服务。

物业服务人提供前款规定服务的，可以按照有关规定享受相应优惠扶持政策。民政部门和街道办事处、乡镇人民政府、社区居民委员会、村民委员会应当予以指导、协助。

第四十五条　物业服务人应当及时公布下列信息：

（一）物业服务人以及项目负责人的基本情况、联系方式、物业服务投诉电话；

（二）物业服务合同约定的服务内容、服务标准、收费项目、收费标准、收费方式等；

（三）电梯、消防等专项设施设备的维修保养合同、维修保养单位的资质、联系方式和应急处置方案等；

（四）房屋装饰装修和使用过程中的结构变动等安全事项；

（五）业主支付物业费、公共水电费用分摊情况，由物业服务人负责的物业专项维修资金、物业共用部位和共用设施设备经营收益的使用情况；

（六）其他应当公布的信息。

前款第一项至第四项规定的内容，应当常年公布并及时更新；第五项规定的内容，应当每年至少公布一次。

业主对公布内容有异议的,物业服务人应当及时予以答复。

第四十六条　提倡通过公开、公平、公正的市场竞争机制选聘物业服务人。

业主委员会应当与业主大会选聘的物业服务人订立书面的物业服务合同。

物业服务人应当自物业服务合同签订之日起十五日内向县(市、区)物业管理主管部门备案。

物业服务期限届满前解除合同或者续聘的,应当由业主共同决定,业主委员会不得擅自决定解聘或者续聘物业服务人。

第四十七条　市、县(市、区)物业管理主管部门应当制订、公布物业服务等级指引,指导物业管理行业协会监测、公布物业服务成本信息和计价规则。物业服务等级指引、成本信息和计价规则经评估需要调整的,应当及时调整、公布。

第四十八条　市、县(市、区)物业管理主管部门应当会同相关行政部门加强物业服务公共信用管理,依照国家、省规定及时、准确、完整归集物业服务人信用信息,纳入公共信用信息平台,依法实施激励和惩戒。

第五章　物业使用和维护

第四十九条　物业服务用房属于全体业主所有,由物业服务人、业主委员会共同使用。

物业服务用房的位置和建筑面积应当在建设工程规划许可证及其附件或者附图中载明。其设置应当相对独立、布局合理,具备通风、采光条件和水、电使用功能。

建设单位应当按照规定的地上总建筑面积比例配置物业服务用房;地下部分建筑规划为商业或者办公用途的,其建筑面积应当计入地上总建筑面积计算基数。

第五十条　业主、非业主使用人应当遵守法律、法规、临时管理规约、管理规约的规定以及业主大会的决定,安全、合理地使用、维护物业。

鼓励和支持在物业管理区域内进行合理改造,加装电梯、无障碍设施、健身设施、车辆充电设施、辅助医疗设备等基础设施和公共服务设施设备。相关改造应当符合法律、法规规定和技术规范要求。

第五十一条 业主、非业主使用人、物业服务人不得擅自占用、挖掘物业管理区域内的道路、场地，损害业主的共同利益。

业主、非业主使用人、物业服务人不得占用、堵塞、封闭疏散通道、安全出口、消防车通道；不得擅自占用、利用公共过道、楼梯间等其他共用部位、共用设施设备，影响其他业主生产生活。

第五十二条 物业管理区域内的车位、车库，应当首先满足业主的需要。

合法利用业主共有的道路或者其他场地用于停放车辆的，应当确定公开、公平、公正的使用方案，经专有部分面积占比三分之二以上的业主且人数占比三分之二以上的业主参与表决，并经参与表决专有部分面积四分之三以上的业主且参与表决人数四分之三以上的业主同意后实施。收取费用的，收益属于全体业主所有。

第五十三条 物业交付前，建设单位应当按照有关规定将验收合格的供水、供电、供气、供热、通信、有线电视等专业设施设备移交给相关专业经营单位管理，并移交有关技术资料。相关专业经营单位应当及时接管。物业交付时，建设单位应当将有关专业设施设备移交专业经营单位管理的情况予以公布。

相关专业经营单位接管后，应当及时做好专业设施设备的维修、更新和养护，确保安全运转和正常使用。专业经营单位委托物业服务人负责专业设施设备日常维修养护的，应当与物业服务人签订委托协议，明确维修养护的主要事项以及费用支付的标准和方式，并对其维修养护工作进行监督指导。

第五十四条 物业管理区域内供水、供电等专业经营单位应当向最终用户收取有关费用；确需委托物业服务人代收有关费用的，应当签订委托代收协议，并支付相应的代收手续费。

业主委员会或者新物业服务人应当自原物业服务合同终止或者原物业服务人停止处理物业服务事项之日起十五日内，持街道办事处、乡镇人民政府出具的备案证明或者新物业服务合同，办理相关户名变更手续或者重新签订委托代收协议，相关专业经营单位不得拒绝办理。业主委员会或者新物业服务人未在规定时间内办理的，相关专业经营单位应当督促其及时办理。

第五十五条 建设单位应当按照国家、省规定的保修期限和保修范围，承担物业的保修责任。

新建竣工的用于销售的住宅物业、住宅小区内的非住宅物业或者与住宅物业结构相连的非住宅物业，建设单位应当在竣工验收备案之前，按照国家、省规定的比例，向市或者县（市、区）物业管理主管部门指定的物业保修金管理机构交存保修金，作为保修期内物业维修费用的保证。

市、县（市、区）住房和城乡建设管理部门在办理竣工验收备案时，应当核验建设单位交存保修金情况。物业保修金管理机构应当将建设单位交存物业保修金的相关信息共享给住房和城乡建设管理部门。

第五十六条 物业保修期内，建设单位不履行或者不能履行物业保修责任的，由业主、业主组织提出申请，经物业保修金管理机构核实后，由业主组织或者其委托的物业服务人组织维修，费用在保修金中列支；建设单位或者继续履行保修责任的单位应当在保修金使用后十五日内予以补足。

第五十七条 物业保修金管理机构应当在物业保修期满前三十日内，将拟退还物业保修金事项在物业管理区域内公示，公示期限为三十日。

公示期内未收到异议的，物业保修金管理机构应当将物业保修金本息余额退还给建设单位或者继续履行保修责任的单位。

业主、业主组织、物业服务人等提出异议的，应当以书面形式向物业保修金管理机构提出。建设单位和异议人应当通过协商、仲裁、诉讼、共同委托第三方鉴定等方式解决争议。保修期内出现的物业质量问题，保修金交存期满后仍未修复的，保修金交存期延长至修复完成。

第五十八条 首期物业专项维修资金由建设单位代为足额缴纳。建设单位应当在物业竣工验收备案之前，向市或者县（市、区）物业管理主管部门指定的物业专项维修资金管理机构交存物业专项维修资金，用于共用部位、共用设施设备保修期满后的维修、更新和改造。

市、县（市、区）住房和城乡建设管理部门在办理竣工验收备案时，应当核验建设单位交存物业专项维修资金情况。物业专项维修资金管理机构应当将建设单位交存物业专项维修资金的相关信息共享给住房和城乡建设管理部门。

第五十九条 物业专项维修资金可以由物业专项维修资金管理机构代行管理或者根据业主共同决定实施自主管理。

涉及整个物业管理区域内共用部位、共用设施设备的维修、更新和改造费用,在该区域内全体业主的物业专项维修资金账户中列支;涉及单幢或者部分物业共用部位、共用设施设备的,在其相关业主的物业专项维修资金账户中列支。物业专项维修资金不足支付维修、更新和改造费用的,不足部分按照物业建筑面积比例由相关业主分摊。

第六十条 业主应当按照国家和省的有关规定交纳物业专项维修资金。

业主分户账内物业专项维修资金余额不足首期交存额百分之三十的,应当组织续交专项维修资金。

业主拒不续交物业专项维修资金的,业主组织或者其委托的物业服务人可以通过书面催交、在物业管理区域内显著位置公示等形式,督促其限期交纳。逾期不交纳的,业主委员会或者具有利害关系的业主,可以依法向人民法院提起诉讼。

业主、业主组织及其成员、物业服务人不得骗取、侵占或者挪用物业专项维修资金。

第六十一条 发生下列紧急情况,业主组织、物业服务人应当采取必要的应急安全措施,并及时组织修缮:

(一)电梯严重故障或者存在严重安全隐患的;

(二)消防设施故障,经消防救援机构出具整改通知书的;

(三)二次供水水泵运行中断的;

(四)较大面积建筑幕墙、外墙墙面以及建筑附属构件脱落或者有脱落危险的;

(五)排水、排污设施爆裂或者严重堵塞的;

(六)其他危及房屋安全和人身、财产安全的紧急情况。

发生前款所列紧急情况,需要立即维修建筑物及其附属设施的,业主组织、物业服务人或者相关业主可以不经业主共同决定,提出使用物业专项维修资金的申请。物业服务人提出申请的,应当经业主组织核实;未成立业主组织的，由街道办事处、乡镇人民政府核实。

紧急维修工程项目由申请人组织实施。申请人应当提出紧急维修工程项目和工程实施方案，在物业管理区域内显著位置向全体业主公布。物业专项维修资金管理机构应当在收到申请后两个工作日内作出审核决定。

申请人应当在工程竣工验收合格后，将工程结算在物业管理区域内显著位置向全体业主公示，公示时间不得少于七日，并将工程完成情况报送物业专项维修资金管理机构。申请人未按规定及时实施的，物业管理主管部门可以组织代修。

第六十二条　下列费用不得从物业专项维修资金中列支：

（一）依法应当由建设单位或者施工单位承担的共用部位、共用设施设备维修、更新和改造费用；

（二）依法应当由相关专业经营单位承担的供水、供电、供气、供热、通信、有线电视等管线和设施设备的维修、养护费用；

（三）因人为损坏及其他原因应当由当事人承担的修复费用；

（四）根据物业服务合同应当由物业服务人承担的维修养护费用；

（五）国家和省规定应当由有关单位和个人承担的费用。

第六十三条　需要对业主委员会财务活动、物业专项维修资金、共用部位和共用设施设备经营收益等收支情况进行审计或者对离任的业主委员会成员进行经济责任审计的，应当由业主共同决定或者在业主大会议事规则、管理规约中规定。审计报告应当通报全体业主。

业主委员会和物业服务人应当配合审计，不得转移、隐匿、篡改、毁弃会计凭证、会计账簿、财务会计报告以及其他与财务收支有关的资料。

第六十四条　对建成时间早、配套设施设备不完善、未实施物业管理的老旧小区，市、县（市、区）人民政府应当实施综合整治改造，完善配套基础设施和公共服务设施，改善提升老旧小区居住环境。

街道办事处、乡镇人民政府应当指导、推动老旧小区成立业主组织选聘物业服务人或者开展自我管理；未能选聘物业服务人或者开展自我管理的，街道办事处、乡镇人民政府或者受其委托的社区居民委员会、村民委员会负责组织实施环境卫生、秩序维护等基本物业服务，所需费用由业主承担。

第六章　法 律 责 任

第六十五条　违反本条例规定的行为，法律、行政法规和省的地方性法规已有法律责任规定的，从其规定。

第六十六条　建设单位或者物业服务人违反本条例第十七条规定，不提供相关资料的，由物业管理主管部门责令限期改正；逾期不改正的，处一万元以上十万元以下罚款。

第六十七条　业主组织及其成员违反本条例第三十二条第一款规定的，由物业管理主管部门责令限期改正，没收违法所得；违反其中第一项至第八项规定之一的，对直接责任人处五千元以上五万元以下罚款。

第六十八条　业主委员会及其成员违反本条例第三十四条第一款或者第三款规定，拒不移交其保管的属于全体业主所有的财产、印章和账簿、文书等资料的，由物业管理主管部门责令限期改正；逾期不改正的，对直接责任人处一千元以上一万元以下罚款。

第六十九条　建设单位或者物业服务人违反本条例第四十二条第二款第三项规定，调整前期物业服务收费标准未经专有部分面积占比三分之二以上的业主且人数占比三分之二以上的业主参与表决，并经参与表决专有部分面积过半数的业主且参与表决人数过半数的业主同意的，由物业管理主管部门责令改正，处五万元以上二十五万元以下罚款。

第七十条　物业服务人违反本条例第四十五条第一款和第二款规定，未按照要求公布相关信息的，由物业管理主管部门责令限期改正；逾期不改正的，处一万元以上三万元以下罚款。

第七十一条　非业主使用人违反本条例第五十一条第一款规定，擅自占用、挖掘物业管理区域内道路、场地，损害业主共同利益的，由物业管理主管部门责令限期改正，给予警告，对个人处一千元以上一万元以下罚款，对单位处五万元以上二十万元以下罚款。

业主、非业主使用人、物业服务人违反本条例第五十一条第二款规定，擅自占用、利用公共过道、楼梯间等共用部位、共用设施设备，影响其他业主生产生活的，由物业管理主管部门责令限期改正；逾期不改正的，对个人处警告或者五百元以下罚款,对单位处五千元以上五万元以下罚款。

第七十二条 业主、业主组织及其成员、物业服务人违反本条例第六十条第四款规定,骗取、侵占物业专项维修资金的,由物业管理主管部门责令退还骗取、侵占的专项维修资金,给予警告,没收违法所得,可以并处骗取、侵占金额三倍以下罚款。

第七十三条 物业管理主管部门、街道办事处、乡镇人民政府和其他相关行政管理部门的工作人员违反本条例规定的,依法追究责任。

第七章 附 则

第七十四条 市物业管理主管部门应当制定临时管理规约、业主大会议事规则、管理规约、物业服务合同等示范文本。

第七十五条 本条例自 2023 年 5 月 1 日起施行。

附件2　北京市物业管理条例

（2020年3月27日北京市第十五届人民代表大会
常务委员会第二十次会议通过）

目　　录

第一章　总　　则

第一条　为了构建党建引领社区治理框架下的物业管理体系，建设和谐宜居社区，规范物业管理，维护物业管理相关主体的合法权益，保障物业的依法、安全、合理使用，根据相关法律法规，结合本市实际，制定本条例。

第二条　本市行政区域内的住宅物业管理活动适用本条例；非住宅物业

管理参照执行。

本条例所称物业管理,是指业主通过自行管理或者共同决定委托物业服务人的形式,对物业管理区域内的建筑物、构筑物及其配套的设施设备和相关场地进行维修、养护、管理,维护环境卫生和相关秩序的活动。物业服务人包括物业服务企业、专业单位和其他物业管理人。

第三条 本市物业管理纳入社区治理体系,坚持党委领导、政府主导、居民自治、多方参与、协商共建、科技支撑的工作格局。建立健全社区党组织领导下居民委员会、村民委员会、业主委员会或者物业管理委员会、业主、物业服务人等共同参与的治理架构。

推动在物业服务企业、业主委员会、物业管理委员会中建立党组织,发挥党建引领作用。

第四条 物业管理相关主体应当遵守权责一致、质价相符、公平公开的物业服务市场规则,维护享受物业服务并依法付费的市场秩序,优化市场环境。

支持社会资本参与老旧小区综合整治和物业管理。

第五条 本市支持在物业管理区域内成立业主大会、选举产生业主委员会决定物业管理区域内的重大事项及有关共有部分利用和管理等事项。

第六条 市住房和城乡建设主管部门履行下列职责:

(一)制定本市物业管理相关政策并组织实施;

(二)指导和监督区住房和城乡建设或者房屋主管部门开展物业管理的监督管理工作;

(三)指导和监督本市住宅专项维修资金的筹集、管理和使用;

(四)建立健全业主委员会、物业管理委员会委员培训制度;

(五)制定临时管理规约、管理规约、业主大会议事规则、物业服务合同等示范文本和相关标准;

(六)建立全市统一的物业管理信用信息、业主电子共同决策等信息系统;

(七)指导行业协会制定和实施自律性规范;

(八)实施物业管理方面的其他监督管理职责。

区住房和城乡建设或者房屋主管部门履行下列职责:

(一)贯彻执行物业管理相关政策和制度;

（二）监督管理辖区内物业服务企业和从业人员；

（三）指导、监督辖区内住宅专项维修资金的筹集、管理和使用；

（四）组织对辖区内业主委员会、物业管理委员会委员开展培训；

（五）指导街道办事处、乡镇人民政府实施与物业管理相关工作；

（六）落实物业管理方面的其他监督管理职责。

发展改革、民政、财政、规划自然资源、城市管理、水务、市场监管、园林绿化、人防等相关主管部门，按照各自职责，负责物业管理相关监督管理工作。

第七条 区人民政府应当加强对本辖区内物业管理工作的组织领导，建立物业管理综合协调工作机制，组织辖区内街道办事处、乡镇人民政府、住房和城乡建设或者房屋主管部门及相关部门和单位，统筹推进辖区内物业管理各项工作，协调解决辖区内物业管理重大问题。

第八条 街道办事处、乡镇人民政府组织、协调、指导本辖区内业主大会成立和业主委员会选举换届、物业管理委员会组建，并办理相关备案手续；指导、监督业主大会、业主委员会、物业管理委员会依法履行职责，有权撤销其作出的违反法律法规和规章的决定；参加物业承接查验，指导监督辖区内物业管理项目的移交和接管，指导、协调物业服务人依法履行义务，调处物业管理纠纷，统筹协调、监督管理辖区内物业管理活动。

居民委员会、村民委员会在街道办事处、乡镇人民政府的指导下开展具体工作，建立党建引领下的物业管理协商共治机制；有权就业主反映的物业管理事项向业主大会、业主委员会进行询问，引导规范运作；指导、监督物业服务人依法履行义务，调解物业管理纠纷。

第九条 街道办事处、乡镇人民政府根据市人民政府确定的行政执法事项清单，依法行使行政执法权，建立综合执法工作机制，加强对住宅小区内违法行为的巡查、检查和处理。

第十条 突发事件应对期间，街道办事处、乡镇人民政府负责落实市人民政府依法采取的各项应急措施；指导物业服务人开展相应级别的应对工作，并给予物资和资金支持。

物业服务人应当按照要求服从政府统一指挥，在街道办事处、乡镇人民政府指导下积极配合居民委员会、村民委员会开展工作，依法落实应急预案和各项应急措施。

第十一条　业主大会和业主委员会，对任意弃置垃圾、排放污染物或者噪声、违反规定饲养动物、违法搭建、侵占通道、拒付物业费等损害他人合法权益的行为，有权依照法律法规以及管理规约，要求行为人停止侵害、排除妨碍、消除危险、恢复原状、赔偿损失。

第十二条　本市支持物业管理、专业评估机构等行业协会依法制定和组织实施自律性规范，实行自律管理，编制团体标准、调解行业纠纷，组织业务培训，维护企业合法权益，推动行业健康有序发展。

支持、鼓励物业服务企业加入行业协会。

第十三条　本市支持法律、会计、工程、评估、咨询等专业服务机构和人员参与物业管理和服务活动，为物业管理相关主体提供公正、专业的咨询、培训、评价、检验、监督和审计等服务。支持非营利性社会组织参与物业服务活动。

业主、物业使用人、物业服务人因物业管理事项需要法律咨询的，可以向公共法律服务机构咨询；符合法律援助条件的，可以依法申请法律援助。

第十四条　本市建立健全人民调解、行业调解、行政调解、司法调解构成的多元纠纷解决机制，化解物业管理纠纷。

第二章　物业管理区域

第十五条　物业管理区域的划分应当符合法律法规的规定，综合考虑建设用地宗地范围、共用设施设备、建筑物规模和类型、社区建设等因素，以利于服务便利、资源共享、协商议事。

规划城市道路、城市公共绿地、城市河道等公共区域不得划入物业管理区域。

第十六条　新开发建设项目的土地使用权划拨、出让前，住房和城乡建设主管部门应当就物业管理区域的划分提出意见，纳入区域规划综合实施方案、土地出让合同或者划拨文件，并向社会公布。

建设单位应当在房屋买卖合同中明示核定的物业管理区域。

第十七条　已投入使用、尚未划分物业管理区域或者划分的物业管理区域确需调整的，物业所在地的街道办事处、乡镇人民政府会同区住房和城乡建设或者房屋主管等部门，结合物业管理实际需要，征求业主意见后确定物业管理区域并公告。

第十八条 新开发建设项目，一个物业管理区域内应当配建独立且相对集中的物业服务用房，满足物业管理设施设备、办公及值班需求，具体面积按照本市公共服务设施配置指标执行。物业服务用房的面积、位置应当在规划许可证、房屋买卖合同中载明。

已投入使用但是未配建物业服务用房的，建设单位或者产权单位应当通过提供其他用房、等值的资金等多种方式提供；建设单位和产权单位已不存在的，由街道办事处、乡镇人民政府统筹研究解决。

第三章 前 期 物 业

第十九条 建设单位承担前期物业服务责任。建设单位销售房屋前，应当选聘前期物业服务人，签订前期物业服务合同。

前期物业服务合同应当就前期物业服务是否收费、服务内容以及收费标准进行约定，约定的内容作为房屋买卖合同的附件或者直接纳入房屋买卖合同。

前期物业服务合同期限最长不超过二年，具体期限在前期物业服务合同中约定。期限届满前三个月，由业主共同决定是否继续使用前期物业服务人。期限届满，业主与新物业服务人签订的物业服务合同生效之前，前期物业服务人继续提供服务；期限未满或者未约定前期物业服务期限，业主与新物业服务人签订的物业服务合同生效的，前期物业服务合同终止。

第二十条 建设单位与前期物业服务人应当在区住房和城乡建设或者房屋主管部门的指导、监督下，共同确认物业管理区域，对物业管理区域内的共用部位、共用设施设备进行查验，确认现场查验结果，形成查验记录，签订物业承接查验协议，并向业主公开查验的结果。

承接查验协议应当对物业承接查验基本情况、存在问题、解决方法及其时限、双方权利义务、违约责任等事项作出约定。对于承接查验发现的问题，建设单位应当在三十日内予以整改，或者委托前期物业服务人整改。

未经业主同意，建设单位不得占用物业管理区域内的共用部位、共用设施设备。

第二十一条　在办理物业承接查验手续时，建设单位应当向前期物业服务人移交下列资料：

（一）物业管理区域划分相关文件；

（二）竣工总平面图，单体建筑、结构、设备的竣工图，配套设施、地下管网工程竣工图等竣工验收资料；

（三）设施设备的安装、使用和维护保养等技术资料；

（四）物业质量保修文件和物业使用说明文件；

（五）物业管理必需的其他资料。

物业已投入使用，上述资料未移交的，应当移交；资料不全的，应当补齐。

第二十二条　前期物业服务合同生效之日至出售房屋交付之日的当月发生的物业费，由建设单位承担。

出售房屋交付之日的次月至前期物业服务合同终止之日的当月发生的物业费，由业主按照房屋买卖合同的约定承担；房屋买卖合同未约定的，由建设单位承担。

第二十三条　建设单位在销售物业前，应当制定临时管理规约，对有关物业的使用、维护、管理，业主的共同利益，业主应当履行的义务，违反临时管理规约应当承担的责任等事项依法作出约定，并在销售场所显著位置公示。临时管理规约不得侵害物业买受人的合法权益。

市住房和城乡建设主管部门应当制定并发布临时管理规约的示范文本。

第二十四条　前期物业服务合同期限届满前六个月，街道办事处、乡镇人民政府应当组织业主成立业主大会，选举产生业主委员会或者组建物业管理委员会，就物业管理事项进行表决。

第四章　业主、业主组织和物业管理委员会

第一节　业主和业主大会

第二十五条　房屋的所有权人为业主。

公房尚未出售的，产权单位是业主；已出售的，购房人是业主。

本条例所称业主还包括：

（一）尚未登记取得所有权，但是基于买卖、赠与、拆迁补偿等旨在转移所有权的行为已经合法占有建筑物专有部分的单位或者个人；

（二）因人民法院、仲裁机构的生效法律文书取得建筑物专有部分所有权的单位或者个人；

（三）因继承取得建筑物专有部分所有权的个人；

（四）因合法建造取得建筑物专有部分所有权的单位或者个人；

（五）其他符合法律法规规定的单位或者个人。

第二十六条 物业管理区域内的以下部分属于业主共有：

（一）道路、绿地，但是属于城市公共道路、城市公共绿地或者明示属于私人所有的除外；

（二）占用业主共有的道路或者其他场地用于停放汽车的车位；

（三）建筑物的基础、承重结构、外墙、屋顶等基本结构部分，通道、楼梯、大堂等公共通行部分，消防、公共照明等附属设施、设备，避难层、架空层、设备层或者设备间等；

（四）物业服务用房和其他公共场所、共用设施；

（五）法律法规规定或者房屋买卖合同依法约定的其他共有部分。

第二十七条 业主在物业管理活动中，享有下列权利：

（一）自行管理物业；

（二）要求物业服务人按照物业服务合同的约定提供服务；

（三）提议召开业主大会，并就物业管理的有关事项提出建议；

（四）提出制定和修改临时管理规约、管理规约、业主大会议事规则的建议；

（五）参加业主大会会议，行使投票权；

（六）选举业主委员会委员，并享有被选举权；

（七）监督业主大会筹备组、业主委员会或者物业管理委员会的工作；

（八）监督物业服务人履行物业服务合同；

（九）对共用部位、共用设施设备和相关场地使用享有知情权、监督权和收益权；

（十）监督专项维修资金的管理和使用；

（十一）法律法规规定的其他权利。

业主行使权利不得危及物业的安全，不得损害其他业主的合法权益。

第二十八条　业主应当履行下列义务：

（一）遵守临时管理规约、管理规约和业主大会议事规则；

（二）遵守物业管理区域内共用部位和共用设施设备的使用、公共秩序和环境卫生的维护以及应对突发事件等方面的制度要求；

（三）执行业主大会的决定和业主大会授权业主委员会或者物业管理委员会作出的决定；

（四）配合物业服务人实施物业管理；

（五）按照国家和本市有关规定交纳专项维修资金；

（六）按时足额交纳物业费；

（七）履行房屋安全使用责任；

（八）按照规定分类投放生活垃圾；

（九）法律法规规定的其他义务。

业主对建筑物专有部分以外的共有部分，享有权利，承担义务；不得以放弃权利不履行义务。

第二十九条　业主可以成立业主大会。业主大会由物业管理区域内全体业主组成，代表和维护物业管理区域内全体业主在物业管理活动中的合法权益。

一个物业管理区域成立一个业主大会。

第三十条　一个物业管理区域内，已交付业主的专有部分达到建筑物总面积百分之五十以上的，百分之五以上的业主、专有部分占建筑物总面积百分之五以上的业主或者建设单位均可以向街道办事处、乡镇人民政府提出成立业主大会的申请，居民委员会、村民委员会也可以组织达到前述条件的业主或者建设单位提出成立业主大会的申请。

第三十一条　街道办事处、乡镇人民政府应当在接到成立业主大会书面申请后三十日内，对提出申请的业主身份和申请进行审核，对符合业主大会成立条件的，指定居民委员会、村民委员会工作人员担任筹备组组长。

筹备组组长应当于三十日内组织业主代表、建设单位、产权单位、街道办事处、乡镇人民政府、社区党组织、居民委员会、村民委员会代表召开首次筹备组会议,成立筹备组。

筹备组中的业主代表可以由业主自荐或者居民委员会、村民委员会推荐产生,由街道办事处、乡镇人民政府确定;业主代表资格应当参照适用本条例第三十九条有关业主委员会委员候选人资格的规定。

筹备组人数应当为单数,其中业主代表人数不低于筹备组人数的二分之一。

筹备组成立七日内,筹备组组长应当将筹备组成员名单、分工、联系方式等在物业管理区域内显著位置公示。

第三十二条 筹备组应当开展以下工作,并就其确定的事项在首次业主大会会议召开十五日前在物业管理区域内显著位置公示:

(一)确认业主身份、人数及所拥有的专有部分面积;

(二)制定首次业主大会会议召开方案;

(三)拟订管理规约和业主大会议事规则草案;

(四)制定业主委员会委员候选人产生办法,确定业主委员会委员候选人名单;

(五)制定业主委员会选举办法;

(六)完成召开首次业主大会会议的其他准备工作。

前款规定的业主大会议事规则,至少应当包括业主大会的议事方式、表决程序,业主委员会的组成、任期、罢免和递补等事项,并不得违反法律法规的强制性规定。

业主对公示内容有异议的,筹备组应当研究处理并在首次业主大会会议召开前作出答复。

筹备组应当自成立之日起六十日内,组织召开首次业主大会会议。

第三十三条 首次业主大会应当通过管理规约、业主大会议事规则,选举产生业主委员会委员和候补委员。

第三十四条 业主大会依照法律法规的规定召开,决定下列事项:

(一)制定或者修改管理规约、业主大会议事规则;

（二）选举或者更换业主委员会委员和候补委员；

（三）确定或者调整物业服务方式、服务内容、服务标准和服务价格；

（四）选聘、解聘物业服务人或者不再接受事实服务；

（五）筹集、管理和使用专项维修资金；

（六）申请改建、重建建筑物及其附属设施；

（七）决定共用部分的经营方式，管理、使用共用部分经营收益等共有资金；

（八）确定业主委员会委员津贴或者补助的标准，对业主委员会主任实施任期、离任经济责任审计；

（九）改变或者撤销业主委员会作出的与业主大会决定相抵触的决议；

（十）有关共有和共同管理权利的其他重大物业管理事项。

业主委员会应当就前款规定的决定事项向业主大会提出讨论方案。

第三十五条 业主大会会议分为定期会议和临时会议。

业主大会定期会议应当按照业主大会议事规则的规定召开，每年至少召开一次。经百分之二十以上业主提议，业主委员会应当组织召开业主大会临时会议。

业主大会会议可以采用书面形式或者通过互联网方式召开；采用互联网方式表决的，应当通过市住房和城乡建设主管部门建立的电子投票系统进行。

召开业主大会会议的，业主委员会应当于会议召开十五日前通知全体业主，将会议议题及其具体内容、时间、地点、方式等在物业管理区域内显著位置公示，并报物业所在地的居民委员会、村民委员会。居民委员会、村民委员会应当派代表列席会议。

业主大会会议不得就已公示议题以外的事项进行表决。

第三十六条 业主委员会未按照规定召集业主大会会议的，业主可以请求物业所在地的街道办事处、乡镇人民政府责令限期召集；逾期仍未召集的，由物业所在地的街道办事处、乡镇人民政府组织召集。

第三十七条 业主大会会议依法作出的决定，对本物业管理区域内的全体业主具有约束力。

业主大会会议的决定应当自作出之日起三日内在物业管理区域内显著位

置公示。

物业使用人应当依法遵守业主大会会议的决定。物业使用人，是指除业主以外合法占有、使用物业的单位或者个人，包括但是不限于物业的承租人。

第三十八条 业主大会可以委托街道办事处、乡镇人民政府或者居民委员会、村民委员会代为保管业主大会印章；需要使用业主大会印章的，由业主委员会向街道办事处、乡镇人民政府或者居民委员会、村民委员会提出。

第二节 业主委员会

第三十九条 业主委员会由五人以上单数组成，具体人数根据本物业管理区域的实际情况确定。户数一百户以下的住宅小区，业主委员会可以由三人组成。候补委员人数按照不超过业主委员会委员人数确定。

业主委员会委员、候补委员应当为本物业管理区域的自然人业主或者单位业主授权的自然人代表。

业主是自然人的，应当符合下列条件：

（一）遵纪守法、热心公益事业、责任心强、具有一定组织能力；

（二）具有完全民事行为能力；

（三）符合业主委员会委员候选人产生办法中关于居住期限的要求；

（四）按时足额交纳物业费、不存在欠缴专项维修资金及其他需要业主共同分担费用的情况；

（五）本人、配偶及其直系亲属与物业服务人无直接的利益关系；

（六）未被列为失信被执行人；

（七）未有本条例规定的房屋使用禁止规定的行为；

（八）未有法律法规规定的其他不宜担任业主委员会委员的情形。

第四十条 业主委员会委员候选人通过下列方式产生：

（一）社区党组织推荐；

（二）居民委员会、村民委员会推荐；

（三）业主自荐或者联名推荐。

筹备组根据业主委员会委员候选人产生办法从按照前款方式推荐的人员中确定业主委员会委员候选人名单，报社区党组织。

社区党组织引导和支持业主中的党员积极参选业主委员会委员，通过法定程序担任业主委员会委员。

第四十一条　业主委员会委员实行任期制，每届任期不超过五年，可以连选连任。

业主委员会委员具有同等表决权。

任期内业主委员会委员出现空缺的，由候补委员递补剩余任期。具体递补办法由业主大会议事规则约定。

第四十二条　业主委员会应当自选举产生之日起七日内召开首次会议，在业主委员会委员中推选业主委员会主任和副主任，并在推选完成之日起三日内，在物业管理区域内显著位置公示业主委员会主任、副主任和其他委员的名单。

第四十三条　业主委员会应当自选举产生之日起三十日内，持下列材料向物业所在地的街道办事处、乡镇人民政府申请备案：

（一）首次业主大会会议记录和会议决定；

（二）业主大会议事规则；

（三）管理规约；

（四）业主委员会首次会议记录和会议决定；

（五）业主委员会委员和候补委员的名单、基本情况。

街道办事处、乡镇人民政府对以上材料的真实性、规范性进行核实，符合要求的，五个工作日内予以备案，并出具业主大会、业主委员会备案证明和印章刻制证明，解散筹备组。

业主委员会可持备案证明和印章刻制证明向公安机关申请刻制业主大会印章和业主委员会印章。

业主委员会印章由业主委员会保管，需要使用业主委员会印章的，应当有业主委员会过半数委员签字。

第四十四条　业主委员会应当执行业主大会的决定，接受业主大会和业主的监督，并履行下列职责：

（一）召集业主大会会议，报告年度物业管理的实施情况、业主委员会履职情况；

（二）代表业主与业主大会选聘的物业服务人签订物业服务合同，与解聘的物业服务人进行交接；

（三）拟定共有部分、共有资金使用与管理办法；

（四）监督专项维修资金的使用以及组织专项维修资金的补建、再次筹集；

（五）及时了解业主、物业使用人的意见和建议，督促业主交纳物业费，监督物业服务人履行物业服务合同；

（六）监督管理规约的实施，对业主、物业使用人违反管理规约的行为进行制止；

（七）制作和保管会议记录、共有部分的档案、会计凭证和账簿、财务报表等有关文件；

（八）定期向业主通报工作情况，每半年公示业主委员会委员、候补委员交纳物业费、停车费情况；

（九）协调解决因物业使用、维护和管理产生的纠纷；

（十）在物业管理区域内配合行政执法机关开展执法工作；

（十一）配合、支持居民委员会、村民委员会依法履行职责，并接受其指导和监督；

（十二）业主大会赋予的其他职责。

业主委员会不得擅自决定本条例第三十四条第一款规定事项；业主大会不得授权业主委员会决定本条例第三十四条第一款规定事项。

第四十五条 业主委员会会议分为定期会议和临时会议。业主委员会定期会议应当按照业主大会议事规则的规定召开，至少每两个月召开一次；经三分之一以上业主委员会委员提议，业主委员会应当召开临时会议。

定期会议和临时会议应当有过半数委员参加，委员不得委托他人参会。

业主委员会应当在会议召开五日前将会议议题告知物业所在地的居民委员会、村民委员会，并听取意见和建议。居民委员会、村民委员会可以根据情况派代表参加。

业主委员会确定的事项应当经过半数委员签字同意。会议结束后三日内，业主委员会应当将会议情况以及确定事项在物业管理区域内显著位置公示。

业主委员会主任、副主任无正当理由不召集业主委员会会议的，业主委员会其他委员或者业主可以请求物业所在地的居民委员会、村民委员会或者街道办事处、乡镇人民政府责令限期召集；逾期仍未召集的，由物业所在地的居民委员会、村民委员会或者街道办事处、乡镇人民政府组织召集，并重新推选业主委员会主任、副主任。

第四十六条 业主委员会委员有下列情形之一的，委员资格自情形发生之日起自然终止，由业主委员会向业主公示，并提请业主大会确认：

（一）不再是本物业管理区域内业主；

（二）以书面形式向业主委员会提出辞职；

（三）因健康等原因无法履行职责且未提出辞职。

业主委员会委员一年内累计缺席业主委员会会议总次数一半以上，或者不再符合本条例第三十九条规定的委员条件的，业主委员会应当提请业主大会罢免其委员资格；业主委员会未提请的，街道办事处、乡镇人民政府可以责令业主委员会提请业主大会罢免有关委员资格。在委员资格被罢免前，业主委员会应当停止该委员履行职责，并向业主公示。

第四十七条 业主委员会委员、候补委员不得实施下列行为：

（一）阻挠、妨碍业主大会行使职权或者不执行业主大会决定；

（二）虚构、篡改、隐匿、毁弃物业管理活动中形成的文件资料；

（三）拒绝、拖延提供物业管理有关的文件资料，妨碍业主委员会换届交接工作；

（四）擅自使用业主大会、业主委员会印章；

（五）违反业主大会议事规则或者未经业主大会授权与物业服务人签订、修改物业服务合同；

（六）将业主共有财产借给他人或者设定担保等挪用、侵占业主共有财产；

（七）与物业服务人有可能影响其公正履行职务的经济往来或者利益交换；

（八）泄露业主信息；

（九）侵害业主合法权益的其他行为。

业主委员会委员、候补委员有前款规定的第（一）项至第（五）项行为的，街道办事处、乡镇人民政府责令业主委员会提请业主大会罢免有关委员资格。在委员资格被罢免前，业主委员会应当停止该委员履行职责，并向业主公示。

第四十八条 一个任期内，出现业主委员会委员经递补人数仍不足总数的二分之一等无法正常履行职责的情形，或者业主委员会拒不履行职责的，物业所在地的居民委员会、村民委员会或者街道办事处、乡镇人民政府应当组织召开业主大会临时会议，重新选举业主委员会。

第四十九条 业主委员会任期届满前六个月，应当书面报告街道办事处、乡镇人民政府。街道办事处、乡镇人民政府应当在收到书面报告之日起六十日内组建换届小组，并在业主委员会任期届满前，由换届小组组织召开业主大会会议选举产生新一届业主委员会。业主委员会未按规定提出申请的，街道办事处、乡镇人民政府应当督促其履行职责。

街道办事处、乡镇人民政府也可以应业主书面要求组建换届小组。

换届小组依照筹备组的人员构成组建。

第五十条 业主委员会的名称、委员、业主大会议事规则和管理规约发生变更的，业主委员会或者物业管理委员会应当在三十日内向街道办事处、乡镇人民政府办理变更备案手续。

因物业管理区域调整、房屋灭失等客观原因致使业主大会、业主委员会无法存续的，街道办事处、乡镇人民政府应当办理业主大会、业主委员会注销手续，并公告其印章作废。

第五十一条 业主大会、业主委员会应当依法履行职责。街道办事处、乡镇人民政府对业主大会、业主委员会作出的违反法律法规和规章的决定，应当责令限期改正或者撤销其决定，并通告全体业主。

第三节 物业管理委员会

第五十二条 街道办事处、乡镇人民政府负责组建物业管理委员会。物业管理委员会作为临时机构，依照本条例承担相关职责，组织业主共同决定物业管理事项，并推动符合条件的物业管理区域成立业主大会、选举产生业主委员会。

第五十三条 有下列情形之一的，可以组建物业管理委员会：

（一）不具备成立业主大会条件；

（二）具备成立业主大会条件，但是确有困难未成立；

（三）业主大会成立后，未能选举产生业主委员会。

第五十四条　物业管理委员会由居民委员会、村民委员会、业主、物业使用人代表等七人以上单数组成，其中业主代表不少于物业管理委员会委员人数的二分之一。

物业管理委员会主任由居民委员会、村民委员会代表担任，副主任由居民委员会、村民委员会指定一名业主代表担任。物业管理委员会委员名单应当在物业管理区域内显著位置公示。

第五十五条　成立业主大会但是尚未成立业主委员会的，物业管理委员会自成立之日起三十日内，持下列材料向物业所在地的街道办事处、乡镇人民政府申请备案：

（一）业主大会会议记录和会议决定；

（二）业主大会议事规则；

（三）管理规约。

街道办事处、乡镇人民政府对以上材料进行核实，符合要求的，五个工作日内予以备案，并出具业主大会备案证明和印章刻制证明。物业管理委员会持业主大会备案证明和印章刻制证明向公安机关申请刻制业主大会印章，持街道办事处、乡镇人民政府出具的成立证明申请刻制物业管理委员会印章。

未成立业主大会的，物业管理委员会持街道办事处、乡镇人民政府出具的成立证明申请刻制物业管理委员会印章。

第五十六条　成立业主大会但是尚未成立业主委员会的，物业管理委员会组织业主大会按照本条例第三十四条的规定履行职责，并组织执行业主大会的决定。

未成立业主大会的，物业管理委员会组织业主行使本条例第三十四条和第四十四条规定的业主大会和业主委员会的职责。

第五十七条　物业管理委员会会议由主任或者由主任委托副主任召集和主持，三分之一以上委员提出召开物业管理委员会会议的，主任应当组织召开会议。

会议应当有过半数委员且过半数业主代表委员参加，业主代表委员不能委托代理人参加会议。

物业管理委员会按照本条例第五十六条确定的事项应当经过半数委员签字同意。会议结束后三日内，物业管理委员会应当将会议情况以及确定事项在物业管理区域内显著位置公示十个工作日。

第五十八条 物业管理委员会的任期一般不超过三年。期满仍未推动成立业主大会、选举产生业主委员会的，由街道办事处、乡镇人民政府重新组建物业管理委员会。

第五十九条 已成立业主大会、选举产生业主委员会，并按照本条例第四十三条规定备案的，或者因物业管理区域调整、房屋灭失等其他客观原因致使物业管理委员会无法存续的，街道办事处、乡镇人民政府应当在三十日内解散物业管理委员会，并在物业管理区域内显著位置公示。

第六十条 物业管理委员会组建的具体办法，由市住房和城乡建设主管部门制定。

第五章 物业服务

第六十一条 业主可以自行管理物业，也可以委托他人管理；委托物业服务企业提供物业服务的，一个物业管理区域应当选定一个物业服务企业提供物业服务。

电梯、消防等具有专业技术要求的设施设备的维修和养护，应当由符合资质的专业机构或者人员实施。

第六十二条 接受委托提供物业服务的企业应当具有独立法人资格，拥有相应的专业技术人员，具备为业主提供物业管理专业服务的能力，有条件在物业管理区域设立独立核算的服务机构。

第六十三条 业主委员会或者物业管理委员会应当代表业主与业主共同选聘的物业服务人签订书面合同，就物业服务内容和标准、费用、物业服务用房、合同期限、违约责任等内容进行约定。

业主与物业服务人对收费标准未能达成一致意见的，双方可以委托专业评估机构评估；双方对委托专业评估机构未能达成一致意见的，可以从区住房和城乡建设或者房屋主管部门确定的专业评估机构目录中随机选定。

物业服务合同签订或者变更之日起十五日内,物业服务人应当将物业服务合同报街道办事处、乡镇人民政府、区住房和城乡建设或者房屋主管部门备案。

市住房和城乡建设主管部门应当会同有关部门、协会制定物业服务合同示范文本,并向社会公布。

第六十四条　业主共同决定由物业服务企业提供物业服务的,可以授权业主委员会或者物业管理委员会进行招标,继续聘用原物业服务企业的除外。

鼓励业主通过市住房和城乡建设主管部门建立的招投标平台选聘物业服务企业。

第六十五条　物业服务人应当按照物业服务合同的约定提供物业服务,并且遵守下列规定:

(一)提供物业服务符合国家和本市规定的标准、规范;

(二)及时向业主、物业使用人告知安全、合理使用物业的注意事项;

(三)定期听取业主的意见和建议,接受业主监督,改进和完善服务;

(四)对违法建设、违规出租房屋、私拉电线、占用消防通道等行为进行劝阻、制止,劝阻、制止无效的,及时报告行政执法机关;

(五)发现有安全风险隐患的,及时设置警示标志,采取措施排除隐患或者向有关专业机构报告;

(六)对业主、物业使用人违反临时管理规约、管理规约的行为进行劝阻、制止,并及时报告业主委员会或者物业管理委员会;

(七)不得泄露在物业服务活动中获取的业主信息;

(八)履行生活垃圾分类管理责任人责任,指导、监督业主和物业使用人进行生活垃圾分类;

(九)配合街道办事处、乡镇人民政府、行政执法机关和居民委员会、村民委员会做好物业管理相关工作。

第六十六条　物业服务企业应当指派项目负责人。项目负责人应当在到岗之日起三日内到项目所在地的居民委员会、村民委员会报到,在居民委员会、村民委员会的监督、指导下参与社区治理工作。

第六十七条 区住房和城乡建设或者房屋主管部门、街道办事处、乡镇人民政府、居民委员会、村民委员会可以根据物业服务标准和社区治理要求，委托专业评估机构对物业服务企业参与社区治理情况和共用部分管理状况进行评估。

物业管理相关主体可以委托专业评估机构对物业承接和查验、物业服务标准和费用测算、专项维修资金使用方案、物业服务质量等进行评估。具体办法由市住房和城乡建设主管部门制定。

专业评估机构应当按照本市相关规定提供专业服务，提供客观、真实、准确的评估报告。

第六十八条 市住房和城乡建设主管部门应当根据物业服务合同履行、投诉处理和日常检查等情况，对物业服务企业实施分类监管，建立激励和惩戒制度。具体办法由市住房和城乡建设主管部门制定。

第六十九条 物业服务人可以将物业服务合同中的专项服务事项委托给专业服务企业，但是不得将物业服务合同约定的全部事项一并委托给第三方。

第七十条 物业服务人应当在物业管理区域内显著位置设置公示栏，如实公示、及时更新下列信息，并且可以通过互联网方式告知全体业主：

（一）物业服务企业的营业执照、项目负责人的基本情况、联系方式以及物业服务投诉电话；

（二）物业服务内容和标准、收费标准和方式等；

（三）电梯、消防等具有专业技术要求的设施设备的日常维修保养单位名称、资质、联系方式、维保方案和应急处置方案等；

（四）上一年度物业服务合同履行及物业服务项目收支情况、本年度物业服务项目收支预算；

（五）上一年度公共水电费用分摊情况、物业费、公共收益收支与专项维修资金使用情况；

（六）业主进行房屋装饰装修活动的情况；

（七）物业管理区域内车位、车库的出售和出租情况；

（八）其他应当公示的信息。

业主对公示内容提出异议的，物业服务人应当予以答复。

第七十一条 物业服务人应当建立、保存下列档案和资料：

（一）小区共有部分经营管理档案；

（二）小区监控系统、电梯、水泵、有限空间等共用部位、共用设施设备档案及其管理、运行、维修、养护记录；

（三）水箱清洗记录及水箱水质检测报告；

（四）住宅装饰装修管理资料；

（五）业主名册；

（六）签订的供水、供电、垃圾清运等书面协议；

（七）物业服务活动中形成的与业主利益相关的其他资料。

第七十二条 业主应当根据物业服务合同约定的付费方式和标准，按时足额交纳物业费。业主逾期不交纳物业费的，业主委员会或者物业管理委员会应当督促其交纳；拒不交纳的，物业服务人可以依法提起诉讼或者申请仲裁。业主拒不执行人民法院生效法律文书的，人民法院可以依法对业主作出限制消费令、纳入失信被执行人名单。

采取酬金制交纳物业费的，物业服务企业应当与业主委员会或者物业管理委员会建立物业费和共用部分经营收益的共管账户。业主委员会或者物业管理委员会可以委托第三方对物业服务收支情况进行审计。

第七十三条 物业服务收费实行市场调节价并适时调整。

市住房和城乡建设主管部门应当发布住宅小区物业服务项目清单，明确物业服务内容和标准。物业管理行业协会应当监测并定期发布物业服务项目成本信息和计价规则，供业主和物业服务人在协商物业费时参考。

第七十四条 物业服务人利用共用部分从事经营活动的，应当将公共收益单独列账。

公共收益归全体业主所有。专项维修资金余额不足首期应筹集金额百分之三十的，百分之五十以上的公共收益金额应当优先用于补充专项维修资金，剩余部分的使用由业主共同决定。

第七十五条 物业服务合同期限届满前六个月，业主委员会或者物业管理委员会应当组织业主共同决定续聘或者另聘物业服务人，并将决定书面告知原物业服务人。原物业服务人接受续聘的，双方应当在物业服务合同届满前重新签订物业服务合同。物业服务人不接受续聘的,应当提前九十日书面告知业主委员会或者物业管理委员会。

物业服务合同期限届满、业主没有共同作出续聘或者另聘物业服务人决定,物业服务人按照原合同继续提供服务的,原合同权利义务延续。在合同权利义务延续期间,任何一方提出终止合同的,应当提前六十日书面告知对方。

第七十六条 业主共同决定解聘物业服务人的,物业服务人应当自接到通知之日起三十日内履行下列交接义务,并且退出物业管理区域:

(一)移交物业共用部分;

(二)移交本条例第二十一条、第七十一条规定的档案和资料;

(三)结清预收、代收的有关费用;

(四)物业服务合同约定的其他事项。

原物业服务人不得以业主欠交物业费、对业主共同决定有异议等为由拒绝办理交接,不得以任何理由阻挠新物业服务人进场服务。原物业服务人拒不移交有关资料或者财物的,或者拒不退出物业管理区域的,业主委员会或者物业管理委员会可以向街道办事处、乡镇人民政府、区住房和城乡建设或者房屋主管部门报告,并向辖区内公安机关请求协助,或者依法向人民法院提起诉讼,要求原物业服务人退出物业管理区域。物业所在地的街道办事处、乡镇人民政府、区住房和城乡建设或者房屋主管部门应当加强对物业服务人交接工作的监管。

原物业服务人应当在办理交接至退出物业管理区域期间,维持正常的物业管理秩序。

新物业服务人不得强行接管物业,按照约定承接物业时,应当对共用部位、共用设施设备进行查验。

第七十七条 本市建立应急物业服务机制。物业管理区域突发失管状态时,街道办事处、乡镇人民政府应当组织有关单位确定应急物业服务人,提供供水、垃圾清运、电梯运行等维持业主基本生活服务事项的应急服务。

提供应急物业服务的,街道办事处、乡镇人民政府应当将服务内容、服务期限、服务费用等相关内容在物业管理区域内显著位置公示。应急物业服务期限不超过六个月,费用由全体业主承担。

应急物业服务期间，街道办事处、乡镇人民政府应当组织业主共同决定选聘新物业服务人，协调新物业服务人和应急物业服务人做好交接。

第六章　物业的使用和维护

第七十八条　业主、物业使用人应当遵守法律法规和规章的规定以及临时管理规约、管理规约的约定，按照规划用途合理、安全使用物业。

业主、物业使用人、物业服务人等不得实施下列行为：

（一）损坏、擅自拆改建筑物承重结构、主体结构；

（二）擅自利用共用部位、共用设施设备进行经营；

（三）违法搭建建筑物、构筑物、障碍物或者私挖地下空间；

（四）违反国家规定，制造、储存、使用、处置爆炸性、毒害性、放射性、腐蚀性物质或者传染病病原体等危险物质；

（五）违规私拉电线、电缆为电动汽车、电动自行车、电动摩托车和电动三轮车等充电；

（六）擅自拆改供水、排水、再生水等管线；

（七）从建筑物中抛掷物品；

（八）制造超标噪音；

（九）侵占绿地、毁坏绿化植物和绿化设施；

（十）擅自通过设置地锁、石墩、栅栏等障碍物和乱堆乱放杂物等方式，占用、堵塞、封闭消防通道、疏散通道等共用部位，或者损坏消防设施等共用设施设备；

（十一）擅自改变物业规划用途；

（十二）违反规定饲养动物；

（十三）违反规定出租房屋。

发生本条第二款规定行为的，利害关系人有权投诉、举报，业主委员会或者物业管理委员会、物业服务人应当及时劝阻；劝阻无效的，应当向街道办事处、乡镇人民政府或者行政执法机关报告。

第七十九条　业主、物业使用人装饰装修房屋的，应当事先告知物业服务人，与物业服务人签订装饰装修服务协议，并配合其进行必要的现场检查。协议应当包括装饰装修工程的禁止行为、垃圾堆放和清运要求以及费用、施工时间等内容。

业主、物业使用人或者物业服务人应当将装饰装修的时间、地点等情况在拟装饰装修的物业楼内显著位置公示。

物业服务人应当加强对装饰装修活动的巡查和监督。业主或者物业使用人未签订装饰装修服务协议或者违反相关规定及装饰装修服务协议的，物业服务人应当及时劝阻；拒不改正的，物业服务人应当及时向有关主管部门报告。

第八十条 物业管理区域内规划用于停放车辆的车位、车库，应当首先满足业主的需要。用于出售的，应当优先出售给本物业管理区域内的业主；不出售或者尚未售出的，应当提供给本物业管理区域内的业主使用。满足业主需要后仍有空余的，可以临时按月出租给物业管理区域外的其他人。

第八十一条 物业买受人应当遵守国家有关专项维修资金制度，按照规定足额交纳专项维修资金。

业主转让物业、办理转移登记后，转让物业的专项维修资金余额随物业一并转让，业主无权要求返还；因征收或者其他原因造成物业灭失的，专项维修资金余额归业主所有。

已售公房的业主转让公房前，应当按照届时适用的商品房标准补足公房的专项维修资金；因继承、赠予、执行生效法律文书而发生已售公房产权人变更的，继承人、受赠人、受偿人应当按照届时适用的商品房标准补足专项维修资金。

第八十二条 国家实施专项维修资金制度之前的未售公房，没有专项维修资金的，产权单位应当按照规定建立并足额交纳专项维修资金。

国家实施专项维修资金制度之后出售的公房，业主和售房单位应当按照国家和本市规定的比例交纳专项维修资金；未按规定交纳专项维修资金的，业主和售房单位应当足额补交，未足额补交的，已出售的公房不得再次转让。

第八十三条 专项维修资金余额不足首期筹集金额百分之三十的，业主委员会或者物业管理委员会应当及时通知、督促业主按照届时适用的标准补足专项维修资金。

业主申请不动产转移登记或者抵押登记时，应当向不动产登记机构提供已足额交纳专项维修资金的相关凭证。

第八十四条 未选举产生业主委员会的，专项维修资金由市住房资金管理部门代管，存入银行专用账户。

选举产生业主委员会的，业主大会可以决定自行管理专项维修资金，或者委托市住房资金管理部门代管。业主大会决定自行管理的，应当以自己名义设立专用账户，区住房和城乡建设或者房屋主管部门应当监督、指导专项维修资金的使用管理。

业主大会可以委托具有资质的中介机构对共有资金进行财务管理。业主大会或者业主委员会自行管理共有资金的，应当每季度公布一次自行管理账目。

第八十五条 专项维修资金属于业主共有，应当专项用于共用部位、共用设施设备保修期满后的维修、更新和改造，不得挪作他用。

第八十六条 维修、更新和改造共用部位、共用设施设备，需要使用专项维修资金的，应当按照下列规定分摊：

（一）商品住宅之间或者商品住宅和非住宅之间共用部位、共用设施设备的维修、更新和改造费用，由相关业主按照各自专有物业建筑面积比例分摊。

（二）售后公房之间共用部位、共用设施设备的维修、更新和改造费用，由相关业主和售房单位按照所交存专项维修资金的比例分摊；其中，应当由业主承担的，再由相关业主按照各自专有物业建筑面积的比例分摊。

（三）售后公房与商品房住宅或者非住宅之间共用部位、共用设施设备的维修、更新和改造费用，先按照建筑面积比例分摊到各相关物业，再按照第（一）项、第（二）项的规定比例分摊。

共用部位、共用设施设备需要维修、更新和改造，但是没有专项维修资金的，维修、更新和改造费用按照前款的规定由业主共同分摊。

第八十七条 新开发建设项目，建设单位可以接受专业设施设备专业运营单位委托，按照国家技术标准和专业技术规范建设物业管理区域内业主专有部分以外的水、电、气、热以及通讯等专业设施设备；经验收合格，将专业设施设备及工程图纸等资料交由专业运营单位承担维修、养护和更新改造责任。

已入住项目，物业管理区域内业主专有部分以外的水、电、气、热以及通讯等专业设施设备发生故障、不能正常使用的，物业服务人应当立即报告相关专业运营单位；专业运营单位应当及时采取措施，排除故障。

专业运营单位对专业设施设备进行维修、养护和更新改造，进入物业管理区域的，业主、物业使用人和物业服务人应当予以配合，不得以任何方式阻挠、妨碍其正常作业。

第八十八条 物业服务人应当对物业管理区域内的电梯、消防设施等易于发生安全风险的设施设备和部位加强日常巡查和定期养护；采取必要的安全保障措施，防止建筑物、构筑物或者其他设施及其搁置物、悬挂物发生脱落、坠落。

排除安全风险隐患需要使用专项维修资金的，按照本市相关规定办理。

第八十九条 建筑物专有部分存在安全隐患，危及公共利益或者他人合法权益的，相关业主应当及时采取修缮以及其他消除危险的安全治理措施。

业主不履行维修养护义务的，可以由物业服务人报经业主委员会、物业管理委员会同意，或者按照临时管理规约、管理规约的约定，代为维修养护或者采取应急防范措施，费用由业主承担。

经鉴定为停止使用、整体拆除的危险房屋的，业主或者物业使用人应当停止使用，立即搬出；拒不搬出的，区住房和城乡建设或者房屋主管部门应当书面责令业主或者物业使用人搬出，情况紧急危及公共安全的，区人民政府可以责成有关部门组织强制搬出，并妥善安置。

第七章 法律责任

第九十条 违反本条例第二十一条规定，建设单位不移交或者补齐资料的，由区住房和城乡建设或者房屋主管部门责令限期改正；逾期不改的，处五万元以上十万元以下的罚款。

第九十一条 违反本条例第六十三条规定，物业服务人未按规定将物业服务合同报街道办事处、乡镇人民政府、区住房和城乡建设或者房屋主管部门备案的，由街道办事处、乡镇人民政府责令限期改正，给予警告；逾期不改的，处五千元以上一万元以下的罚款。

第九十二条　违反本条例第六十五条第(一)项至第(六)项规定,物业服务人提供服务未遵守相关规定的,由区住房和城乡建设或者房屋主管部门给予警告,处五千元以上一万元以下的罚款;违反第(七)项规定,物业服务人泄露业主个人信息的,由公安机关依法处理;违反第(八)项规定,物业服务人未履行生活垃圾分类管理责任人责任的,由城市管理综合行政执法部门依照生活垃圾管理法律法规予以处理。

第九十三条　违反本条例第六十六条规定,物业服务企业项目负责人未按时报到的,由街道办事处、乡镇人民政府责令限期改正;逾期不改的,处五千元以上一万元以下的罚款。

第九十四条　违反本条例第七十条规定,物业服务人未按照规定如实公示有关信息的,由区住房和城乡建设或者房屋主管部门责令限期改正,给予警告;逾期不改的,处一千元以上五千元以下的罚款。

第九十五条　违反本条例第七十一条规定,物业服务人未建立、保存相关档案和资料的,由区住房和城乡建设或者房屋主管部门责令限期改正,处二万元以上五万元以下的罚款。

第九十六条　违反本条例第七十四条规定,物业服务人挪用、侵占公共收益的,由区住房和城乡建设或者房屋主管部门责令退还,并处挪用、侵占金额二倍以下的罚款。

第九十七条　物业服务人违反本条例第七十六条第一款规定的,由区住房和城乡建设或者房屋主管部门责令限期改正;逾期不改的,对物业服务人予以通报,对拒不移交有关资料或者财物的,处一万元以上十万元以下的罚款;拒不退出物业管理区域的,自规定时间届满次日起处每日一万元的罚款。物业服务人有违反治安管理行为的,由公安机关依法给予治安管理处罚。

第九十八条　物业管理区域内有下列行为之一的,由有关主管部门按照下列规定予以查处:

(一)违反本条例第七十八条第二款第(一)项规定的,由区住房和城乡建设或者房屋主管部门责令限期改正,处五万元以上十万元以下的罚款;

(二)违反本条例第七十八条第二款第(二)项规定的,由区住房和城乡建设或者房屋主管部门责令限期改正,给予警告,对单位处五万元以上二十万元

以下的罚款;对个人处一千元以上一万元以下的罚款;有违法所得的,责令退还违法所得;

(三)违反本条例第七十八条第二款第(三)项规定的,由城市管理综合行政执法部门依照城乡规划法律法规给予责令拆除或者回填、罚款等处罚;

(四)违反本条例第七十八条第二款第(四)项规定的,由公安机关依照治安管理处罚法律法规予以处罚;

(五)违反本条例第七十八条第二款第(五)项规定的,由消防救援机构责令改正,拒不改正的,处五百元以上五千元以下的罚款;

(六)违反本条例第七十八条第二款第(六)项规定的,由水主管部门责令限期改正,处一万元以上三万元以下的罚款;

(七)违反本条例第七十八条第二款第(七)项规定的,由公安机关给予警告,处五百元以上五千元以下的罚款;

(八)违反本条例第七十八条第二款第(八)项规定的,由公安机关责令改正,拒不改正的,处二百元以上五百元以下的罚款;

(九)违反本条例第七十八条第二款第(九)项规定的,由城市管理综合行政执法部门责令改正,拒不改正的,处五百元以上五千元以下的罚款;

(十)违反本条例第七十八条第二款第(十)项规定,占用、堵塞、封闭消防通道、疏散通道,或者损坏消防设施的,由消防救援机构责令改正,对单位处五千元以上五万元以下的罚款,对个人处五百元的罚款;占用、堵塞、封闭其他共用部位,或者损坏其他共用设施设备的,由城市管理综合行政执法部门责令改正,给予警告,对单位处二千元以上二万元以下的罚款,对个人处二百元以上五百元以下的罚款;

(十一)违反本条例第七十八条第二款第(十一)项规定的,由规划自然资源主管部门责令当事人限期改正、按照实际使用用途类型应当缴纳的土地使用权地价款数额的二倍处以罚款;情节严重的,依法无偿收回土地使用权;

(十二)违反本条例第七十八条第二款第(十二)项、第(十三)项规定的,由公安机关依照治安管理处罚法律法规予以处罚。

第九十九条 违反本条例第八十条规定,将车位、车库提供给业主以外的其他人的,由区住房和城乡建设或者房屋主管部门责令限期改正,有违法出租所得的，责令退还违法所得，按每个违法出租车位处五千元以上一万元以下的罚款；拒不改正的，按每个违法出租车位处每月二千元的罚款。

第一百条　物业服务人违反本条例第八十八条第一款规定的，由区住房和城乡建设或者房屋主管部门责令限期改正，处二万元以上五万元以下的罚款。

第一百零一条　本条例规定退还的违法所得，应当用于物业管理区域内共用部位、共用设施设备的维修、养护，剩余部分按照业主大会的决定使用。

第一百零二条　违反本条例规定，造成他人损失的，依法承担民事责任；构成违反治安管理行为的，依法给予治安管理处罚；构成犯罪的，依法追究刑事责任。

第一百零三条　行政执法机关应当将物业管理相关主体受到行政处罚或者行政强制的情况共享到本市的公共信用信息平台。行政机关根据本市关于公共信用信息管理规定可以对其采取惩戒措施。

第八章　附　　则

第一百零四条　本条例自2020年5月1日起施行。

后　　记

本书的出版是理论与实践的一次完美对接。北京师范大学连宏萍教授所率团队长期致力于基层治理领域研究，偶然的历史交会，结识了一个以行政合规为典型的地方实践案例和一支践行“以公益精神提供法律服务”的律师团队。

浙江温州民间经济极度活跃，民营企业是温州的立世之本，然而民营企业也是最为脆弱的经济体。如何让民间经济的运作更为规范，从而使其保持可持续的经济活力，是温州面临的现实需求。因此，依法治市便成为温州实践的代名词，以司法局为代表的机关构建了一套完备的行政合规机制，既是对民间经济的约束，更是对他们的保护。

不谋而合的是这支“以公益精神提供法律服务”的律师团队，他们将触角延伸到了基层小区。浙江嘉瑞成（乐清）律师事务所立足温州，放眼全国，先后为中驰湖滨花园小区业委会换届、物业选聘、物业服务满意度评价、业主大会对业委会年度工作满意度评价、常年法律顾问、小区物业费三方联合催收、小区公共设施维修工程纠纷诉讼代理等提供服务，为德信悦清府邸小区物业服务合同纠纷（拒不撤场）诉讼代理、物业服务满意度评价、物业选聘、常年法律顾问等提供服务，为绿城锦玉园业主大会成立（含业委会选举）、物业选聘、常年法律顾问等提供服务，为新湖海德花园小区业委会换届、物业选聘、物业服务合同履约评价、常年法律顾问、小区公共部位租赁合同纠纷诉讼代理等提供服务，为乐清总部经济园业主大会成立（含业委会选举）、物业选聘、物业服务满意度评价等提供服务，为悦城花苑小区提供常年法律顾问、物业续聘服务，为御宸名邸小区提供议事规则修订、物业选聘服务，为置信原墅湾提供常年法律顾问、小区房屋交付工程质量纠纷诉讼代理等服务，为柳市镇辖区42个小区成立业主大会和业委会换届提供全程法务支持，为融梁柏悦湾提供业主大会成立（含业委会选举）服务，为置信翡翠湾提供常年法律顾问、物业选聘等服务……每一个项目服务，都是一次探索、一次学习、一次基层治理创新的机会。

本书融合了理论的研究与实践的探索。为因应当前基层治理的纷繁复杂，本书特聚焦业委会这一主体，以“合规”为关键词进行编写。编者团队的无意插柳，汇集成了本书的智慧成荫，望能以飨读者。

农村和城镇小区是基层治理的两大阵地，依法治国要求下的规范化创新大幕才刚刚拉开。我们有理由相信，这本书的完稿付梓，不是一个治理阶段的结束，而是伴随着一个新时代的开始。

编　者

二〇二三年十二月